国际中文教育集刊

（第5辑）

汤洪　主编
叶珣　执行主编

中国社会科学出版社

图书在版编目(CIP)数据

国际中文教育集刊. 第5辑 / 汤洪主编. -- 北京：中国社会科学出版社，2024.10. -- ISBN 978-7-5227-4270-0

Ⅰ. H195.3-55

中国国家版本馆 CIP 数据核字第 2024BS3188 号

出 版 人	赵剑英
责任编辑	赵　丽
责任校对	王　晗
责任印制	郝美娜

出　　版	中国社会科学出版社
社　　址	北京鼓楼西大街甲 158 号
邮　　编	100720
网　　址	http://www.csspw.cn
发 行 部	010-84083685
门 市 部	010-84029450
经　　销	新华书店及其他书店
印　　刷	北京明恒达印务有限公司
装　　订	廊坊市广阳区广增装订厂
版　　次	2024 年 10 月第 1 版
印　　次	2024 年 10 月第 1 次印刷
开　　本	710×1000　1/16
印　　张	17.25
插　　页	2
字　　数	257 千字
定　　价	98.00 元

凡购买中国社会科学出版社图书，如有质量问题请与本社营销中心联系调换
电话：010-84083683
版权所有　侵权必究

学术顾问：陆俭明　马箭飞　钟英华　赵　杨　吴应辉
主　　编：汤　洪
执行主编：叶　珣

国际中文教学法

汉语国际教育研究生课堂深度学习效果与
　　影响因素分析 ………………………… 王天平　彭雪敏　杨玥莹 / 3
国际中文数字教材出版进路研究 ………………… 张　杰　罗洪莉 / 22
舞动治疗在国际中文教育微格课程中的
　　应用及价值 ……………………………………… 汪　媛　邓雨晴 / 31

国际中文教育管理

汉语国际推广视角下的韩国外语教育研究 ……………… 毛　竹 / 51
劳务派遣制度下对外汉语教师发展问题初探 …………… 罗　昕 / 67

汉语言本体研究

副词"多少"在"VP + 多少 + AP + 不定量数量成分"
　　表未然句式中的接受度调查分析 …………… 刘娅莉　刘思岐 / 87

汉外语言对比

汉英情态范畴与其他语法范畴交互关系之对比分析 … 王飞华 / 103

汉英语情态义表达共性分析 …………………………… 王飞华 / 120

中华文化传播

《非正式会谈》对国际中文教育文化传播的启示 …… 彭钰婷 / 137
成都地域文化在国际中文教学中的应用研究
　　——以来蓉留学生为例 ………………………… 李　芳 / 147
中韩儒家文化世界遗产村落比较研究 ………………… 张戎茸 / 159

中国文学

"夜雨对床"的生成机制与美感特质 …………………… 彭　爽 / 179
论卢照邻疾病文学中生命价值观的变化 ……………… 郑佳琳 / 199
论李劼人"大河三部曲"对《金瓶梅》的借鉴 ……… 叶　珣 / 220

外国文学

神话原型批评视域下的《失去一切的人》
　　研究 ……………………………… 肖达娜　伍家熹 / 237
小说《失去一切的人》中的乌托邦思想
　　研究 ……………………………… 肖达娜　李欣艺 / 251

《国际中文教育集刊》稿约 ……………………………………… / 268

国际中文教学法

汉语国际教育研究生课堂深度学习效果与影响因素分析

王天平[*]　彭雪敏[**]　杨玥莹[***]

摘要：随着汉语国际教育事业的发展和壮大，汉语国际教育硕士的培养工作逐渐受到广泛重视。作为国际汉语教师的重要人才储备和来源，汉语国际教育研究生的课堂学习方式和学习质量关系着国际汉语教师的师资水平和汉语国际教育事业的长远发展。以 X 高校 12 名汉语国际教育研究生为样本，利用 Nvivo 软件对访谈资料进行编码分析，梳理出课堂深度学习效果：兴趣拓展与问题导向协同、发散性学习与归纳式学习并重、多元知识建构与专业体系完善相联系、思维能力与健全人格共塑造。发现了课堂深度学习发生的影响因素包括：同质化教学目标无法满足异质化学习需求、形式化教学方式无法促进课堂学习多样化、碎片化教学内容不利于学生形成完整认知结构、肤浅化课堂教学评价无益于学生开展学习反思。

关键词：汉语国际教育；研究生；课堂深度学习

一　问题提出

"一带一路"的项目建设带动了沿线国家的经济发展，刺激了以

---

[*] 王天平，西南大学教育学部、基础教育研究中心教授，博士生导师。
[**] 彭雪敏，成都市金牛区五块石小学教师。
[***] 杨玥莹，重庆市北碚区朝阳小学教师。

中文为谋职手段的学习需求。汉语国际教育事业蒸蒸日上，国际汉语教师的专业化、职业化需求日益旺盛。作为国际汉语教师的重要人才储备和来源，汉语国际教育硕士（Masters of Teaching Chinese to Speakers of Other Languages，英文缩写为"MTCSOL"）的培养工作逐渐受到学界广泛关注。为满足信息时代背景下汉语国际推广和中国文化传播的新需要，培养高素质、具备良好专业技能的对外汉语教学人才，中国于2007年设立了汉语国际教育硕士专业学位。① 为推动学科发展和汉语国际教育硕士的人才培养、探索职业发展前景，部分学者在顶层设计方面进行了探究。李泉提出了知识与方法并重的教学理念，指明了汉语国际教育硕士的培育原则与实践要点。② 吴应辉认为汉语国际教育专业具有学科与事业双重性质，探讨了汉语国际教育与国家五大战略的关系。③ 丁安琪提出在后疫情时代需对汉语国际教育专业硕士的教育实习进行改革，以适应新形势对国际汉语教师的要求。④

为细化落实汉语国际教育硕士培养相关教学理念和原则，学者们探赜索隐。在培养模式研究领域，李东伟、吴应辉以汉语国际教育硕士培养模式的特征差异为研究依据，从定向和非定向两大层面分析了汉教硕士培养模式的现状并得出相应启示。⑤ 樊颖、李刚提出了"学研教"一体化教学模式的建构，以推动汉语国际教育硕士培养路径的改革。⑥ 在课程设置研究领域，田艳参考对比英国十二所高校中英语

---

① 姜有顺、刘妍芩、张善超：《汉语国际教育专业学生的身份认同冲突的访谈研究》，《云南师范大学学报（对外汉语教学与研究版）》2019年第1期。
② 李泉：《汉语国际教育硕士培养目标与教学理念探讨》，《语言文字应用》2009年第3期。
③ 吴应辉：《汉语国际教育面临的若干理论与实践问题》，《云南师范大学学报（哲学社会科学版）》2016年第1期。
④ 丁安琪：《新形势下汉语国际教育专业硕士教育实习改革构想》，《国际中文教育（中英文）》2021年第2期。
⑤ 李东伟、吴应辉：《我国汉语国际教育硕士培养模式现状与优化策略》，《中国高教研究》2017年第10期。
⑥ 樊颖、李刚：《汉语国际教育硕士"学研教"一体化教学模式构建研究》，《黑龙江高教研究》2020年第2期。

国际教育硕士的专业课程设置情况，为汉语国际教育硕士的课程设置提供了相关意见。① 林秀琴深入研究了汉语国际教育硕士教学能力培育问题，强调要建构一个以教学实践为主的多位一体课程培养体系。② 现有研究从宏观视域探析了汉语国际教育硕士的培养状况及存在问题，为汉语国际教育硕士培养的发展、改革、实施工作提供了参考建议。但随着时代和教育技术的发展，人才培养模式不断更新，上述研究从国家视角、专业视野阔谈汉语国际教育硕士的培养和发展事业，但是缺乏微观视域的汉语国际教育硕士培养探讨，研究结论在操作层面难以指导汉语国际教育硕士培养的实践应用。

当前国内仍存在国际汉语师资短缺，汉语国际教育硕士难以从事对外汉语教学，以及专业对口就业率较低的问题。③ 已有研究发现，汉语国际教育研究生对硕士期间的课程安排不满意，课堂学习质量不高，从而导致其专业"特有能力"未完全培养成功，且其他专业相同的"一般能力"也未熟练掌握等一系列现实问题。④ 究其原因，汉语国际教育研究生课程内容的爆炸增长与课堂历时的压缩恒定、知识产生的快速迭代与学生学习的复杂缓慢，成为当下汉语国际教育硕士课堂学习质量难以突围的困境。高质量的课堂学习有益于高素质的人才培养，汉语国际教育硕士的学习方式和学习质量关系着国际汉语教师的师资水平和汉语国际教育事业的长远发展。深度学习作为信息社会更迭与学习科学发展的共同产物，其对课堂变革引领、核心素养培育与课程改革深化的重要性不言而喻。深度学习因其具有知识理解、本质提炼、联系生成、实践创新等特质，而更有助于学生达到高质量的学习结果，能够让汉语国际

---

① 田艳：《基于英国MTESOL课程体系对汉语国际教育硕士课程设置的思考》，《世界汉语教学》2012年第2期。
② 林秀琴：《汉语国际教育硕士教学能力培养问题探讨》，《黑龙江高教研究》2012年第12期。
③ 杨薇：《汉语国际教育专业学位水平评估的价值取向及作用》，《天津师范大学学报（社会科学版）》2021年第2期。
④ 刘颂浩：《就业困境和汉语国际教育硕士培养重点》，《国际汉语教学研究》2016年第3期。

教育研究生触发本体主动投入学习、触及知识背后的本质属性、触通时代所需的核心素养。① 为探寻当下解决汉语国际教育硕士培养的有效策略，本文以深度学习为理论统领课程目标，旨在进一步提升汉语国际教育研究生所需技能、品格，以深度学习指引课程实施为学生所学方式创新变革，试图通过深度访谈获取汉语国际教育研究生课堂学习的真实数据，从而分析梳理出课堂深度学习效果及其影响因素。

二　研究设计

（一）研究方法的选择

采取深度访谈这一质性研究方法，以此了解汉语国际教育研究生的课堂学习状况和学习需求。半开放式访谈能够挖掘受访者的真实想法和情感细节，能够灵活有效地获取受访者的课堂学习经历和思考。结合访谈内容，对学生的课堂学习效果和学习质量进行研究分析，在实践中总结经验并反思不足。

（二）研究对象的选取

为了获取真实可靠的研究数据，采取目的性抽样，选择 X 大学的 12 名汉语国际教育研究生作为研究对象，男女各 6 名，其中 10 名同学的本科专业是汉语国际教育，2 名同学是跨专业就读汉语国际教育硕士。这 12 名同学的学习风格和认知风格不尽相同，他们较为全面地代表了汉语国际教育研究生的课堂学习类型，将其作为本文的访谈对象，具有较强说服力。此外，研究者与受访者较为熟悉，访谈氛围轻松，受访者能够表达自身真实想法。研究者还可以就访谈中一些模糊不清的点，让受访者事后予以补充。

汉语国际教育专业的培养目标、课程设置以及学生的就业渠道等方面不同于其他专业。最突出的差异在于汉语国际教育专业具有跨学科、

---

① 付亦宁：《深度学习的教学范式》，《全球教育展望》2017 年第 7 期。

复合型、国际化等专业特色，课程设置偏向实践性、应用型和复合型。该专业的学生需掌握多门类、多维度的学科知识，需要深度学习、联系知识、建构框架，并对多层级的学科知识进行深度、精细化探究，发展多方面的教学技能。汉语国际教育研究生群体具有一定的专业知识储备，能接受抽象程度相对较高的知识，具备专业基本素养和从事汉语教学、传播中华文化的基本能力，是高层次的专门人才。随着汉语国际教育事业的不断推广和发展，诸如"中文+职业"等专门用途汉语的应用对汉语国际教育研究生的综合要求拔高了一个层次，汉语国际教育研究生的人才培养质量要求更高，在知识获取和能力培养上不仅要拓宽知识的广度更要锻炼深度学习能力，培养科研学术素养[1]，其研究和实践能力需要更深层次的理论知识体系支撑，以面对国内外复杂的教学环境和日益激烈的就业竞争。汉语国际教育研究生因其专业特色和培养要求等更需注重课堂深度学习，以提高课堂学习质量，推进汉语国际教育硕士人才培养质量的提升。

选取汉语国际教育研究生的专业必修课——"跨文化交际"为访谈案例课程。汉语国际教育专业硕士以培养高层次、应用型、国际化的专门人才为目标，其学历要求学生具备更深厚扎实的汉语言文学基础知识、具有娴熟的以汉语作为第二语言教学的专业技能以及更高阶的外语水平和跨文化交际能力。跨文化交际能力的培养是汉语国际教育硕士培养三项基本技能的核心内容[2]。冯康净、周红查阅比较了四所高校的专业课程设置情况，均涉及跨文化交际教学[3]，因此跨文化交际课程对于汉语国际教育研究生的跨文化交际能力培养至关重要。

---

[1] 汤跃明、吴静松、李红安：《Diigo 在研究生学习中的应用探究——以教育技术专业研究生应用为例》，《中国电化教育》2007 年第 11 期。

[2] 任晓霏：《汉语国际教育硕士跨文化交际能力培养体系》，《社会科学家》2018 年第 12 期。

[3] 冯康净、周红：《高校汉语国际教育硕士多层次实践能力培养和提升综述》，《语文学刊（教育版）》2015 年第 17 期。

（三）深度访谈的实施

1. 编制半结构访谈提纲

通过查阅梳理大量与深度学习相关的文献资料，整理总结出深度学习的基本特征：第一，批判性理解。在理解的基础上学习、记忆知识，具有问题意识，能对知识进行批判性理解吸收。第二，学习投入。具有学习内在驱动力，能够在教师的引导下积极主动参与学习互动。第三，信息整合与建构。在学习新知时能够与旧知相联系，抓住知识点逻辑本质，了解掌握知识间的联系，构建知识体系。第四，迁移与应用。进行知识联想，运用所学解决实际问题。第五，反思评价。具有反思意识和评判思维，运用高阶思维能力。第六，情感价值。受教师引导能够激发兴趣和情感认同，深化思想，树立正确的价值观和终身学习意识。在此基础上拟列编制半结构访谈提纲。

表1　　　　　　　　　　　访谈提纲

问题分类	具体问题示例
学习动机	你在课堂上会有互动行为吗？ 你认为有必要深入学习跨文化交际知识吗？为什么？
学习策略	你会质疑老师所说内容并对此提问吗？会进行拓展学习吗？ 在跨文化交际课堂上你一般会采取什么样的学习方法？
学习结果	你在生活中有遇到过跨文化交际问题吗？有运用所学解决问题吗？怎么解决？ 你觉得跨文化交际课程对你产生了什么影响？
教师本体	你觉得授课教师怎么样？ 在课堂上你喜欢教师的哪方面？不喜欢哪方面？
教学设计	你觉得老师的教学方法（或教学行为）怎么样？ 你觉得跨文化交际课程的教学内容怎么样？谈谈你的看法。 你觉得设置跨文化交际课程的目的是什么？ 请你评价一下跨文化交际课堂。

2. 实施访谈

为了较为系统详细地了解汉语国际教育研究生的课堂学习情况，抽样选取了12名同学，6男6女，访谈对象基本信息见表2。所有访谈皆采取面对面访谈形式，在征得受访者同意后进行访谈录音。访谈最终收集录音时长为180分钟，平均每人访谈时间约为15分钟。其中最长访谈时长为20分钟，最短时长为12分钟。

表2　　　　　　　　　　访谈对象基本信息

人数	性别		学校属性	本科专业		
	男	女	"211"工程	汉语国际教育	英语	旅游管理
12	6	6	12	10	1	1

3. 资料的收集和整理

访谈结束后对每位受访者的音频及时整理，形成访谈录音初稿。资料处理采取转写的方式，遵循逐步浓缩的原则。首先将12个人的录音资料分别转写为文档材料；其次，对每人的基本信息和专业背景进行确定，对文档进行命名；再次，采用厘清和删减的方式，整合相关资料，使文字资料更加清晰，符合主题；复次，整理所有资料，对受访者的回答进行分类处理，总结突出的特征；最后，结合相关文献资料，对分类的文本内容进行分析，最终形成本文的结论。

4. 访谈资料的分析

经过多次审阅录音，整理汇总成文字材料共46583字，并利用Nvivo软件进行分析。Nvivo编码形成的树状三级节点间互为关联，各个层级的编码参考节点之间是一种从属关系。三级节点是从访谈资料中提取的原始文本信息点，是开放式的编码。[①] 依据开放式编码之间的内部语义关系，结合编码的相似关联程度，识别出六个主轴编码：学习动机、

---

① 罗红卫、马俊玉、刘占荣：《多模态话语分析视阈下的大学英语在线学习模式研究——基于Nvivo11的质性分析》，《广东开放大学学报》2021年第4期。

学习策略、学习结果、教师本体、教学情境、教学设计。在此基础上,合并同类项,将相似的节点归类梳理后再次进行编码,最终提炼出相关主题形成核心编码又称选择式编码,编码结果如表3、表4所示。

表3　汉语国际教育研究生的课堂深度学习因素编码体系

核心编码	主轴编码	开放编码	参考点内容举例
学习因素（372）	学习动机（87）	内部动机（48）	1. 根据老师所讲内容,对感兴趣的方面进行文献查阅。 2. 全球化进程不断推进,国家与国家之间、人与人之间的距离缩小,学习跨文化交际知识非常有必要
		外部动机（39）	1. 我们与留学生相处的时候难免会发生文化冲突,学好跨文化交际知识能够有效避免冲突。 2. 我们身边经常有不同文化背景的人,学好跨文化交际知识能够很大程度上避免文化冲突和矛盾,能够更好地处理人际关系
	学习策略（218）	问题意识（63）	1. 我会质疑老师提出的一些问题,但是我不会在课堂上直接反驳,我会在课下与老师探讨,提出自己的疑问。 2. 我会选择性地提取自己所需要的信息,对老师的话语求同存异
		互动拓展（47）	1. 老师在课堂上提及的话题激起了我的兴趣,或者所说话题与我的经验相似,激发了我的表达欲,我就会下意识地进行互动。 2. 我对老师所讲的方面有些许了解或者说我对这方面感兴趣,想要沟通交流,就会主动和老师进行互动
		联系归纳（45）	1. 当自己学到一定状态的时候会下意识地将它整合,会产生知识联想然后进行归纳,将一类的知识归纳在一起,会和以前的知识联系在一起。 2. 会和自己以前文化背景中的知识进行联系和发散性的对比
		反思评价（36）	1. 我会对自己回答问题的情况进行反思,答案还有哪些不足,是否联系到了专业的知识,是否切题等,这是我反思最多的。 2. 我觉得自己比较欠缺的地方就会留意一下,然后结合自己在其他课程上的表现进行学习评价
		学习方式（27）	课堂学习就是听和记这种模式。 听老师讲课,然后将自己觉得有意义的知识点记录下来

续表

核心编码	主轴编码	开放编码	参考点内容举例
学习结果（67）		知识运用（42）	1. 文化无处不在，差异也无处不在，了解世界文化的多样性并学习如何处理不同文化之间的碰撞。 2. 运用跨文化交际的知识解决实际生活中因为文化背景不同而产生的矛盾冲突
		情感价值（25）	1. 跨文化交际课程让我的眼界更加开阔，也让我深刻地意识到每种文化的形成都是有原因的，文化没有优劣之分，增加了我的文化包容度。 2. 做人做事格局要大，凡事都要从不同角度去分析，不要以自我为中心去看待任何事物，尊重个性差异

表3是12名汉语国际教育研究生学习因素三级编码体系表。括号中的数字为节点参考数，其数值表示在访谈中学生就访谈提纲所提及的相关内容次数。汉语国际教育研究生的学习因素划分为学习动机（87）、学习策略（218）、学习结果（67）三个层面。其中学习动机为内部动机和外部动机，学习策略由问题意识、互动拓展、联系归纳、反思评价和学习方式构成，学习结果分为知识运用和情感价值。汉语国际教育研究生课堂学习策略的关注度最高。

深度学习既要关注学生的学习过程，又要关注教师的教学活动。[①] 表4是12名汉语国际教育研究生教学因素三级编码体系表。在核心编码教学因素中含有教师本体（66）、教学情境（81）和教学设计（159）三个层级的主轴编码。教师本体对应教师性格和知识储备两个方面，教学情境由课堂氛围和课堂互动两个方面构成，教学设计涵盖了教学目标、教学内容、教学方式、教学评价。

---

① 吴秀娟、张浩、倪厂清：《基于反思的深度学习：内涵与过程》，《电化教育研究》2014年第12期。

表4 汉语国际教育研究生课堂深度学习的教学因素编码体系

核心编码	主轴编码	开放编码	参考点内容举例
教学因素 （306）	教师本体 （66）	教师性格 （38）	1. 老师很温柔，善于启发和引导学生，思路明晰。 2. 老师上课非常激情，精神饱满，讲课的内容非常生动
		知识储备 （28）	1. 老师知识渊博，会给我们讲解很多跨文化交际的案例。 2. 老师阅历丰富，有很多教学经验值得我们学习
	教学情境 （81）	课堂氛围 （47）	1. 课堂氛围比较活跃、轻松。 2. 课堂氛围很好，同学们会很认真地回答老师的问题
		课堂互动 （34）	1. 师生、生生之间的互动挺多的。 2. 存在主动互动，偶尔也会被动互动
	教学设计 （159）	教学目标 （46）	1. 主要是培养我们的专业能力吧，以后从事本专业工作就需要具备这种能力。 2. 培养人际交往能力，知道应该如何避免、处理来自不同文化的人与人之间的矛盾冲突，以后其他工作也可能用得上
		教学内容 （52）	1. 老师的案例很丰富，设置的问题难度适宜，适合同学们回答，每个人都有自己的想法。 2. 主要听老师介绍的教学经验和相关案例，经验丰富，案例翔实细致
		教学方式 （36）	1. 上课主要是听老师讲，老师给出问题，自己思考后进行回答。 2. 上课会播放视频、图片，等等
		教学评价 （25）	老师很少对我们的课堂表现进行评价，主要是肯定我们上课的发言内容。 我们回答问题时有些地方没有思考到位，老师会对我们的回答做一些评价然后引导我们继续思考

三 汉语国际教育研究生课堂深度学习效果分析

基于访谈文本的梳理和研读，分析总结汉语国际教育研究生课堂深度学习效果，以促进深度学习，提高学习质量。

（一）兴趣拓展与问题导向协同

从核心编码学习因素中分析发现，在内部动机和外部动机两个主轴编码中，学生的内部动机节点参考数明显高于外部动机的，这说明汉语国际教育研究生以内部动机为主要学习动力。在内部动机节点下，12名受访者皆提及对所学知识点产生兴趣为关键所在。在学习策略节点中，学生的问题意识最为突出，会有"质疑教师""求同存异""选择性提取信息"等想法。以上现象表明，汉语国际教育研究生会产生问题意识，具有批判性思维，且能选择性地根据自己的兴趣点进行拓展学习。

汉语国际教育研究生存在强大的内驱性，他们在学习过程中对于知识的探求为内在动机所驱动。正如斯宾塞所说，"兴趣是求知和学习最大的动力"。对本专业的学习兴趣是汉语国际教育硕士培养效果的重要影响因素。[①] 同时，汉语国际教育研究生普遍具有问题导向意识，能够批判性理解吸收教学内容，在教师讲解知识的过程中生成问题、发现兴趣点，将疑问点和兴趣点结合进行拓展迁移，从而不断促进深度学习。出于兴趣的学习是深度学习的动力机制，兴趣生发学习动机，问题导向贯穿其中，汉语国际教育研究生的课堂深度学习呈螺旋式上升状态。学习兴趣拓展是一个较为宽泛的知识吸收过程，学生基于兴趣点不断扩展知识领域，问题导向则将学生的拓展学习收束到一种领域范围内。学生进行兴趣拓展学习的目的是更好地认识、分析问题本质，在拓展学习中制订合理的策略和解决方案，对存疑的问题进行思考、研究、解决。

（二）发散性学习与归纳式学习并重

在主轴编码学习策略中，开放编码联系归纳节点参考数较为突出。12名受访者提到了"联系""归纳""整合""发散""对比"等词语。

---

① 蔡武、朱宇：《汉语国际教育硕士对专业培养效果感知的实证研究》，《华文教学与研究》2021年第1期。

他们表示，在跨文化交际课堂上会产生知识联想，会与以前所学的文化背景知识进行联系和发散性对比。其中发散性学习和联系归纳等学习策略皆为学生所运用。

发散性学习是一种以发散性思维为主的学习方式。发散性思维是一种不因循常规、寻求差异化、多方位探寻答案的思维形式，是一种从不同的方向推衍思考，重新组合新旧交杂的信息，进而产生独特思想的认知过程。[①] 汉语国际教育研究生在产生知识联想后会将知识归纳总结。在这个学习过程中，学生既将课堂知识发散性地延伸，又潜意识地将所学知识进行整合总结，所以，归纳式学习同等重要。在跨文化交际课堂上，学生提取具有不同属性的知识信息，根据描述构造所提取信息的相关模式，寻找属性特征之间的共同规则，总结整合成解决问题的知识库，再根据所生成的规则进行识别、分析问题。部分受访者提及，他们会将课堂上涉及的知识现象进行"联系对比"。联系就是进行知识发散，对比就是寻找不同知识信息之间的异同点。学生进行知识信息联系对比的过程就是实现深度学习的过程，知识的广度有效展开，知识的深度也得到挖掘和整合，发散性学习和归纳式学习都在深度学习过程中得到体现。

（三）多元知识建构与专业体系完善相联系

纵观学习因素节点，学习动机、学习策略和学习结果三个节点都受到了关注，而学习策略的参考点数最多，占比最重，是学习因素中的关注重点。这表明学生在课堂上会采取多种学习方式手段，如联系归纳、反思评价等对知识信息进行学习加工以达到知识建构的地步。在跨文化交际这种多元文化背景知识交融的课堂上，受访者认为，"跨文化科目和整个中国文化是紧密联系的，与其他外国文化也是息息相关的"。汉语国际教育研究生具有专业意识，存在多元文化观念，在建构知识框架时也会与学科专业体系相联系，进行综合考量。

---

① 滕静、沈汪兵、郝宁：《认知控制在发散性思维中的作用》，《心理科学进展》2018年第3期。

汉语国际教育属于外向型专业，学生需具有较强的异质文化包容能力和交际能力，作为"高层次、应用型、复合型"的人才，除了具有深厚坚实的专业基础知识之外，还要广泛了解掌握与专业相关的相邻学科领域知识，实现"专"和"博"的多元知识结构，这种知识结构并非多门类学科知识的简单堆砌，而是体系化、纵深式的知识框架。多元知识结构能够"大跨度地联想"，学生的专业知识背景、思维能力结构以及个人素养品质等都应整合为系统的框架。在面对庞杂的知识信息时，汉语国际教育研究生会运用元认知能力制订学习计划、管理学习行为、调节学习状态、监控学习过程，有效管理海量的知识信息，进行课堂深度学习，促进理论知识递进式累积，以此达成专业知识体系的完善和构建。

（四）思维能力与健全人格共塑造

学习结果的节点由知识运用和情感价值两部分构成。知识运用的节点参考数高于情感价值，这证明课堂学习结果达到了学以致用的目的。学生在学习过程中获取专业知识，培养运用高阶思维能力解决实际问题，符合汉语国际教育硕士实践性、应用型的培养目标。部分受访者谈及，通过了解世界文化的多样性，知晓了应该如何运用跨文化交际知识处理不同文化之间的碰撞、冲突。情感价值是课堂深度学习的另一种收获，部分受访者认为，自己在跨文化交际课程中建立了文化平等观念，获得了中华文化传播的使命感、责任感，打开了为人处世的格局，提高了情商。以上访谈结果表明，在课堂上学生的思维能力和情感价值、人格涵养都得到了一定塑造。

思维能力表现为学生的高阶思维能力，这也是深度学习的重要表征。汉语国际教育研究生能够批判性、创造性地解决复杂问题，进行不规则性、复杂性、自我调节性等特征的高水平心智活动[1]，这就体

---

[1] 段茂君、郑鸿颖：《基于深度学习的高阶思维培养模型研究》，《现代教育技术》2021年第3期。

现出高阶思维能力的运用。未来的汉语国际教育硕士人才培养应抓牢并认真落实"立德树人"的教育理念。① 汉语国际教育研究生作为国际汉语教师的师资储备中坚力量，不仅要博学多闻、学渊善教，还要明礼诚信、锐意创新，在人格涵养方面也需要与时俱进。教师应具有"博学、尚美、厚德"等良好人格并体现于具体的行为范式。② 素养本位的课程体系具有多元价值目标，深度学习使学生学习的梯度要求更加清晰，汉语国际教育研究生不但需要具备高阶思维能力，具有学科专业意识和学术研究素养，还需践行立德树人的教育理念，丰富和提升自身的情感价值与人格涵养，实现思维能力和健全人格共塑造的美好愿景。

四　汉语国际教育研究生课堂深度学习影响因素

根据访谈调查发现，学生在课堂学习过程中存在学习需求异质化、学习方式典型化、学习投入低效化以及反思评价顽固化的现象。基于此，针对这些现象分析了汉语国际教育研究生课堂深度学习的影响因素。

（一）同质化教学目标无法满足异质化学习需求

从核心编码教学因素中发现，在主轴编码教学设计中，教学目标的节点参考数较为突显。受访者认为跨文化交际课程既可以培养学科专业能力，也有益于增强从事其他工作所需的人际交往能力。根据访谈资料显示，学生的求职就业意向出现差异化，部分学生未来想成为国际汉语教师，部分学生则有进入国内中小学从教的想法，学习需求存在异质化现象。中国大学教育体制较缺乏规范、科学、多样化的高等教育评估制度，评估多是由政府主导的自上而下的活动，采用统一的或标准化的评

---

① 吴应辉：《专业学位水平评估对汉语国际教育硕士人才培养带来的影响及反思》，《天津师范大学学报》（社会科学版）2021年第2期。
② 王戎、庞跃辉、廖巍：《教师健全人格的自我塑造》，《中国成人教育》2015年第14期。

价标准。① 高校教育评价标准过分强调高校综合办学效益的考评指标，出现"同质化"现象。② 评估标准的同质化表征促使高校的人才培养模式、专业学科的教学目标也逐渐趋同，同质化的教学目标无法满足异质化的学生需求，汉语国际教育研究生的学习动力受到阻滞，未能形成专业学科知识的深度探究力。

目前高校培养模式坚守"重知轻行"的传统，与现代社会需要的理论知识与实践能力兼具的人才之间存在差距。③ 汉语国际教育硕士培养目标的针对性和特色不足，培养方案并未突显专业应用型人才的实践能力。教学目标概略宏大，定位界限不明晰，学生的学习目标单一、学习体验缺乏，不利于课堂深度学习，人才培养效果自然与社会期望有所偏差。汉语国际教育研究生在专业背景、知识结构、未来职业发展等诸多方面都存在差异，为满足汉语国际教育研究生的个性化需求，这些差异需要在课程设置中体现。培养院校和教师应契合学生个体需求和社会实际需要设立学习目标，针对性地设置教学目标、安排课程，学科专家和专业教师深度合作，互通互鉴，侧重打造多样化课程体系以满足学生个人和专业学习所需要的能力。汉语国际教育研究生也可以根据自己的动机和需求选择相应的课程或者培养方案来增强特定方面的能力，增加自身就业优势。

（二）形式化教学方式无法促进课堂学习多样化

在主轴编码教学设计中，教学方式的节点参考数占比较少，受访者谈论的内容较为一致，教师以讲课为主要手段。在学习因素参考节点中各维度下参考点占比呈现较大差距，其中学习方式占比最少，主要以"听讲""听记"为主。由此可以推导出，教学方式的形式化导致学生的学习方式典型化。在跨文化交际课堂上教师重演绎，轻归纳，主要采

---

① 韩洪文、田汉族、袁东：《我国大学教学模式同质化的表征、原因与对策》，《教育研究》2012年第9期。
② 李石羽：《高校教育评价标准"同质化"探析》，《中国成人教育》2013年第19期。
③ 何青颖、刘寒雁：《高等教育同质化发展的危害及对策》，《教育探索》2011年第12期。

用演绎式教学法。学生以接受式学习为主，自主探究活动、自我表现环节很少，不能体现出研究生课堂学习的灵活性和多样性。

在教学过程中教育技术和教学内容失衡，难以发挥教育技术在教学中的服务和辅助功能。教育技术的形式化使用容易让师生精力分散，教师的教态和语言表达会被多媒体等掩盖，不能完全展示教师的个人风格和教学魅力，不利于学生专注力的保持以达到深度学习的效果。教师的课堂教学作为教育教学的最大实践场域，它既是教师推行教学方法的试验田，也是教师个人风格、魅力的显现地。① 教师的专业知识底蕴、教学风格以及教学方法的使用等教学情境因素对学生的专业课程学习质量有较大的关联影响。教师的课堂教学方式需具备适切性，要去形式化。采用启发式教学，注重情境创设、互动合作，设计多样的课堂活动，如活动探究、角色扮演、情景演示等。构建深度学习的环境，根据学生的个性差异，有的放矢地展开教学，提高学生的学习参与度，彰显学生的主体地位，让学生在课堂上采用灵活多样的学习方式，循序渐进地引导学生深度思考，促进深度学习，提高课堂学习质量。

（三）碎片化教学内容不利于学生形成完整认知结构

开放编码教学内容的参考节点数最为突出，这说明跨文化交际课堂的教学案例丰富、内容翔实，知识涉及面广。但是对访谈资料深入挖掘后发现，受访者认为课堂学习内容繁多而学习效率低下，缺乏学习获得感。课堂教学内容烦冗、交融不成体系，呈现出碎片化的现象，学生难以在短时间内抓取核心知识点构建知识框架，其实践路径是学生以较多的学习投入取得较少的学习产出，课堂学习质量未能得到良好的保障。

跨文化交际课是需要广度学习的课程，注重知识发现和繁杂信息的融合，将不同种类的学科知识融合在一起，设计并使用统一的整合分析方法跨越这些多领域知识来协同执行知识的理解、分析、挖掘任

---

① 罗莎莎、靳玉乐：《教师教学主张的同质化现象及其规避》，《教育理论与实践》2020年第10期。

务。跨文化交际课程的教学内容知识广博但较为散乱，缺乏逻辑连贯性。碎片化的教学内容让学生潜意识地采取碎片化的学习方式，零散的内容碎片与零散的思维碎片共同作用于不连续的学习行为。[①] 学生产生宽泛但浅层的学习行为，只在浅层知识层面游弋而缺乏对学科知识的纵向深度挖掘，学习投入低效化，知识储备片段式，加之缺乏专业体系学习的积淀，产生学科思维方式短视效应，进而不利于形成完整的认知结构。

在这种需要广度学习的课堂上，教师在教学时需做到"形散而神不散"，成为课堂的参与者、组织者和激励者，在学生的深度学习过程中起到适当的引导作用。对学生进行全方位了解，如掌握学生的知识储存、认知特点以及学习风格等，把握学生的认知水平，以便合理恰当地安排教学内容。教师提出难度适宜、模块化的问题，将碎片化的教学内容串联成体系，帮助学生掌握知识间的逻辑联系。汉语国际教育研究生亦可以在课堂上策略性地使用深度学习方式，将学习策略整合化、实践化、协作化，在建构整合的过程中完善学科思维方式，形成完整的学科认知结构，以此提高学习效能，提升课堂学习质量和学业水平。

（四）肤浅化课堂教学评价无益于促进学生开展学习反思

在教学设计参考节点中，教学评价占比最低，说明教师对于学生的课堂评价行为很少。在学习因素节点中也反映出学生忽略反思评价。从访谈资料中分析得知，教师在教学过程中虽然存在一定的评价行为，但是浮于表面，没有实质性的评价反馈，具体表现为教师的评价语空洞，如教师常说"很好、正确、很有想法"等评价语，对于汉语国际教育研究生的指导作用不强，不利于学生开展学习反思，学生的反思评价呈现出顽固化特征。

---

① 于海燕、吴磊：《碎片化学习背景下微模式教学研究》，《中国成人教育》2015 年第 19 期。

课堂评价指的是通过课堂观察、考察评定等方式手段对课堂教育活动的价值进行判断,它既指教师对学生的课堂表现或学业成就的评价,也指学校或教育同行对授课教师的教学水平与质量的评价①,文章中所指的课堂评价是前者。教师的课堂评价通常包括形成性评价和总结性评价。前者以促进、发展学生的学习能力为目的,后者则追求学生的考试成绩等绩效成果。在跨文化交际课堂上,教师的教学评价指标未成体系,评价主体和教学主体质壁分离,肤浅化的课堂评价对学生的学习投入状态、认知状态等并未起到真正的指导作用,学生的学习结果呈表面化现象。评价应该是一种教师发出学生接受指导反馈,随后师生共同反思的过程。反思是一种深度思维,是自我建构的高级阶段,它使学习成为一种探究性、研究性的活动,促进了元认知的发展,提升了解决问题的能力。② 已有研究表明,反思与深度学习显著正相关,但访谈调查发现,在反思环节,师生的意识都较为薄弱,学生缺少有质量的评价反馈和必要的反思指导,反思效果参差不齐,深度学习受到影响。

课堂评价的意义在于通过教师反馈改变学生学习行为,促进教育教学质量的提高和学生的发展。教师要把学习目标与富有研究性的主动学习活动以及反馈评价统整起来③,教学评价要关注研究生的过程性学习和真实性课堂表现。教师在课堂上需建立完善的评价框架体系,拓展评价内容,转变评价观念,课堂评价反馈要具有教育性、清晰性和目标导向性。评价方式多元化,尊重学生个体差异,确立学生主体性的评价取向,关注主体间性,促发学生在学习活动中展现自我的生成性和创造性,激发学生的学习潜质。注重强化学生的反思意识,指导学生进行回顾审视、查找问题、探究原因等反思活动,使学生养成反思习惯。引导学生改善自己的思维结构,帮助学生建构高阶思维框架,以不同的学术

---

① 吕立杰、赵同友:《课堂评价的有效性反思与研究性功能转向——兼谈课堂学习研究对教师专业发展的意义》,《东北师大学报(哲学社会科学版)》2007年第2期。

② 袁国超:《基于核心素养的深度学习:价值取向、建构策略与学习方式》,《教育理论与实践》2020年第8期。

③ 杨春梅、章娴:《研究生翻转课堂有效教学评价框架研究》,《学位与研究生教育》2022年第1期。

视角和思维图式看待现象，更好地激活高阶思维能力，从而促进学生课堂深度学习。

五　结语

在信息技术时代，知识发展、更迭迅猛，国外对国际汉语教师的需求提升，对于其师资质量的要求也逐步提高。汉语国际教育研究生是对外汉语教学和中华文化传播的主力军，我们需密切关注汉语国际教育专业硕士的人才培养质量，更好服务于汉语国际推广事业。深度学习因其统领经验、建构框架、知识生成、实践创新等特质有助于学生达到高质量的学习结果，有利于提高人才培养质量。本文在深度学习理论的指导下，通过对X高校12名汉语国际教育研究生进行深度访谈，分析梳理出汉语国际教育研究生课堂深度学习效果及其影响因素。研究结论为突破当下汉语国际教育研究生课堂学习质量良莠不齐的窘境提供了经验和教学反思，在一定程度上能够促进"高层次、应用型、复合型"人才培养目标的实现，提高汉语国际教育研究生的培养质量，提升其就业竞争力。需要指出的是，本文的访谈样本较少，不能涵盖所有汉语国际教育研究生的课堂深度学习状况，重点关注跨文化交际此类知识性课程的深度学习，对于汉语国际教育研究生的技能性课程深度学习研究亟待进一步探索，针对汉语国际教育研究生深度学习的培养体系、课程设置、教学模式等，也需要在后续研究中予以关注。

国际中文数字教材出版进路研究[*]

张　杰[**]　罗洪莉[***]

摘要：科学技术的迅猛发展和互联网的普及，为国际中文教育的全球推广带来了新的发展契机。作为课堂教学与课外学习不可或缺的材料，信息时代国际中文数字教材的出版大体经历了电子化、移动化和智能化三个阶段，分别呈现出多媒介、富媒介以及智媒介等典型特征。深度媒介化时代，未来国际中文教材的数字出版要融合 ChatGPT 等新技术，在满足学习者全方位、差异化需求的同时，做好数字教材的评价与评估等工作。

关键词：国际中文教育；数字教材；出版

随着现代科技的迅猛发展，数字教材逐渐成为教学一线和学界研讨的一个重要话题。数字教材作为教学内容和教学策略信息的载体，依据国家课程方案、课程标准要求进行编制和开发，用于服务师生的数字化课程资源。[①] 在国际中文教育领域，教材不仅是语言教学不可或缺的主要介质，也是开展文化传播、讲好中国故事的重要抓手。近年来，国际中文数字教材的出版发行与研究成为教育界和学界普遍关注的一个重要

---

[*] 本书受四川大学"二十大精神引领下国际中文教育研究生人才培养实践与创新研究"（SJYJ2023024）和"汉语言专业来华留学生教材建设与课程体系优化研究"（SCU10200）项目资助。

[**] 张杰，四川大学海外教育学院副教授，文学博士，研究方向：国际中文教育，跨文化传播。

[***] 罗洪莉，四川大学文学与新闻学院出版专业 2023 级硕士研究生。

[①] 沙沙：《数字教材的边界问题分析及对策研究》，《课程·教材·教法》2022 年第 2 期。

问题。2022年初,《教育部2022年工作要点》提出要加强数字教材建设与管理。同年年底,首届国际中文智慧教育研讨会顺利召开,会议围绕信息技术赋能国际中文教育的主题,提出了要加强国际中文智慧教育资源建设与应用的议题。① 国际中文数字教材的建设与出版,自然也应是题中之义。

从目前国际中文教材建设总体情况来看,根据教育部中外语言交流合作中心(以下简称"语合中心")统计报告,国内外现有国际中文数字教材3679种,中国开发了1744种,占比47.40%,国外18个国家开发本土中文数字教材共1935种,占比52.60%。② 这些数字教材的出版,既是信息时代科学技术与汉语教学变革深度融合的结果,也是中国教育信息化的重要体现,必将推动教育现代化的加速发展。

一 国际中文数字教材的界定与基本特征

在对国际中文数字教材进行清晰界定之前,首先应明确什么是"数字教材"。从名称来看,人们常常将其等同于"电子教材""网络教材""多媒体教材""数字资源"等。这些不同称谓恰好从一个侧面反映出数字教材的发展历程。早在2013年初,教育部颁布的《2013年教育信息化工作要点》中就明确提出"启动数字教材等数字产品的开发",而"这可能是数字教材这一概念在国家政府部门文件中首次出现"③。中国教育科学研究院储朝晖研究员认为,"数字教材,即综合利用多媒体技术,对传统纸质教材进行数字化处理,进行数字化呈现,其应用体验感

---

① 刘世东:《信息技术赋能国际中文教育事业发展——世界汉语教学学会智慧教育分会成立大会暨首届国际中文智慧教育研讨会成功举办》,2022年12月,中国日报中文网(https://cn.chinadaily.com.cn/a/202212/15/WS639a8cc2a3102ada8b226be4.html)。

② 教育部中外语言交流合作中心组编:《国际中文教育教学资源发展报告(2021)》,北京语言大学出版社2021年版,第138页。

③ 王志刚、沙沙:《中小学数字教材:基础教育现代化的核心资源》,《课程·教材·教法》2019年第7期。

获得提升"①。然而，在信息技术快速发展的时代背景下，数字教材的形态和样态也变得越来越丰富。徐丽芳教授等在对国外中小学数字教材发展做出综合考察后提出，数字教材是利用数字技术开发的，服务于特定教学或学习目的，有一定体系的知识内容、教/学工具或其与设备、服务的组合系统。②

在国际中文教育领域，学者也从不同角度对国际中文数字教材的概念进行剖析，并提出这是"通过数字化技术转化而来的，包含丰富多媒体数字资源的教材"③；是"具有素材化、碎片化、可视化和叙事化特征的教材"④。事实上，在国际中文数字教材的建设与发展过程中，数字技术不再仅仅是汉语教学的一种辅助手段与工具，而是与语言教学和文化传播的理念、内容进行深入融合，其内涵和外延得到极大的丰富和拓展。本文倾向于使用"泛教材"的概念，借鉴徐丽芳教授等人的研究成果，将国际中文数字教材界定为：利用数字技术开发的，服务于国际中文教育和教学领域，有一定体系的汉语语言知识和文化类资源、教/学工具或其与设备、服务的组合系统。根据这一定义，国际中文数字教材具有以下典型特征。

首先，知识性与教学性是国际中文数字教材的核心属性。无论国际中文教材是什么样的具体形态，它归根结底要服务汉语语言和文化的教学，因此在内容具有思想性、科学性的前提下，数字教材必须具备相应的知识体系，这是其作为教材的根本。

其次，技术性与操作性是国际中文数字教材区别于传统教材的形态属性。数字技术的发展是一个动态变化的过程，从早期的电子化、信息化，到如今的智能化、数智化等，技术支撑下的国际中文数字教材与印

---

① 方经纶、贺迎春：《中小学数字教材国家标准来了！专家解读》，2022年5月，人民网（http://www.people.com.cn/n1/2022/0531/c32306-32434931.html）。
② 徐丽芳、邹青：《国外中小学数字教材发展与研究综述》，《出版科学》2020年第5期。
③ 李蔷、彭爽：《汉语国际教育教材出版的优化策略研究——基于融媒体的视角》，《出版广角》2021年第2期。
④ 赵杨：《汉语国际教育的"变"与"不变"》，《天津师范大学学报（社会科学版）》2021年第1期。

刷版纸质教材最大的区别，就在于它所具备的多媒体、超链接、强互动等特性。

再次，连接性与兼容性是国际中文数字教材获得发展的本质属性。国际中文数字教材之所以能被广大汉语学习者广泛接受，主要得益于其高度的连接性和兼容性。这既是指数字教材可以与电脑、手机、平板等不同终端相连接，更重要的是它打破了不同操作系统和软件应用之间的壁垒，具有较高的可兼容性。

由此可见，国际中文数字教材并非指一个固定不变的客观物体，而是与数字技术发展相适应的一套服务于国际中文教育的组合系统，其发展演变经历了电子化、移动化和智能化三个阶段，并诞生了各具特色的教材"产品"。必须指出的是，这三个阶段是以信息技术的发展和数字教材的样态作为划分的依据，而不同样态的数字产品之间是一种融合共存的状态，它们共同为促进新时代国际中文教育高质量发展提供了有益的支撑。

二 电子化阶段：国际中文教材的数字化形态

电子化（Digitalization）是数字技术发展的初始阶段，因此早期的国际中文数字教材首先具备了数字化的形态，主要包括两大类"产品"：其一是作为静态媒体的电子版教材，包括页面保真数字教材（page-fidelity-textbook）和流式教材（reflowable-textbook）。二者的共同特征是将已有的纸质版教材"电子化"，前者以PDF、CAJ等文档格式为主，后者以XML格式为代表。其本质是将纸质版教材以数字形态呈现，方便读者在电脑、手机、电子阅读器（如Kindle）等各种电子终端进行阅读。例如，北京语言大学出版社（以下简称"北语社"）出版的《汉语教程》系列教材，都配备了PDF版电子书，用户在网站注册后即可购买在线阅读权限，并下载资料包等。特别是在2020年新冠疫情蔓延之初，北语社更是允许注册用户免费下载使用，极大地方便了国际中文教育界的师生。但同时也必须看到，这种数字教材仅仅具备一些基础、简单的检索、标注等功能，而不涉及数字化再创作等手段，因此不能完全等同于纸质教材的"数字化"。

其二是以纸质教材作为基准，将与其相配套的其他教学资源电子化，进行一种多媒体展示。这就包括了课堂教学使用的PPT教案、录音材料、视频动画等资源。鉴于纸质版教材内容本身具有权威性和严谨性，自成一套科学体系，因此数字化教材更多是进行要点的整理、知识的扩容，是一些背景材料、辅助材料。这些既可以通过演示的方式帮助学习者更形象、生动地掌握语言知识，也能够通过音视频影像拓展文化背景。

由于互联网具有海量存储、便捷检索等功能，无论是文字、声音还是动画、视频等多媒体资源，诞生之初的国际中文数字教材具有比纸质教材形式更加多样、内容更加丰富、渠道更加便捷的优势。例如，中国国家汉语国际推广领导小组打造的重点项目——《长城汉语》系列图书，就同时配备了影像动画等多媒体资源。另外比较有代表性的数字教材还有北语社的《新实用汉语课本（英语版）》，它不但配套多媒体课件，而且具备课文朗读、动画讲故事、在线词典等数字功能，较好地满足了读者的学习需求。

电子化国际中文数字教材让每一个学习者能够通过电脑、手机等智能终端来调动和掌控学习资源，将纸质教材内容简单呈现、单向输出变为数字教材多元呈现、双向交流，在提供了丰富多彩的人机互动功能与样态的同时，极大地提升了国际中文教育的教学效果。

值得注意的是，上述两类国际中文数字教材都是以纸质版教材为"本"，将其与数字技术和互联网相结合，使传统的"书籍"呈现出一种"数字化"的形态，并没有脱离纸本教材固有的体系。教材和数字技术之间是一种松散的结构，二者之间体现着一种"或然"的关系。但不管怎么说，国际中文数字教材建设毕竟迈出了第一步，此后随着技术的发展，越来越多的笔记注释、多媒体与超链接功能成为数字教材的必备选项，也极大地丰富了中文爱好者的学习资源。

三　移动化阶段：国际中文教材的数字化业态

国际中文数字教材的移动化发展阶段，是指集合了富媒体数字出版、云服务和移动学习等科技于一体的一种数字化业态。富媒体技术支持下的国际中文数字教材，其实是一种集成教材（integratede-textbook），是在多媒体教材的基础上，利用更为先进的数字技术将不同种类的媒体资源有机结合，以增强教材的互动性，通过一种沉浸式学习，提升汉语学习者的交互体验。

国际中文数字教材在电子化阶段多媒体形式的基础上，进一步使用了包括 H5、SVG（可缩放矢量图形）、3D 模型等在内的多媒体形式，通过对不同厂商、不同品牌的应用软件、服务平台的有效整合，建立多维度、立体化的国际中文教育数字资源，进而大力促成教学方式从以"教"为主，过渡到更重视"学"的环节。这体现在行为上，即学生可以通过扫描数字教材中的二维码，或使用链接、搜索等功能，获取需要的资源，拓展自己的知识结构。例如，北京大学出版社的《大苹果阅读》配有 iChineseReader 中文分级阅读平台和 Moo-O 学习平台，扫码即可在线学习。基于数字教材的开放性，读者在自主选择学习内容的同时，也方便其与学习同伴的交流、合作。

国际中文数字教材还帮助汉语学习者突破时空的限制，既可以在传统的课堂环境里实现互动教学，又能够通过使用不同种类的软件，实现跨时空网络化学习。虚实融合的"教—学"情境，让更多的初级学习者和低龄学习者体会到汉语的乐趣，达到在"玩中学""乐中学"的目的。比如人民教育出版社的《快乐汉语》秉承"寓教于乐"的理念，不仅配套资源丰富，还打造了《快乐汉语》APP，极大地满足了海外汉语学习者随时随地学习的需求，其语音点读、智能评测、在线互动等功能也在一定程度上提高了用户的学习兴趣。北语社的《轻松学中文》则支持在国际中文智慧教育平台一键调用其互动教材，满足线上线下多场景的教学需求。

正如胡畔等学者所指出的，移动化数字教材具有"深度的用户交互、丰富多样的 UI 呈现、动态驱动及实时响应、融合桌面应用与网络应用、便捷的部署等特征"①。对于国际中文教育的教师和学生来说，与其说他们是数字教材的使用者，不如说是网络用户更为准确。在互联网这个共享平台中，数字教材既是教师传授语言知识、传播中华文化的重要介质，也是布置学习任务、提供课程辅导的平台，更能直接为世界各地的学生提供即时的交流和反馈，为他们进行作业批改、答疑辅导、考试测验等，并帮助他们参与社会化学习和语言实践。

国际中文数字教材的出版还可以使用包含虚拟现实（Virtual Reality，VR）、增强现实（Augmented Reality，AR）乃至游戏等在内的媒体形式，用户通过可穿戴式的设备参与其中，凸显出数字教材的沉浸性。比如，北京第二外国语学院宋飞团队开发了面向中级汉语学习者的数字教材——《体验汉语 VR 视听说教程》（1、2 册），他们运用虚拟仿真技术，在互动过程中将场景真实地呈现给学生，为他们提供身临其境的学习氛围。此外，在"互联网+"背景下，中文+职业技能的人才培养，因数字教材的发展而事半功倍。对于职业类国际中文教材而言，从内容的编写设计、"出版"推广到销售使用，都与平台所提供的功能息息相关。

总之，这一阶段的国际中文数字教材是随着技术的发展而实现了出版模式的革新与完善，更强调国际中文教育资源的跨界整合，也推动数字化的国际中文教育学科逐渐走向成熟。

四 智能化阶段：国际中文教材的数字化生态

随着人工智能（Artificial Intelligence，AI）、区块链、大数据等新兴数字技术与教材建设的深度融合，国际中文数字教材开启了新一轮的升级迭代，迈入了智能化发展阶段。这既为基于数字教材的自适应学习者

---

① 胡畔等：《数字教材的形态特征与功能模型》，《现代远程教育研究》2014 年第 2 期。

提供了必要的技术支持和更多的学习机会，也推动了国际中文教育行业与其他行业之间的结构性连接和生态性对话。

智能化教材的出现首先离不开人工智能技术的支持。人工智能具有更高级的计算机识别、用户画像和深度学习等能力，能够为学习者提供更精准的资源推荐，形成个性化的数字教材。从根本上来说，它就是一个智慧导学系统，并在AI技术的加持下真正实现了"一对一"式辅助教学。这一阶段的国际中文数字教材以智能化学习平台为支撑，通过深度交互完成学习者的用户画像，提供多元且更具个性的知识内容与学习规划等，较好地满足了当前世界范围内广大汉语学习者和爱好者"大规模个性化学习"的需求。

与此同时，人工智能生成内容（AI Generated Content，AIGC）正作为新的内容生产引擎驱动国际中文数字教材出版内容生产的智能化转向。它打破了时间、地域、语言等限制，在自适应教育、多场景自主性互动、智能化辅导与评估等方面有着极大的发展空间和无限可能。众所周知，2022年底ChatGPT的横空出世，让包括教育、金融等在内的众多行业都发生了颠覆式的改变。作为一种新型的自然语言处理技术，它不仅能够学习和分析大量的文本数据，还可以通过历史性对话进行高质量输出，更加精准地生成与人类相似的语言。

AIGC赋能国际中文教育，必将助力催生出更为个性化、智能化和功能化的数字教材。一方面，基于学生特征与学习数据建立起来的学生档案与认知模型，将成为学习资源推荐、学习路径自动生成等其他数字教材功能发挥作用的重要依据。[①] 这就意味着智能化的国际中文教育，可以生成更适合学习者本人的、独一无二的一种数字教材，使其成为一个具有生命力的学习伙伴。另一方面，这种智能化的数字教材还进一步扩大了学习场景，强化了用户、教材、环境三者之间的交互，进而提供更加具有针对性的服务。例如，初级学习者要了解关于简单趋向补语的用法，他不但可以通过ChatGPT等工具生成主题集中、形式多样的"定

---

① 徐丽芳、邹青：《国外中小学数字教材发展与研究综述》，《出版科学》2020年第5期。

制式"教材内容,还可以兼容前述两种数字形态,将学习内容以多媒体、富媒体等媒介方式呈现。

但是,智能技术的发展犹如一柄双刃剑,当国际中文数字教材步入智能化阶段后,技术与教育的融合,也是"光明"与"阴影"相互交织的过程,看似"光彩炫目"的背后实则"暗潮涌动"。① 由于缺少必要的把关与评估,生成式人工智能形成的数字教材是不是学生真正需要的,是否符合主流意识形态的要求,其内容的科学性、客观性与学习的匹配度如何评估、谁来评估等都是值得考虑的新问题。

五 结语

2021年,中央网络安全和信息化委员会在印发的《"十四五"国家信息化规划》中,明确提出要"推进深度融合信息技术、智能技术的教育教学变革"②。同年12月,中外语言交流合作中心发布了《国际中文在线教育行动计划(2021—2025年)》,确定到2025年基本实现国际中文教育数字化、智能化、泛在化的发展目标。国际中文数字教材的出版和发展,迎合时代之需,深刻体现了科技赋能教育的思想。

纵观国际中文数字教材的出版与发展,在经历了电子化静态式、移动化交互式阶段后,随着ChatGPT技术的普及应用,势必迎来新一轮的增长热潮,也将进一步满足国际中文智慧教育的需求。未来,推动国际中文数字教材融合出版,还需要在加大资源投入力度,降低教育成本的同时,做好数字教材的评价与评估等工作,促进国际中文教育事业长期健康、良性发展。

---

① 李芒、蒋科蔚:《教育信息化与"现代化风险"》,《现代远程教育研究》2012年第2期。
② 中央网络安全和信息化委员会:《"十四五"国家信息化规划》,访问日期[2023 - 11 - 02],中国政府网(https://www.gov.cn/xinwen/2021-12/28/content_ 5664873.htm)。

舞动治疗在国际中文教育微格课程中的应用及价值

汪 媛* 邓雨晴**

一 综述

（一）舞动治疗

1. 起源

从字面意义上讲，舞动治疗是舞蹈、动作和心理治疗的联姻，深受舞蹈艺术、动作研究和心理学的影响。不同的舞动治疗师基于自己的经历和经验对舞动治疗的主要起源有不同的叙述。与舞动治疗关系密切的问题有五个，分别是：舞蹈作为疗愈艺术的历史渊源，现代舞的兴起，欧洲乐舞的影响，非言语行为的研究与现代心理学的发展。

第一，舞蹈作为疗愈艺术的历史渊源。尽管舞动治疗作为心理治疗的一种，正式发展只有70年，但在治疗和疗愈中使用舞动，使用动作却是由来已久。[①] 人类动的能力始于胎儿期、子宫内，被保护在妈妈的身体内，不受外界的纷扰。在呱呱坠地的那一刻，就是会呼吸、有动作的，由此开启了生命的舞蹈。当婴儿有表达需求时，就开始动起来。这比语言早，亦比通过音乐、绘画进行的艺术表达早。因此，在生命的舞

---

* 汪媛，四川师范大学国际中文教育学院讲师，语言学硕士。
** 邓雨晴，四川师范大学国际中文教育学院2021级学生。
① 李微笑编著：《舞动治疗的缘起》，中国轻工业出版社2014年版，第6页。

蹈中，在与外部世界的互动中，动作先于语言和思想。动作，以我们的身体存于世间的方式为参照，是最深沉的人类体验。身体姿势是原始人类简单、原初、真实的交流，是一切沟通与交流的起点。

使用身体动作，尤其使用舞蹈，作为一种宣泄、疗愈的工具也许与舞蹈本身一样久远。人们在很久以前就意识到舞蹈本身所具有的疗愈性价值。印度《舞论》是东方文明中关于戏剧和舞蹈，并对人类情绪进行清晰分类的最初的书籍之一。该书将人类的情感划分为九种类型：爱、笑、悲、怒、幽默、恐惧、憎恶、神奇、平稳。每一种都有很清晰的动作组成部分，通过舞蹈表达出来。① 印度的瑜伽也倡导身心连接。而这在此后的舞动治疗中也得到进一步的澄清和阐释，即在身上发生的也同样发生在心灵，发生在心灵的也同样发生在身体。

总之，舞动治疗的根源可以追溯到远古时代，然而中世纪时舞蹈热被天主教会明令禁止，自此，人的身、心开始对立起来。② 17 世纪法国宫廷芭蕾舞的兴盛使得人的身、心分裂愈演愈烈。直到 18 世纪启蒙运动这个情况才有所好转，19 世纪出现了一系列创新，如德尔萨特的表情体系，达尔克罗兹的节奏舞蹈教育体系等。

现当代的舞蹈运动及此后的舞动治疗师，其实是越过历史长河，向古老的舞蹈形式张望，由此开始了对心灵连接合一的探索。而这样的探寻在最近半个世纪终被各种文化重新接纳，也在神经科学、语言学的实证研究中获得不断的佐证与支持。如由著名舞蹈家、学者资华筠教授与著名语言文字学家王宁教授合著的《舞蹈生态学》一书中详细阐释了"舞蹈语言系统的构建"③。在具体分析中，作者将舞蹈自然切分后得到的最小单位称为"舞动"，相当于语言学中的"词"。再大一级的单位是舞动序列，相当于语言的一个词组或句子，甚至是段落。最大的单位

---

① 李微笑编著：《舞动治疗的缘起》，中国轻工业出版社 2014 年版，第 8 页。
② 李微笑编著：《舞动治疗的缘起》，中国轻工业出版社 2014 年版，第 9 页。
③ 张文倩、赵学清：《语言学与舞蹈学的交叉研究对舞蹈理论创新的贡献——兼评〈舞蹈生态学〉》，《中国语言文学研究》2021 年第 2 期。

为舞目，相当于语言的篇章。然后分别对三个单位进行基本结构及因子分解和特征提取。如"舞动"由节奏型、呼吸型、步法显要动作部位及动作等因素构成。这三个舞蹈形态单位分析只相当于语言的"形式"部分。但舞蹈不是人的下意识活动或个体机械运动，而是具有表情达意内涵的艺术。其"内涵"相当于语言的"内容"。书中又据此提出"舞词""舞词组合""舞蹈言语"，它们均为体现审美表意功能的分析单位。为了使舞蹈语言分析更加科学有效，摒弃有些无关紧要的细微差别，书中又提出"舞畴"的概念。这类似于语言学中的"音位"。从舞动到舞词，必须确立舞畴这个重要概念，它是舞蹈外部形态与其表情达意的文化内涵结合后形成的概念。它是与舞动相对应的舞蹈语言的基础单位。舞畴与舞动的关系，相当于语言学分析中"音位"与"音素"的关系。舞畴的提出是从符号学的角度把舞蹈的基本单位确定为表情达意功能的符号，而不是机械或人无意识的动作。舞畴既然相当于语言的音位，它的典型外部特征就是基本节奏、典型性显要部位动作和基本步伐。其内在含义即舞意（Dance Content）则可从舞情、舞境、舞像三方面提取。归纳起来，舞蹈语言的基本单位为以下公式："同形舞动（外部形态）+共同舞意（内在含义）=舞畴-舞词"。作者就利用这一舞蹈语言基本单位分析了多种舞种。由于该书作者重在研究舞蹈与生态的关系，因此，书中又对舞蹈产生发展的生态环境进行可操作的量化分析，确定出影响舞蹈的各种因素，如经济、宗教、生产、交通、服饰等，将其称为"生态项"。对每一生态项还要借助相关研究成果找出它的内部结构要素，如从宗教与舞蹈的关系看，可把影响制约舞蹈的宗教这一生态项进一步分析为信仰崇拜、传信地域、宗教组织、教义信条、教规教仪等。作者在初步建构以上基本概念的基础上提出舞蹈生态的基本系统及作用。

第二，现代舞的兴起。现代舞的关注点在自我表达，为舞动治疗的自然发展奠定了基础。现代舞反对芭蕾艺术，反对禁锢人的身体，基于此，创造出许多新形式，在现代舞先锋的努力下，以程式化结构为特征的传统思想逐渐解放，才有了舞动治疗的萌芽，其中第一代舞动治疗师，被誉为"舞动治疗之母"的美国舞者切斯在魏格曼舞蹈理论的基础上，总结和践行"舞蹈是一种沟通"，开辟了舞动治疗的先河。

第三，欧洲乐舞的影响。欧洲的音乐教育家注意到人体动作、舞蹈、音乐教育和人格教育息息相关。其中，德尔萨特（Delsarte Francois, 1811 – 1871）、达尔克罗兹（Emile Jacks Dalcroze, 1865 – 1950）对欧美现代舞有尤其重要的启示与贡献，也直接或间接地影响了舞动治疗的兴起与发展。最后由鲁道夫·拉班（Rudolf Von Laban, 1879 – 1957）集大成，他是德国舞蹈理论家和教育家，是人体动律学和拉班舞谱的发明者、德国表现主义舞蹈的创始人之一，为现代舞蹈艺术、舞蹈教育、舞动治疗奠定了坚实的理论基础。如德尔萨特表情体系、达尔克罗兹的节奏舞蹈、拉班的动作分析理论等。

第四，非言语行为研究。沟通研究也一直很紧密地跟舞动治疗领域联系在一起。从达尔文的《人类与动物的情感表达》（*The Expression of Emotions in Man and Animals*）开始，动作、情感的联结就一直是科学研究和探索的议题。

那些无需言语、无需诠释就能体验到的人自身、人际间的感觉就属于非言语沟通。它无时不有，无处不在。人类生而就有接收和释放非言语信息的能力。可惜尽管如此，非言语沟通常常不被察觉，甚至被否认、被拒绝。人类文明的进程和都市文化的发展钦定了语言为主要沟通形式。这种言语的优先地位对于日常、外部世界的事物的处理来说是有益的，却慢慢地剥夺了现代人对来自内部世界、来自身体的信息的信任和耐心。

19世纪晚期，学者们开始意识到，仅从语言学上研究人类行为是有局限性的。英国的博物学家查尔斯·达尔文、加拿大临床医学的泰斗威廉·奥斯勒等理论学家开始认识到非言语互动的细微差别，在那些精微玄妙之处不断发出的信息中所表达的情感要比单纯依赖语言更丰富、更重要。对非言语沟通的早期研究，引发了对行为和动作模式的全新兴趣，奠定了舞动治疗领域的重要根基。其中，最值得一提的一位伟人是拉班。他是一个舞者，舞蹈编导家，建筑师，数学家，教师，是现代舞理论之父和动作分析的鼻祖。拉班擅长建筑、绘画、舞蹈动作和心理学等。他自由地穿梭于艺术和科学领域，将关于动作的理论和记录体系概念化。他把建筑学研究中的空间意识、空间知识迁移到对动作的研究中，如1904年，年仅25岁的拉班在德国慕尼黑创建了自己的学校，而后提出动作空间和谐理论（Choreutics）和动作的质感理论（Eukinetics）。拉班的动作空间理论建构了每个舞蹈动作的基础。

有人将拉班称为舞蹈界的爱因斯坦。如果说爱因斯坦解释了自然世界大宇宙的奥秘，那么拉班则是解释了人体世界小宇宙的奥秘。正是拉班的创造性研究，将舞蹈动作的规律用清晰的概念提炼出来，将动作记录体系总结出来，人类的动作研究才由此被纳入系统的科学分析的轨道。

第五，现代心理学的发展。由于"二战"造成的普遍心理创伤，大量的退伍老兵和平民需要去学习、去表达沟通、处理应对他们在战争中的经历，重新建立人的关系，出现了各种各样的团体治疗。因此应时代的需求，现代心理学重新焕发生机；二战后发展迅猛，在此过程中，舞动治疗应运而生。

2. 定义及特征

舞动治疗是在实操中发展、演进而形成的，凝聚了集体的智慧。不同的舞动治疗师、心理学家和学者等对舞动治疗的理解不大相同。正因如此，要给舞动治疗下一个准确的定义比较困难。概括说来，舞动治疗作为一种心理治疗的方法，它有以下基本特征：强调在心理治疗中使用动作、舞蹈，强调情绪、认知、身体和社会性的整合。它既不只是身体治疗，也不是舞蹈表演，而是创造性的艺术治疗。

（二）微格教学

1. 定义

微格教学也被称为"微型教学""微观教学"等，主要特点有训练课题微型化、技能动作规范化、记录过程声像化、观摩评价及时化，利用现代化的设备为学生提供一个练习环境，将学生的演练过程记录下来，学生通过录像以及老师、同学的反馈和评价来查找自己的优势和不足，来达到培养师范生和在职教师教学能力的目的。① 微格教学是一种教学策略和教学方法，旨在通过深入探究和反思教学过程，提高教师的教学技能和效果。

2. 意义

微格教学可以帮助学生深入了解教学理论。通过微格教学，学生可以学习如何构建清晰的教学目标、如何设计合适的教学内容、如何引导学生积极参与课堂活动以及如何评估学生的学习成果等教学理论。这些知识可以帮助教师更好地理解教师教学的本质和目的，为他们的教学实践提供指导。

微格教学可以帮助学生掌握教学技能。在微格教学中，学生需要完成一系列的教学实验与反思，这有助于他们掌握教学策略和教学方法，如讲授、讨论、小组合作等。此外，未来教师还需要学习如何与学生进行有效沟通和交流，如何评价学生学习成果等。这些技能可以帮助师范生更好地应对教学实践中可能出现的问题，提高自己的教学技能。

微格教学可以帮助学生提升教学效果。在微格教学中，学生需要对教学内容进行深入探究和反思，从而更好地理解学生的需求和学习兴趣。他们可以通过设计个性化的教学方案和策略，提高学生的学习效果和兴趣。此外，学生还需要学习如何通过评估学生的学习成果，来了解他们的学习状况和需要改进的地方，从而更好地指导学生学习。

3. 培养目标

微格课程对培养学生也有一定的要求。主要是这八方面：教态，语言，导入，讲解，演示，组织，提问，板书。那么，内在的心理素质在微格教学中是否重要？是否需要帮助学生做相关培养和训练呢？内在心理素质并不在微格课程范围内，但在微格技能训练中尤为重要。良好的心理素质是一名教师应该具备的基本素质之一，也是底层中最为重要的

---

① 丁铭瑶、宋玉军：《基于微格教学的高校师范生教学技能提升研究》，《经济师》2022年第1期。

启动器。教师是教学实施的主体,是能够顺利完成课堂活动、精彩展示教学技能的重要源头。

(三) 舞动治疗在微格课上的应用

舞动治疗传入中国较晚,20世纪80年代才传入中国台湾,而在中国香港和内地交流讲学则是21世纪以后才出现的。[①] 中国的舞动治疗还是一个新兴学科,无论是理论来源、动作基础,还是应用领域等还有很大的探索空间和发展潜力,且目前为止舞动治疗在微格教学领域的应用几近空白。本文选择将舞动治疗应用于教育领域,探究舞动治疗在微格课中的应用及价值。

(四) 研究意义

1. 学术意义

在中国当下的舞动治疗研究中,其主要用于心理治疗,强调在心理治疗中使用动作;还强调情绪,认知,身体和社会性的整合,是创造性的艺术治疗。本文致力于将舞动治疗引入教育教学领域,探究舞动治疗在微格教学中的应用及价值。有利于拓展这一方面的学术面积,延伸舞动治疗的应用领域。在当下微格课程研究中,将舞动用于实操教学的几乎没有,调取动觉和平衡觉元素来提升大学本科生的微格教学技能可以开创一个新的研究视角。

2. 实践意义

将舞动治疗引入微格教学,训练学生在舞动治疗中的体验和学习中认识、觉察自身的教学潜能;引导学生为自己创造个性张扬的教学空间,启发学生发掘、激活自己独一无二的身心状态,开发创新独特的教学元素,具备深入学习教学技能的信心及热情,将其运用于未来的教学场域和职业生涯中。

3. 社会意义

在社会节奏越来越快、机遇挑战越来越多元的今天,大学生需要减

---

① 李微笑编著:《舞动治疗的缘起》,中国轻工业出版社2014年版,第188页。

压，需要为自己量身定制清晰目标，需要有扎实的执行力。身体是个体认知、情绪、情感、梦想等意识形态的载体，身体的开发是情绪情感释放的土壤，是认知拓展的基石。系统地探索、了解和开发身体，促进身心连接，能促进大学生的身心发展与自我实现。

本研究尚可广泛应用于教学，如，在大学里开设舞动体验与治疗相关课程，以系统舞疗实操，让学生具身体验身体与情绪、认知的相互连接性。让学生在身心对话中感受潜意识存在，打开内心、释放压力、增强自我确定感，为其更深入地了解自己，为自己的学习规划、职业规划打下身心基础。

本研究可应用于微格教学的反思、拓展与实操。微格课堂是一个很好的平台，为学生提供舞动体验、深入了解教学理论、掌握微格技能、提升教学效果的机会，以具身体验的方式认识自己的身体，认识真实状态的自我，可让僵硬的四肢变得灵活、协调起来，从而发现自己独特的潜力所在，提高学生开发身体元素教学的创造性，提高学生利用八种创新教学方法的可能性，一改往日仅依靠认知去学习教学技能的视角。

二 目前微格课上学生存在的问题

(一) 声音质感欠佳

音质是一个多维度且复杂的概念，主要包括以下几个方面：音量，即音频的强度和幅度，决定了声音的响亮度；音高，描述了音频的频率或每秒变化的次数，影响声音的音色；音色，描述了音频泛音的特性，决定了声音的色彩和质感。总的来说，音质涵盖了声音的物理特性和心理感知特性，旨在提供一种愉悦的听觉体验。

当下微格课的学生，普遍没有接受过专业的普通话发声训练，音质普遍较差，给人的听觉体验不自然，极少令人愉悦。主要表现在：音量小；音高保持在一个频率，少有高低起伏的变化，给人乏味之感；若提高音量，就会讲课不连贯，声音颤抖。这都是紧张、逃台（即，想尽快说完离开讲台）等心理的影响。音色，这一生理属性是与生俱来的，每个人都各有特色,通过舞动治疗,去发掘自身特色,再通过适当的训练改善声音的质感,并运用到教学中。对于一名优秀的教师来说,声音的质感很重要,要匹配教学内容的需要,产生高低起伏的变化,吸引学生兴趣。不要求像播音员那样专业化,但至少要有扎根的质感,为学生提供愉悦的听觉体验。目前微格学生在声音质感上普遍差强人意,需加强训练。

(二) 空间感薄弱

这里的空间主要分为两个层面,一个是真实的教室空间,另一个是心理层面的空间。微格课上的学生普遍存在空间感受狭小的问题,比如只站在讲台的后面,或者黑板的一个角落,很少在课堂上走动,教室空间利用率很低。这个现象出现的底层原因在于心理层面,例如内心紧闭紧缩,没有对学生和教学完全打开,有蛮多保留与顾虑;基于此,对外就不会想如何利用教室空间,更不用说提高空间利用率去辅助教学、提升教学效果了。

(三) 身体僵硬

教师职业与其他社会职业的不同之处,在于教师是以身示教的职业,因此教师仪态在微格教学中显得尤为重要。但微格课上受训的学生大多都存在身体僵硬,行为拘谨,不走动的情况,也不敢看后排的学生,目光只停留在前排学生身上,顾及不到全局。久而久之,会生出诸多弊端,比如一些学生会感到被忽视,慢慢不再参与课堂活动了,甚至不喜欢这个老师、这一学科;对教师而言,也容易滋生教学上的挫败感,影响教学积极性;不利于教育的双向良性发展。

三 产生这些问题的原因

(一) 传统教育环境的影响

传统教育更强调集体,对个体关注不够,容易忽视学生的个性发展；传统教育过于强调成绩和学历，单一的评价标准阻碍学生全面发展；传统教育更注重应试，忽视培养学生的创新批判性思维。在这种环境影响下，久而久之学生只需动脑而不再调动身体和感觉器官，身体变得僵硬，思维会随之变得局限，心理素质下降，难以满足自我认同和社会对人才的需要。

（二）传统教学理念的影响

传统教学理念通常以教室和教师为中心，强调知识的传递与灌输。在这种环境下，教师是知识权威，学生是被动接收者。课堂教学以教师为中心，教师通过讲解、板书和多媒体等手段传授知识；学生则通过听讲、笔记和回答问题等方式接受知识。这种教育环境注重记忆和应试能力，而非创新与实践能力。传统教学理念的一个显著特点是其标准化。在多数情况下，所有学生都接受相同的教学内容和教学方法，而个性化教学相对较少。此外，传统教育环境通常缺乏对实际应用的关注，这使得学生难以将所学知识应用到实际生活中。同时，传统教学理念往往过于依赖教科书和考试，这导致学生缺乏对多元化学习资源的探索和利用，自主探索意识较差。

（三）传统微格教学的影响

传统的微格教学确实侧重于研究怎么教，有先行研究成果支撑。它通过对教师的教学行为进行分析和研究，将之分解为不同的教学技能，然后分别学习和训练。当每一个技能都掌握之后，它们被重新组合起来，形成教师的整体教学能力。这种教学方法不仅强调对教学技能的分解研究，建立标准，也强调综合应用，整体优化。

在传统微格教学的培训中，示范是学生获得教学样板和信息的重要手段；示范通过对事实、观念、过程进行形象化的解释，并通过实际动作或电视等演示方式，来说明某件事的进程，以便让学生学会如何去做。其重在效仿前辈老师与编写优秀教案这些简单化、模式化、固定化的训练，忽视学生的独特性与个体化特质；在教学技能和教学方法方面，其创新度较低，将激活身体、开发器官等应用到教学中的情况很少，对人的七觉，视觉、嗅觉、听觉、味觉、触觉、动觉、平衡觉的开发和教学元素的创新结合很少。

(四) 小结

在传统的教育环境、教学理念、微格教学的影响下，学生在微格课上常出现如下问题。

首先，思维局限。会不自觉地模仿前辈与优秀教师，屏蔽自己的个性，循规蹈矩地完成每一节课，教学方式单一与模式化，运用知识解决问题的能力薄弱，思维固化，不能做到与时俱进，与己贴合，局限性很大。

其次，身体僵硬。中国传统内敛含蓄的性格让大多数的大学生不愿外露自己，把自己包裹得很严实，从内在的思想到外在的言行，更甚者会有身体羞耻的感觉，夹杂许多社会因素，忽视了身体本身的能量，即使在体育课上的释放度也有限，做基本的拉伸动作都比较僵硬。身体没有得到开发。人类舞动的能力从婴儿期就开始发展，都是对扩展和探索身体在空间中使用的冲动的回应。这里所说的舞动指的是与时间、空间协调的结构化的、节奏性的动作行为。而舞蹈，是诗意的动作，身体的自然节奏动作，人类的动作和舞蹈是与生俱来的，当人类进入这个世界时就已熟知非言语沟通和用身体语言表达。舞动，是生命之需，是人类生存的一部分。生命伊始，我们每个人就具备舞动的能力，只是后来不再使用而渐渐退化了。

最后，心理素质较差。心理素质是人的整体素质的重要组成部分，包括人的认知能力、情绪和情感品质、意志品质、气质和性格等个性品质多方面。正是因思维局限，以及身体僵硬这些主客观的原因，学生的认知出现了问题，不能很好地适应自己的教师身份，不能正视自己内心真正想表达的，也不能自如地控制自己的情绪。进而心理防线才很容易破防，心理素质较差，上台展示时内心慌乱，局促不安，声音颤抖，眼神躲闪，不敢直面自己的内心，更不敢直面学生。

综上所述，学生大多都从认知角度去认识世界，缺乏自己的感受和体验，对感觉器官的开发少之又少；学生的特质、个性化的东西被淹没，自主探索意识差，缺乏冒险创新的勇气和能力。

四 舞动治疗在微格课上的应用操作

（一）身体部位的开发及训练

了解自己首先从身体开始。肢体是拉班动作解析体系的五大结构（肢体、努力、造型、空间、关系）的第一组成部分，肢体包括身体各部分，它给声音、语言、动作提供传达机制和载体。

1. 呼吸训练

呼吸，是肢体存在的根本。基本呼吸模式有急促式的通过肩颈处的呼吸、肤浅式的停止于胸部或胃部的呼吸、中心式的通过腹部和胸腔的呼吸三种。

通过呼吸训练，学生可以获得课堂教学能力中的稳定感，对自己的课堂有一定的掌控力，也可以获得课堂教学能力中的节奏感，把握好课堂节奏。让课堂保持基本的稳定又带有独特的节奏，教师不慌不忙、有条不紊，学生紧跟老师的步伐，享受其中。

2. 躯干与肢体训练

躯干与肢体，亦称中央与周边。身体的主干是除去四肢的躯干部分，包括胸、背、腹、腰，这是躯体的中心部分；肢体是四肢，即双腿和双臂。

通过躯干与肢体训练，解放学生的双手双脚，可以培养学生的方向感和空间意识。在对外空间感上，学生可以根据教学内容灵活地运用空间，顾及全局；在对内空间感上，学生对自己的教学目标有更清晰的认识和牢牢的掌控力，更便于实现教学目标。

3. 核心与末梢训练

核心与末梢：肢体的核心指的是腹腔部，如太极理论所说的丹田区域；末梢指手指、脚趾等肢端部分。

通过核心与末梢的训练，可以培养学生抓关键、抓重点、有的放矢的教学能力。让课堂在核心目标的推动下推进，同时又可以灵活地处理课堂上一些细枝末节的事情。也可以培养学生应对课堂突发状况的能力，心中牢记课堂意识与核心目标，在此基础上处理问题，更好地完成课堂任务。

4. 头尾训练

头与尾，是指头部和臀部。

通过头尾的训练，开发学生的脊柱，帮助学生重新找回扭的能力。婴儿时期的爬行就是扭的生动体现，婴儿在扭中前进，在扭中探索未知的世界。在教学中亦是如此，帮助学生在扭中探索解决问题的潜在可能性，在扭中学会适当的变通与妥协，进而拥有在课堂中灵活处理教学突发状况的能力。

5. 上下半身训练

上半身与下半身。从腹部划分，腹部以上为肢体上部，即上半身；腹部以下为肢体下部，即下半身。

通过上下半身训练，帮助学生获得稳定的下半身和灵活的上半身。拥有稳定的下半身可以让老师在处理师生关系上有明确的界限，清晰的分寸感；拥有灵活的上半身可以让老师在处理师生关系上更加融洽和谐，从而建立双向良性的师生关系。

6. 整体与部分训练

肢体的整体包括整个肢体的每一部分。换句话说，是把肢体的各个部分联合起来看作一个整体来进行训练。

通过整体与部分的训练，帮助学生获得同时拥有单焦点与多焦点的教学能力。单焦点可以让老师在课堂上有针对性地输入，满足学生的个性需求；多焦点可以让老师在课堂上顾及全局，满足全班同学的基本需求。从而建立一个真实高效、和谐融洽、良性互动的课堂生态。

7. 交叉与外侧训练

交叉是指右臂与左腿通过主干的对应联系，左臂与右腿通过主干的对应联系；外侧指肢体的上下左右的边缘部分，即不穿过中心主干的肢体联系。

通过交叉与外侧的训练，帮助学生获得适应教师身份、收放自如的能力。交叉意味着收缩：在课堂上限定小组讨论的时间、向学生紧锁除教师身份外的心理活动、直接严肃处理课堂问题、直线思维按照教案教学等；外侧意味着放开：给学生自由发挥的空间与权利、包容开放地处理课堂问题、灵活推进教学安排、向学生打开自己的内心等，从而帮助学生适应教师身份，保持合理适当的师生心理距离。

从呼吸、躯干与肢体、核心与末梢、头与尾，上下半身，整体与部分，交叉与外侧等部位依次开发：结合不同的音乐训练学生多样化的呼吸模式，缓慢，急促，由缓慢到急促、由急促到缓慢的转变等，帮助学生适应不同场合的呼吸节奏，让学生在课堂上具有应对多种突发情况的能力；分别开发身体的各个部位，再通过训练让身体部位连接起来，提高学生的协调性，有助于激活学生对自己身体的认识，认识真实状态的自我，让僵硬的四肢变得灵活、协调起来，从而发现自己独特的潜力所在，提高学生开发身体元素教学的创造性，提高学生利用七觉创新教学方法的可能性，一改往日仅从认知观察的视角。

（二）方向感的训练

空间是描述与环境相关的躯体移动方位，包括以下内涵。

动作氛围（Kinesphere），指个人身体周围的距离，一个人的私属动作氛围是在不移步的情况下四肢可达的围绕躯体的距离。

氛围途径（Pathway of kinesphere），指私有动作氛围的通道，氛围途径包括三个通道：中心通道，从中心到个人氛围边缘的距离；边缘通道，个人氛围的外绕边缘线；横向通道，从中心到外边缘之间的曲绕而展示的空间体积。

空间拉（Spatial Pulls），指作用于全身以推动其在空间的轨迹。

空间意向（Spatial Intention），指明确动作的目标从而确立躯体意图与空间的关系。

空间几何（Geometry）或者说动作平面（Planes），包括垂直向（Vertical）、水平向（Horizontal）、纵向（Sagital）三维动作方向。一般来说，垂直向表现驱动的重量意识，水平向表现驱动的空间意识，纵向则表现驱动的时间意识。

空间和谐论（Space Harmony）。拉班尤其强调动作的空间和谐。空间和谐描述躯体固有的对空间的反应性质，因此而创造形成动体与空间的关系。空间中的每个点都与躯体、努力、造型有对应的亲和力。当你用动作连接各个点，你就是在创建一个动作组件之间的动态关系。

通过动作氛围的训练，帮助学生获得善于营造以生为本的课堂氛围的教学能力。培养学生眼中有生，心中有生的动作氛围，摒弃眼中只有ppt，心中无生的动作氛围，帮助学生正视自己的教学对象，心中想着学生，眼里看着学生，顾及全班同学的感受。

通过氛围途径的训练，拓展学生的思维方式，打破思维局限，帮助学生获得教学创新的能力。教学创新是提高教育质量、培养学生综合素质、适应教育改革趋势和增强教学能力的关键。不断地探索和实践创新教学方式，才能更好地满足学生的学习需求和社会对人才的需求。

通过空间拉的训练，帮助学生获得实现教学设想的能力。内在的教学设想再丰富，也要通过实践，搭建与外在世界的链接，在课堂上展示出来，让学生真切地感受到。链接的强梁便是身体在空间上的开发与运动轨迹，让学生具备展示教学设想的技能。

通过空间意向的训练，帮助学生获得实现教学意图，与生良性互动的能力。空间意向在教学中的投射便是教学意图，通过训练空间上身体意图的展现能力，培养学生实现教学意图的能力，如在课堂上抛出问题后，根据学生的反应选择简化或者加深问题的难度，来实现和学生的有效互动。

根据上述空间概念可以得知，我们一般将空间分为三个维度，水平维度、垂直维度、弧矢（即，前后）维度；分别设计舞动体验活动，训练学生的水平维度、垂直维度、弧矢维度。

通过水平维度的训练，可以让学生在水平面打开，手臂在讲课过程中自然地上下左右移动；眼睛可以左右兼顾，照顾到左右两边的同学；在心理层面则会变得更加包容，尊重班级里每位同学的个性，扬长避短，发掘同学们的潜能，同时在问题的处理上也会更变通，更灵活，更高效。

通过垂直维度的训练，可以让学生在垂直面延伸，具有向上生长、向下扎根的能量，增强学生的稳定感和自信心，缓解逃台心理和怯场心理，增强敢于直面学生的勇气，解决目光只停留在前几排，只关注前面同学而忽视后面同学的问题；提高音量和声音的质感，让课堂更加生动，吸引同学们的兴趣；积蓄心理能量，练就一颗强大的内心，把更多的能量投入到教学中，兼顾全班同学，并且不断进行教学反思和创新，改进教学方法，提高教学质量。

通过弧矢维度的训练，可以让学生在前后面打开，具有前进和后退的能力，让学生在做决定时更加果断，同时也会根据现实情况灵活地选择是推进一步还是后退一步。比如在对外汉语教学的课堂上，给初级留学生教授基本的"把"字句时，已经讲了"我把饭吃了。""你把水喝了。""他把衣服洗了。"等"把"字句基本句型"s＋把＋n＋v＋了"后，根据学生的情况，还有一些剩余的时间，要不要继续讲"我把饭吃完了。""你把水喝没了。""他把衣服洗干净了。"等"把"字句的另一个结构"s＋把＋n＋v＋结果补语＋了"，还是继续练习上一个基本句型。课堂时间很宝贵，此时就需要老师根据学生的学习情况灵活并且果断地做出一个决定。

对学生方向敏感度进行训练，让学生对自己的方向感以及底层的心理活动有比较真实的体验和了解。在教学实施过程中，因材施教，根据学生个性发掘他们的特长，引导学生为自己创造个性张扬的空间与场所。让学生在课堂上可以根据教学需要灵活走位，生动讲解，营造活泼的课堂生态。

（三）内外链接的搭建

在上文我们提到了对身体部位的开发，对各个动作的认识及对空间的探索，比如通过空间拉的训练，帮助学生获得实现教学设想的能力。通过实践搭建与外在世界的链接，把丰富的教学设想在课堂上展示出来，让学生有真切的感受。链接的强梁便是身体在空间上的开发与运动轨迹，让学生具备展示教学设想的技能等，这些都是在寻求内在世界的搭建。

然而，我们的终极目标还是要将部分重新整合为人类动作的整体形势。整体存在于平衡努力和恢复的模式中，存在于我们的内在世界和外在世界的互动中。

未来对于教师而言，内在世界的探索和外在世界的链接是什么呢？即把舞动体验应用到教师技能训练之中，解决上述微格课上学生经常出现的问题：增强稳定感和自信心，提高声音质感；开发身体部位增强空间感，提高教室空间的利用率；将七觉与教学相结合创新教学方法，形成独特的教学模式；通过空间开发获得实现教学设想的能力及与学生良性互动的能力。

在舞动治疗的体验和学习中认识、觉察自身的教学潜能；引导学生为自己创造个性张扬的教学空间，启发学生发掘、激活自己独一无二的身心状态，开发创新独特的教学元素，具备深入学习教学技能的信心及热情，将其运用于未来的教学生涯中。

综上所述，作为一名教师，不仅需要具备内化的能力，更需要具备展示传授的能力，将内在的修行和知识以具有个性化的教学方式与学生产生链接，达到内外平衡的状态，激活课堂师生关系。

五 结语

在心理治疗的领域，舞动治疗过程可以看作帮助患者开发肢体智慧的过程，也是重新编写神经细胞、化学分子程序的过程。在这个过程中，他们的情感创伤得到愈合，心理空间得到扩展，精神力量得到增强。在微格教育领域，舞动治疗过程可以被看作帮助未来教师开发肢体智慧的过程，也是重新帮助他们认识自我、探索自我的过程。在这个过程中，他们的思维得到发散，身体得到开发，心理素质得到增强，为他们踏上三尺讲台奠定坚实基础。舞动治疗对微格教学的应用及研究都具有前瞻性的价值。

国际中文教育管理

汉语国际推广视角下的韩国外语教育研究

毛 竹[*]

摘要：随着中国经济的发展和国际交往的日益密切，世界各国对汉语学习的需求急剧增长。为满足海外汉语学习者的需求，携手发展多元文化，共同建设和谐世界，中国提出了一系列汉语国际推广战略。随着"一带一路"国家倡议的提出，汉语国际推广事业迎来了新的发展机遇。

近年来，汉语教育和推广事业在韩国发展迅速。取得成绩的同时，也出现了一些问题，遭遇发展瓶颈。汉语作为韩国的外语，其推广始终受到韩国外语教育政策与环境的影响与制约。因此，需全面审视、梳理、研究韩国的外语教育，以找到问题的症结所在，从而理清思路，顺应其变，转换发展方向，制定更有针对性的推广政策和措施。本文旨在探讨韩国外语教育的全貌，特别是汉语教育在韩国的发展历程和当前状况，并基于韩国的外语教育政策与特点，提出汉语国际推广的有效策略。

关键词：韩国；外语教育；汉语国际推广

一 绪论

在 21 世纪的全球化浪潮中，语言作为沟通与文化的桥梁，其教育与传播受到了前所未有的重视。韩国，曾作为亚洲四小龙之一，其经济

---

[*] 毛竹，四川师范大学国际中文教育学院讲师，硕士，研究方向：国际中文教育、语言对比。

实力和文化影响力在全球范围内不断扩大，外语教育的发展对于韩国的国际交流与合作具有重要的战略意义。特别是在汉语教育领域，随着中国经济的快速发展和国际地位的显著提升，汉语已经成为韩国外语教育中不可忽视的重要组成部分。

本文旨在梳理韩国外语教育的历史，分析韩国社会对外语能力需求的变化，以及这些变化如何影响外语教育政策的制定和实施。通过对韩国外语教育政策与特点的分析，进一步揭示汉语在韩国外语教育中的地位，探讨这些因素如何影响汉语教育的发展，以及韩国学习者对汉语学习的态度和动机。

在此基础上，本文提出一系列针对性的策略，包括加强中韩文化交流、优化汉语教学资源、提升教师专业水平、利用多媒体和网络技术增强教学互动性等，以促进汉语推广在韩国的顺利开展。

二 韩国的外语教育

对于韩国而言，汉语是外语。汉语教学是外语教学。汉语教育与推广始终要受到韩国外语教育政策和大环境的影响。因此，有必要对韩国外语教育的历史、现行政策以及特点进行研究。

（一）韩国外语教育历史概况

韩国外语教育历史久远。早在公元2世纪，韩国人已经开始研习汉字。欧洲语言教育始于19世纪晚期。同时政府为培养少量翻译，开始实施一些东亚语言的教育。之后，韩国的大门被美国和西方列强打开，韩国人开始广泛学习西方语言。大规模的外语教育始于日据时期，日语是当时各级学校唯一的授课和交流的语言。但所有中级学校都开展了英语教学，少部分学校开始教授德语、法语和汉语。这一时期，欧洲语言教育整体式微。

1945年韩国脱离日本的殖民，是韩国外语教育的转折点。由于美国在政治、经济上对韩国有着绝对的影响力，英语成为一枝独秀的外语，渗透进韩国的各行各业，其他外语则称之为"第二外语"。英语的地位和影响力不逊于日据时期的日语。20世纪60年代，韩日邦交恢复正常，成为韩国外语教育的另一个转折点。两国关系迅速发展，日语成为重要性仅次于英语的外语。法语、德语、汉语、西班牙语位列其后。20世纪90年代，随着中韩关系正常化，两国交流的日益密切，汉语国际推广战略的有效实施，汉语在韩国已经成为英语之后最重要的外语。①

纵观韩国外语教育历史，可以发现，一门外语在韩国的受重视程度，与将其作为母语的国家与韩国的政治、经济、文化关系的紧密度呈正相关。

(二) 韩国外语教育的政策与定位

在全球一体化进程中，外语教育在韩国扮演着日益重要的角色。韩国社会经济的发展需要强化外语和外语教育，外语教育的发展反过来会支持韩国社会经济的进步。外语教育政策的制定，反映了韩国国家实力、国家政策、教育理念的变化。

根据国家经济发展、安全政策、社会文化环境在各个历史时期的不同，韩国先后进行了七次教育改革，外语教育政策也随着社会发展、国民语言文化需求不断调整。在历次改革进程中，韩国外语教育的目标经历了由建国初期的"掌握基本语法、会话能力"，到经济复苏时期的"培养高水平技能型实用人才"，"推广韩国文化的高级语言人才"，"培养区域经济发展人才"，"语言使用到语言交际"，到如今"创新型外语人才"理念的转变。②

进入21世纪以来，韩国更是把外语教育放在战略发展的高度，制定了一系列积极的政策和措施，加大对外语教育的投入，以培养具有多元

---

① Oryang Kwon, "Changes in the Status of the 'Second Foreign Language' Education in Korea", *Foreign Language Education*, No. 9, 2006, pp. 47 – 62.
② 张贞爱:《外语教育政策与多维制约因素分析——以韩国外语教育60年改革与发展为例》,《中国外语》2011年第4期。

语言文化和国际竞争力的人才，适应其经济社会和全球一体化的发展。

（三）韩国外语教育的特点与特色

现阶段，韩国的外语教育呈现出以下显著特点与特色。

1. 与现代教育技术高度融合

韩国是世界上网络速度最快、普及程度最高的国家之一。过去十多年，韩国所有的公立和私立大学和中学都配备了语言实验室，用于多媒体教学、测试、评分。网上语言教学与研究已经受到广泛重视，开发和应用前景十分广阔。随着互联网、计算机、人工智能的飞速发展，信息技术辅助语言教学已成为韩国外语教学的主流手段。

2. 学校社会分工教学

传统的外语教育都在学校体制内进行。这一现象正在发生改变。体制外教育机构越来越积极地参与、承担相应的培养责任。在外语教育方面，韩国学校和非学校机构分化培养的趋势越来越明显，即学校负责侧重学生基础文法和书面语言的教育，而非学校机构着重培养学生的会话能力，例如以会话为导向的特殊用途外语。这种分工使得外语教育更有效率。

3. 语种数量稳定增长

如前所述，最初韩国的外语教育只有英语、日语、汉语、德语、法语等寥寥几门，随着韩国经济实力的增强，国际化全球化需求不断增加，所开设外语教育的数量也稳步增长。如今，韩国开设的外语教育种类繁多，包括非洲及南亚语种。

4. 外语教育产业化

外语教育在韩国飞速发展，已经成为一项主要的产业。中学教科书、自学指南以及电视广播教材每年销量数以百万计。其他热销产品包括出国类的托福雅思，大学入学考试指南，高中语法，中学课本辅导用书等。同时，私立外语培训机构生意火爆，尤其是在大型都会城市。①

---

① NahmSheik Park, "Foreign-Language Education in Korea Today: With Special Reference to English", *English Studies*, No. 11, 1987, pp. 67 – 73.

5. 韩国意识的觉醒

韩国外语教育历来注重引介甚至全盘照搬美日等国外语教育教学的先进方法和经验。但随着韩国国民意识和身份感的与日俱增，韩国外语教育学界开始反思，认为美日外语教育实践的成功是植根于自己的土地之上，全盘照搬未必完全适合韩国国情。因此，寻找能够更好体现韩国人认同感和身份感的外语教育方式成为学界探索的重点。

6. 教育国际化

韩国外语教育的突出特色是其国际化战略。在教育理念方面，韩国历届政府以"国际化"为办学理念，积极实施外语教育改革，以提高国民的外语水平，加强韩国与世界各国的交流合作，尤其突出了英语的重要性。在课程体系方面，自20世纪90年代起，韩国开始借鉴发达国家的先进课程经验，对高校传统课程进行改革，增加了用英语授课的比例，以加深学生对各国文化的理解。在办学环境方面，韩国政府积极开展与国外大学的联合办学，共享国际优质教育资源。

一系列支持措施如：国外大学可来韩国设立分校；允许国外与国内大学共同开设研究生课程；与外国大学联合办学，并相互承认学位；外国大学可以网上办学；建立教师国际合作伙伴关系，开展合作研究项目；支持教师去国外进修；积极引进海外学成归韩教师、聘请外籍教师；利用留学生资源，引导国内与国际学生的交流活动。在人才培养方面，放宽出国限制，提供留学经费，支持本国学生出国留学，以适应国际化的需要；提供优惠政策，积极接受外国留学生来韩留学。[①]

（四）韩国外语教学的特点

韩国的外语教学，尤其是英语教学，具有以下特点。

1. 重视培养学生的听说交流能力

从20世纪80年代开始，韩国就推行听说与阅读并重的教学策略。一方面通过文学作品、文化作品进行阅读练习，使学生具备基本的语言

---

① 张贞爱、王克非：《韩国外语教育国际化考察》，《外语教学与研究》2010年第5期。

能力；另一方面以交流为中心，培养听说等语言技能。

2. 课程设置开放、个性化，授课形式多样化

除基本的阅读与听说训练外，还与时俱进，开设了大量选修课程，如网络英语、电影英语、新闻英语，根据学生个体需要提供语法、作文、发音等课程。授课形式除常规课堂教师授课外，还有研讨等课程，以学生为中心，强调参与性与互动性。

3. 信息化辅助的教学

韩国网络与多媒体设施发达，也将这一优势充分运用于外语教学。设立了专门的网络语言学院，方便学生自由使用各种网络及多媒体设施，提供在线学习机会。所有的信息和教育内容学生都可以在网站上自由获取。

4. 小班教学

不同于中国，韩国外语教学实行按学生专业与水准分小班授课，一个班的规模不超过30人，学生参与机会多，突出了以学生为主体的教学理念。

5. 外籍教师比重大

韩国大学积极聘请外教，使学生有机会接触地道的外语，为学生创造使用外语交流的机会，有效地提高了学生的听说能力。有的学校外籍教师甚至多于本国教师。[①]

（五）韩国外语教育总体分析与总结

纵观韩国外语教育历史与发展现状，韩国的外语教育总体方针政策一直受到各个历史阶段外交政策、经济制度、文化条件的制约与影响，体现了多元文化理念。进入21世纪后，韩国外语教育更加注重培养学生的国际化视野与跨文化交际的技能。教育的国际化与产业化促进了韩国经济的发展。

英语在韩国外语教育发展中具有举足轻重、无可撼动的地位。这是

---

① 曾达之：《韩国高校大学英语教育现状考察》，《宜春学院学报》2014年第8期。

从国家发展的战略高度制定的外语教育长期规划，具有前瞻性和目的性，体现了外语教育政策与国家发展战略的高度一致。同时，英语也是向世界展示传播韩国文化最好的载体与工具。同时，外语教育在韩国的发展与韩国自身的语言文化发展兼容并蓄，并且得到很好的利用。

三　汉语教育在韩国的发展历程

自古以来，韩国就有汉语教学的优良传统，是最早接触和吸收中华文化，进行汉语教育的国家，其历史可追溯到中国的三国时期。由于历史原因，在20世纪近百年时间里，韩国的汉语教育处于停滞状态。自1992年中韩两国恢复外交关系以来，韩国的汉语教育再次进入蓬勃发展时期，汉语在第二外语中已成为最受欢迎的语种。

（一）韩鲜半岛早期的汉学教育

受中国教育制度的影响，朝鲜半岛很早就开始了正规的学校教育。在继承先前汉学教育传统的同时，逐渐形成以科举制度为核心，官学（国子监、乡校、学堂）与私学并存，国内译学制度与留学生派遣制度并行的较为完善的教育体制。

在这一时期，朝鲜半岛还没有自己的文字，教育都是通过汉文的传授和学习来实现，形成了自己独特的教育模式和教育传统，汉语书面语教育是主流；留学生教育发达，在周边国家中，朝鲜半岛是向中国派遣留学生最多的国家；国内教育机构（通文馆、司译院、汉语都监）兴起，汉语被纳入国家教育体系，正规的汉语教育开始起步。

（二）李朝时期的汉语教育

15世纪上半叶，李朝（1392—1910年）世宗大王领导创制了朝鲜字母，同时倡导对汉语文化经典的学习，对后世的语言和文化发展带来深远影响，这是朝鲜半岛汉语教育和研究的第一个高峰。汉语教育到15世纪下半叶由于各种历史原因出现低潮。16世纪，语文学家崔世珍对新创制的朝鲜文"训民正音"提出了改进方案,重排了字母顺序,首次规定了字母的名称,并用其代替传统的反切给汉字注音。汉语教育在朝鲜半岛得到复兴。在这一时期,教育机构完备,教育体制健全,研究成果丰硕,教育方法先进,是朝鲜半岛汉语教育历史上的最高峰。

(三) 20世纪的汉语教育

进入20世纪以后,韩国的汉语教育经历了一段曲折发展的道路。1910年至1945年间,大韩帝国沦为日本的殖民地。这一时期内,包括外语教育在内的教育政策受到日本教育体制和对外政策的影响和控制,民族教育被扼杀,汉语教育处于全面崩溃状态。1945年至20世纪70年代初,韩国独立以后,对外关系主要伙伴是美国,因此,外语教育以英语为绝对主导。朝鲜战争以后,从军校开始汉语教育逐渐复苏。但是,在冷战环境中,韩国与中国大陆地区的关系被彻底隔绝,只跟中国台湾地区维持文化交流关系,汉语教育主要受中国台湾地区的影响。这一时期,汉语教育逐渐复苏,高中汉语教育开始兴起。进入20世纪70年代以后,随着中国国际地位的提高,中国由过去的"敌对性共处国家"转变为"非敌对性共处国家",汉语在外语教育中的地位逐渐上升,韩国开始注重培养可以适应新形势的各种汉语人才。这一时期,大学增设了中文专业,学术研究范围逐渐扩大,教材和教学研究成果增多。20世纪80年代以后,韩国政府推行"北方政策",中国由"非敌对性国家"变成"友好相处国家"。1992年,中韩建交,为中韩关系的发展翻开了崭新的一页,汉语教育随之进入迅猛发展期。[①]

四 现阶段韩国汉语教育的基本情况

新世纪汉语国际推广战略实施以来,韩国的汉语教育取得了突飞猛

---

① 金基石:《韩国汉语教育史论纲》,《东疆学刊》2004年第1期。

进的大发展,汉语热持续升温。现阶段发展呈现出以下特点。

(一) 教学规模宏大,普及率高,但地位不及英语

1992 年中韩两国建交以来,随着两国友好合作关系的全面发展,韩国的"汉语热"持续升温,学汉语的人数与日俱增。在韩国,汉语已成为除英语以外最受重视的外语。

韩国全国除了有数十万较固定的长期汉语学习者外,还有更多的韩国人因为大学选修课、公司培训、旅游、公务或个人兴趣而进行不定期的汉语学习。同时,到中国大陆留学的学生人数逐年递增。据不完全统计,到目前为止,韩国国内通过大中小学校、各种学院、广播电视、留学等不同方式接受不同程度的汉语教育的人员,累计已达 30 万人以上。[1]

汉语教育覆盖面广,汉语学习者涵盖了从幼儿园到大学的各个学习阶段。汉语教学在高等教育中最为普及,四年制大学几乎设有汉语专业。汉语专业录取分数高,也反映出其受重视的程度。在高中,将汉语作为第二外语选修课的学生与日俱增。小学、幼儿园学习汉语的儿童也越来越多。有的企业内部也开设汉语培训班。[2]

(二) 师资需求缺口大,师资水平不齐

汉语学习者数量剧增带动了师资的需求。为应对这一局面,近年来,韩国培养了大批硕士、博士等高层次汉语专业人才。此外,还有一大批来自中国高校的汉语教师,中国汉语专业的毕业生和志愿者踊跃加入韩国汉语教学的队伍中。但纵观韩国汉语师资,主要存在两个问题。一是部分教师本来侧重于中国古典文学、古代汉语、汉语语言学的研究,转向现代汉语的教学,需要适应和提高。二是部分老师只是汉语水

---

[1] 刁世兰:《韩国汉语教学的现状及发展对策——以济州汉拿大学为例》,《合肥学院学报(社会科学版)》2011 年第 6 期。
[2] 孟柱亿:《韩国汉语教育的现状与未来》,《云南师范大学学报(对外汉语教学与研究版)》2008 年第 2 期。

平高，但欠缺汉语教育和教学方面专门技能的训练。因此可以说，韩国缺汉语老师，教得好的汉语老师更缺。

（三）应用型汉语成为热点

随着中韩交流的不断深入，汉语教学已逐步从研究型向应用型转轨。① 课程设置不再偏重古代汉语和古代文学，教学重点已经从文字阅读教学过渡到听说读写译等语言综合技能的教学。通商汉语科和观光汉语科等新专业纷纷设立，面向市场多层次、有针对性地培养汉语人才。韩国社会重视文凭，因此在韩国学生中，考证热比较普遍。以应试为目的的汉语教学是韩国汉语教学的重要组成部分。目前韩国非学历汉语教育中，一大部分是围绕"汉语水平考试"和"中学汉语教师资格考试"展开的。

（四）教材数量多，但种类较少，且缺乏针对性

韩国汉语教材早期多以引进中国出版的教材为主。从中国引进的教材，最大的问题是针对性不强。一方面，这些教材大多是针对母语为英语的学生，而非专门针对韩国学生编写的。从语言习得的角度看，韩国学生和欧美学生在学习汉语时，遇到的难点、习得的顺序和对汉语的理解、掌握程度是不完全一样的。另一方面，中国学者编写的教材，内容基本上是介绍中国的历史、文化、生活。从学习汉语的角度看，这本身无可厚非。但如果过分强调中国国情，脱离韩国实际，有可能造成民族意识的抵触，不能激发学生兴趣。所以，这些教材并不完全适合韩国学生使用。

近年来，汉语教材的开发得到了重视，教材数量越来越多，但种类仍然较少。大部分是针对初级学习者的入门、会话教材，面向中高级学习者和特殊群体需要的教材较少。特殊用途汉语学习者和普通汉语学习者的需求不同，对教材的要求也不同，前者需要掌握更多的日常会话和

---

① 焦毓梅、于鹏：《韩国汉语教育现状分析及发展前瞻》，《长江学术》2010 年第 3 期。

专门的工作词汇。总的来说，针对专门行业和门类开发的汉语教材还是偏少的。①

（五）孔子学院在韩国的发展情况

孔子学院在韩国的发展始于 2004 年，全球首家孔子学院在韩国首尔成立。随后，中国国家汉办（现更名为"教育部中外语言交流合作中心"）与韩国多所大学签署了合作建设孔子学院的协议。韩国的孔子学院通常由韩国的大学与中国的大学合作建立，这些学院不仅服务于大学内部的学生，还向校外学习者提供汉语教学。

孔子学院在韩国开展的活动包括汉语教师培养、汉语教学、中国文化课堂、出版相关书籍、举办文化交流活动等。一些学院还提供汉语水平考试、师资培训、与中国留学衔接的项目、留学咨询和服务。孔子学院作为中韩文化交流的窗口，通过开设文化讲座、演出、放映电影等活动，增进了韩国民众对中国语言和文化的了解。

截至 2022 年，全球共有 492 所孔子学院和 819 个孔子课堂，韩国作为孔子学院早期发展的国家之一，其孔子学院数量和影响力在全球范围内占有重要地位。② 韩国孔子学院经过二十年建设与发展，在汉语教学与中华文化推介领域均取得了令人瞩目的成就。③ 孔子学院和孔子课堂已经成为韩国汉语教学和推广的中心。

五　基于韩国外语教育政策与特点的汉语国际推广策略

（一）汉语教育在韩国的前景展望

政治上，自中韩建交以来，两国在政治、外交方面的诸多问题上均

---

① 尹悦：《韩国孔子学院的现状及发展策略研究》，《南阳理工学院学报》2016 年第 1 期。
② 中国国际中文教育基金会：《孔子学院年度发展报告 2022》（https://ci.cn/gywm/nb/b3267e90-4b4e-4dc0-8de8-04128c6164e1）。
③ 魏大鹏：《韩国孔子学院建设存在的问题与建议》，《吉林省教育学院学报（下旬）》2014 年第 10 期。

有相同或相似的观点和立场,目前,两国关系处于历史上最良好的阶段。这必然会推动韩国外语教育政策向汉语倾斜。经济上,中国是韩国最大的贸易伙伴之一,是第一大投资国。经贸关系的发展,必然拉动韩国人学习汉语的需求。文化上,韩国一直吸收中国文化精髓,深受中国文化影响,国民对中国文化有着强烈的认同感和亲近感,这为学习汉语奠定了情感基础。

因此,我们可以展望,尽管发展的道路曲折,在今后很长一段时间内,两国政治、经济、文化关系的持续发展会给汉语、中国文化在韩国的传播提供良好的契机,汉语教育在韩国的发展将继续维持上升的势头。

(二) 汉语国际推广在韩国的定位

通过对韩国外语教育的考察可以知道,外语教育在韩国是一项基本国策,具有重要的战略意义。从国家政策层面讲,外语教育是韩国应对全球一体化的重要工具和手段,对任何一门外语的进入都是持开放和欢迎的态度,不认为外语教育的增加会对本国语言文化造成负面冲击和影响,并且外语教育的比重在不断增加。这为汉语与中国文化在韩国的推广奠定了良好的基石。

同时,参与汉语国际推广事业的人,应该认识到,英语在韩国外语教育中具有独一无二的重要性。在短时期内,汉语仍然无法撼动英语的地位。在汉语教育与推广的各个环节,应契合韩国外语教育的大政方针,准确判断,找准定位,找准对手,循序渐进,不应妄自尊大,而采取与政策不相符的推广策略。

(三) 师资的培养与扩充

如前所述,目前乃至今后的很长一段时期内韩国汉语教师仍存在巨大缺口。韩国汉语师资由以下几部分构成:韩国本土汉语教师、中国高校的交流教师与学生志愿者、来自中国社会机构的教师。以下方面的工作可以进一步推进。

1. 加大对韩国本土教师培养与支持

在韩国，从事汉语教学的教师大部分是韩国人。[①] 他们大多有过中国留学或进修的经历，或者在中国取得本科、硕士或博士学位，但由于汉语教师评估体系不完善，造成韩国本土外语教师水平参差不齐。决策部门可以为韩国本土汉语教师提供持续的在职培训或认证，帮助其提升学历，提高教学水平，保证汉语国际推广工作主力军保持较高的水平。

2. 推进高校教师与志愿者交流力度

目前中国高校交流教师与志愿者主要通过孔子学院项目去韩国开展教学工作。对应的学校也是孔子学院合办院校。由于是官方平台，在韩国认可度高。但选拔非常严格，选拔周期较长，选拔名额有限。影响范围局限于孔子学院相关高校。对于没有孔子学院的韩国学校来说，招募不到中国教师来授课；对于没有孔子学院的中国学校来说，要派遣教师去韩国也相当麻烦。在这方面如果能够采取更加灵活的政策，会大大提高中国教师的积极性，从而保证最高水平的汉语教学。

3. 充分利用友好学校平台

高校可利用与韩国友好合作学校的关系，积极为学生创造实习就业的机会。不仅可以在汉语国际教育、汉语言文学相关专业选拔学生，还可以对其他专业优秀的学生进行选拔，培训合格后派出。虽然此平台中间环节较多，相关手续稍显复杂，但只要深入进行，可以为校际合作创造更多的机会。

4. 社会中介机构可发挥积极作用

最近几年，兴起了各类行业协会的对外汉语教师资格的认证。这些行业协会的一大亮点是，通过自己的渠道和资源，为在该行业报名对外汉语资格考试和培训的人员提供出国实习工作的平台。尽管该平台涉及一定的费用，也非完全覆盖每个考生。但我们看到了非官方行业协会在市场中的优势和灵活性，也从另外一个方面对传统的学校教育提出了挑战。

[①] 丁存越、金建佑：《汉语国际推广背景下的韩国汉语教学》，《汉语国际传播研究》2013年第2期。

（四）教材的改进

教材的完善应遵循本土化、多样化的原则。随着韩国人意识的崛起，强硬地推行中国文化会产生适得其反的效果。完全教授中国文化的教材，也会让学生难以适应，失去兴趣。教材的开发和完善应该从韩国人学习汉语的视角出发，在考虑汉语的特点、中国文化传播的同时，充分结合韩国人特有的文化习俗、民族信仰、汉语学习习惯、习得顺序、学习特点，适当地增添韩国学习者熟悉的韩国日常生活场景。结合韩国汉语学习者注重应用性的特点，着重开发汉语考试类教材与特殊用途汉语教材，如旅游汉语、商务汉语、文秘汉语等。同时，与时俱进，推动音频、视频、动漫等教材的开发。

（五）教学的改革

1. 教学观念的转变

受尊师重教传统的影响，在中国国内的课堂中，老师会觉得自己是知识的权威，课堂的中心。课堂交流是单向的，大多还是老师讲、学生听的模式，学生的智慧和创造力受到压制。但这并不符合韩国外语课堂的教学气氛。去韩国教授汉语的中国老师，应转变角色，与学生建立平等的关系、民主的教学氛围，形成良好的课堂互动，进而成为真正的学习共同体。在课堂教学中，应该设立好目标，使互动过程有序，通过师生对问题全面深入的探讨，解决问题、超越预期目标，产生新的问题，从而形成良性循环。在与学生的交流中，了解学生现有的认知水平和可能达到的深度广度，关注学生的个体差异，因材施教，激发学生的学习兴趣。同时，对不同的课程采取不同的教学形式。只有这样，才能真正适应韩国课堂的特点。

2. 信息化教学的开展

时至今日，黑板和粉笔及其升级版的白板和白板笔，仍然是中国汉语课堂的主角。而韩国的语言教学已经逐步实现信息化。在韩国进行汉语教学和推广的教师，必须用信息化的教学武装自己，否则无法适应潮流的变化。在这一过程中,汉语教师首先应该掌握各种信息技术手段,但不能仅仅停留在技术层面,还应当具有现代教学理念和教学方法。信息技术也不仅仅是辅助教学的工具,更是促进学生自主学习,激励学生情感的工具。汉语教师应熟练运用信息技术,以创造一个学生探索、合作学习、资源共享的学习环境,充分调动学生的学习主动性和积极性。

(六) 中国文化的推广

语言是文化的载体,汉语国际推广应语言与文化并行。在韩国教授汉语的中国教师,都带有使命感,在教学中要注重结合语言教学,推广中国文化。不仅是中国传统文化,还有中国改革开放以来所发生的变化,都应呈现给韩国的语言学习者。这要求教师首先要掌握全面的知识,了解中国历史文化、国情与最新的动向。但在文化的推广过程中,应是润物细无声,同时积极了解韩国文化,了解韩国学生的思维模式,避免与国家民族意识强烈的韩国学生产生文化冲突。只有这样,才能更好地传播中华文化。[①]

六　结语

通过对汉语教育与推广在韩国发展历程的梳理,对韩国外语教育方针政策与特点的分析研究,我们认为,随着中韩关系的全面深入发展,汉语在韩国的地位将会更加重要。在韩国进一步做好汉语教育推广工作,需找准汉语在韩国外语教育中的定位,加大对韩国本土教师的培养,为中国教师赴韩工作提供更好的平台,开发更多、更能适应韩国国情的教材,转变教学观念,加强信息化教学,同时,在教学中深化对中国文化的传播。

在全球化大背景下,韩国的汉语教育不仅关系到韩国自身的语言教

---

① 崔丽红:《韩国的语言政策与国家意识探析》,《云南师范大学学报(哲学社会科学版)》2012年第3期。

育政策，也是汉语国际推广的重要组成部分。韩国的汉语教育正面临着前所未有的发展机遇。随着中韩两国在经济、文化、教育等领域交流的不断加深，汉语教育的重要性日益凸显。未来，韩国的汉语教育有望在政策支持、教学创新和社会需求的共同推动下，更加快速和深入地发展。

　　汉语的国际推广是一个长期而复杂的过程，需要各方面的共同努力和智慧。通过不断探索和实践，我们可以找到更加有效的推广策略，通过实施这些策略，可以促进韩国汉语教育的进一步发展，不仅有助于加深韩国人民对中国语言和文化的了解，增进中韩两国人民之间的相互理解和友谊，也对汉语教育如何更好地适应不同国家和文化的需求，促进区域乃至全球的语言多样性和文化多样性具有重要意义。

劳务派遣制度下对外汉语教师发展问题初探

罗　昕*

摘要：随着对外汉语教育事业的发展，来华留学生逐年增多，各高校国际教育学院或国际学院出现了编制内师资力量缺口。劳务派遣对外汉语教师成为解决师资缺口的主流方式之一。然而，劳务派遣对外汉语教师面临着薪资水平差距大，福利差别大，管理无序，配套制度不完善，缺乏发展空间等问题。缩小薪资、福利差距，规范管理，完善劳务派遣对外汉语教师职业发展配套制度，既有利于劳务派遣对外汉语教师个人发展，也有利于中国对外汉语事业的健康长足发展。

关键词：劳务派遣；对外汉语教师；发展问题

在高校用工方式多元化的今天，劳务派遣同人事聘用、公开招聘等用工形式一起成为高校几种主流用工方式。但劳务派遣存在着各种法律和制度上的问题。高校不同部门的劳务派遣用工问题有共性也有个性。如今已有学者针对高校劳务派遣共性问题从不同角度进行了探索和解读，但劳务派遣制度下对外汉语教师发展问题个性的一面——劳务派遣制度下的对外汉语教师发展问题探索仍为空白。

---

* 罗昕，西南大学国际学院讲师，国际中文教育硕士，研究方向：国际中文教育，教育经济与管理。

一 研究背景

随着中国对外开放的深入进行，教育国际化程度大大提高，留学生数量急剧增长。因此，在高校编制紧缩的背景下，各高校国际学院或国际教育学院出现了师资力量缺口。为填补教师需求和在编在岗教师数量之间的断层，各高校国际学院纷纷采取更灵活的用工方式——劳务派遣或人事代理。

劳务派遣指与劳务派遣单位签订劳动关系，并以劳务派遣的方式进入高校的工作人员。[①] 较之更为专业化、规范化、社会化、系统化和法制化[②]的人事代理制度，劳务派遣制度无论对高校还是员工来说存在更多的问题和风险。

在高校现有用工结构下，劳务派遣这一用工形式更多地存在于高校的后勤、保卫等岗位。[③] 因此，劳务派遣制度下的对外汉语教师在高校中是更为特殊的一个群体。相较于后勤保卫等岗位较低的文化学历要求，劳务派遣对外汉语教师文化学历要求均为硕士研究生及以上学历。

劳务派遣人员学历背景的不同，造成了劳务派遣制度下的对外汉语教师和其他劳务派遣人员所面对的问题既有共性又有个性，且个性更为突出。

二 对外汉语教师劳务派遣用工现状

对外汉语教师的劳务派遣用工呈现出范围大、涉及人数多的特点。在笔者所调查的学院中，劳务派遣用工形式的对外汉语教师占学院对外汉语教师总人数的一半左右。

[①] 籍祥魁：《高校劳务派遣工权益保障问题探究》，《中国成人教育》2013 年第 24 期。
[②] 翁松栩：《大学视角下编外用人的法治保障探析》，《中国教育学刊》2013 年第 S4 期。
[③] 翁松栩：《大学视角下编外用人的法治保障探析》，《中国教育学刊》2013 年第 S4 期。

笔者登录全国115所985和211高校负责国际学生汉语教育学院的网站，查询每个学院招聘计划情况。上海、北京和重庆三地高校近期有招聘计划。笔者仔细阅读各学院招聘启事，并且电话联系有招聘计划的学院询问招聘相关情况。

同时，笔者在三地各选取一所高校，对该校劳务派遣制的对外汉语教师进行电话访谈。

通过研究和访谈，笔者发现对外汉语教师劳务派遣及用工呈现下列特点。

（一）学历和专业背景要求较高

任职条件中的学历要求均为"硕士研究生及以上学历"并且要求专业背景为对外汉语或汉语国际教育专业。甚至有学校要求本科有第二专业辅修为佳。

在北京某高校的任职条件中虽然放宽了学历和专业背景的要求，若为对外汉语专业则本科学历亦可，若为研究生学历专业要求可放宽至文科相关专业。但在较为宽松的学历和专业背景要求后加上了需有讲师职称的条件。综合来看，招聘条件并未降低。

（二）外语能力和教学经验要求较高

各招聘学校在任职条件上均必须具备较高的外语水平和有一定的教学经验。

对外语水平的要求普遍为英语听说读写流利，能用英语工作或具体化为对雅思托福成绩的要求。有部分学校除对英语有要求外，还要求应聘的教师具备小语种能力或多语种能力。

所有学校均在招聘信息中写明有对外汉语课堂教学经验者优先，还有个别学校将教学年限和薪酬水平挂钩，付酬依据之一是教学年限。

（三）薪资不透明且水平偏低

在近期有招聘计划的学院中，只有两所高校在招聘启事中写明了大致的薪酬范围。其他学院薪酬均为模糊的描述。如有学院关于待遇的描述为"所聘岗位待遇按照XX大学相关规定执行"或"根据学历、职称、教学年限及教学效果等条件付酬"。还有一些学院在招聘启事中并未提及薪酬待遇。

笔者以应聘者身份致电未写明薪酬待遇的学院询问薪资情况,得到的答复均为"薪资待遇属于内部机密,现在不方便透露。在面试后会告知薪酬相关情况"。

薪资待遇不透明的情况增加了对外汉语教师的应聘成本,如在面试后应聘者对薪资待遇不满意不欲签订劳务派遣合同,但应聘者在前期已经投入了相当的时间和精力准备简历及面试。甚至有些外地的应聘者还付出了高昂的交通费用。薪酬不透明的招聘形式增加了应聘者的选择成本。

在笔者访谈调查的北京、上海和重庆三地的高校中,北京和上海的高校劳务派遣的对外汉语教师月收入在5000—8000元左右。重庆地区劳务派遣的对外汉语教师每月工资收入为3500—6000元左右。据国家统计局网站数据,北京、上海和重庆三地高校劳务派遣制的对外汉语教师月收入均未能达到当地平均工资(国家统计局,2021)。相关数据见表一至表三。

表一　　　　　　　北京最近五年在岗职工平均工资

指标	2018年	2017年	2016年	2015年	2014年
年末总人口(万人)	1375.80	1359.20	1362.86	1345.20	1333.40
在岗职工平均工资(元)	149843	134994	122749	113073	103400

注:1995—2008年的城镇单位就业人员平均工资即为原来的城镇单位就业人员平均劳动报酬。

数据来源:国家统计局。

表二　　　　　　　上海最近五年在岗职工平均工资

指标	2018年	2017年	2016年	2015年	2014年
年末总人口（万人）	1462.38	1455.13	1450.00	1442.97	1438.69
在岗职工平均工资（元）	142983	130765	120503	109279	100623

注：1995—2008年的城镇单位就业人员平均工资即为原来的城镇单位就业人员平均劳动报酬。

数据来源：国家统计局。

表三　　　　　　　重庆最近五年在岗职工平均工资

指标	2018年	2017年	2016年	2015年	2014年
年末总人口（万人）	3403.64	3389.82	3392.11	3371.84	3375.20
在岗职工平均工资（元）	81764	73272	67386	62091	56852

注：1995—2008年的城镇单位就业人员平均工资即为原来的城镇单位就业人员平均劳动报酬。

数据来源：国家统计局。

据表一、表二、表三进行月平均数计算可知，北京和上海劳务派遣对外汉语教师月收入与当地平均工资差距较大，重庆劳务派遣对外汉语教师月收入与当地平均工资的差距相对较小。但都呈现出劳务派遣对外汉语教师工资水平整体偏低的情况。

（四）学术压力小

劳务派遣制的对外汉语教师与聘用制教师或在编教师教学工作内容大体相近，最大的区别在劳务派遣制的对外汉语教师没有科研和学术要求。在笔者搜集到的劳务派遣对外汉语教师招聘启事中，招聘条件和岗位职责条款下均无科研学术相关要求。通过访谈，笔者确认劳务派遣制的对外汉语教师确无科研学术任务，科研学术成果并不与工资和考评挂钩。

(五) 同工不同福利现象普遍

各校进行留学生汉语教育的学院都普遍存在着同工不同酬或同工不同福利的现象。体现在以下几个方面：第一，基本课时量不同。在一些学院，在编在岗教师每周基本课时数大大低于劳务派遣的教师，劳务派遣的教师课时多但酬劳少。第二，享受福利不同。在生日慰问、节日慰问以及年度体检上，在编在岗教师和劳务派遣教师差别较大。在编在岗教师生日慰问和节日慰问水平均高于劳务派遣的教师，劳务派遣教师不能享受免费的年度体检。

三 研究现状

劳务派遣用工在中国还是一个相对新兴的制度，劳务派遣被引入高校历史更为短暂。劳务派遣的萌芽出现于 20 世纪 90 年代。[①] 而高校教师劳务派遣用工形式则在 2005 年肇始于华南农业大学[②]，历史更为短暂。学界对高校劳务派遣教师相关问题研究也并不充分，CNKI 核心期刊库中劳务派遣相关研究少，主要着眼点也并不在劳务派遣制度下的高校教师，更多着眼于工勤行政岗位人员的研究。

（一）劳务派遣制度的成因

高校劳务派遣肇始于 20 世纪 90 年代初，高校人事改革促使了普遍实行编制管理的高校尝试在工勤岗位采用编制外用工。[③] 编外用工的方式缓解了高校日益增多的任务需求与高校原有事业编制员工、正式劳动合同制员工人数不足的矛盾。[④] 现有省属高校编制数低于高校事业发展的要求，编外用工满足了高校刚性用人需要，有利于减轻高校人事工作

[①] 邵文龙：《高校劳务派遣制度变迁与改革路径探索》，《高校教育管理》2017 年第 3 期。
[②] 邵文龙：《高校劳务派遣制度变迁与改革路径探索》，《高校教育管理》2017 年第 3 期。
[③] 邵文龙：《高校劳务派遣制度变迁与改革路径探索》，《高校教育管理》2017 年第 3 期。
[④] 籍祥魁：《高校劳务派遣工权益保障问题探究》，《中国成人教育》2013 年第 24 期。

压力。① 使高校人力资源配置合理化，既有利于建立灵活的高校用人机制，也为将有限的编制用于引进高层次人才创造了条件。②

（二）劳务派遣制度的变迁

劳务派遣制度的变迁分为萌芽期、成长期和发展期三个时期。

20世纪90年代初，上海地区出现一种叫作劳务工的临时用工方式③，劳务工成为高校劳务派遣的萌芽。

1995年，国家人事部提出建立和推行人事代理制度，少数经济发达地区的高校率先实行人事代理和人才派遣制度。④ 此阶段为高校劳务派遣制度的成长期。

由于劳务派遣具有用工灵活的特点，大有取代人事代理之势，劳务派遣从最初仅限于工勤技能岗位向其他岗位大规模蔓延，绝大多数高校的编制外用工从人事代理走向了劳务派遣，从而使劳务派遣成为高校编制外用工的主要方式。⑤ 劳务派遣用工制度进入发展期。2007年，劳务派遣用工制度获得法律认可的地位，《劳动合同法》确立了劳务派遣制度作为正式用工制度的合法地位。

（三）劳务派遣制度的问题

劳务派遣制度作为一种新兴的用工制度，虽然在法律上得到了承认，但是并不意味着这项制度已经完善，相反，这项制度对用工方和劳务派遣员工来说均存在许多问题。

对用工方即高校来说，劳务派遣制度虽然缓解了不足的编制和增长

---

① 张涛：《高校编外用工管理存在的问题及对策研究——以河南省为例》，《河南社会科学》2013年第8期。

② 张涛：《高校编外用工管理存在的问题及对策研究——以河南省为例》，《河南社会科学》2013年第8期。

③ 顾敏：《上海高校劳务派遣员工管理研究》，硕士学位论文，华东师范大学，2010年，第24页。

④ 山鸣峰、李双：《从人事代理到人才派遣——高校人事制度改革的深化》，《教育发展研究》2005年第21期。

⑤ 邵文龙：《高校劳务派遣制度变迁与改革路径探索》，《高校教育管理》2017年第3期。

的发展需求间的矛盾,但是同样也给高校带来了问题。劳务派遣员工的工资福利、社会保险等资金属于非列支支出,不在财政预算管理内,均由学校自筹,加重了高校的经济负担,对高校进一步的发展有一定影响。①

高校劳务派遣普遍违反劳务派遣三性的规定。劳务派遣三性规定,指的是劳务派遣只能在临时性、辅助性或者替代性的工作岗位上实施。目前很多高校的劳务派遣岗位为主营业务上的长期岗位。②

对劳务派遣的员工来说,同岗不同酬,同正式员工待遇差别大,这导致了部分编外人员由于环境、待遇等诸多情况的不理想而辞职,有的甚至不辞而别,影响了高校教职工队伍的稳定性。③

由于配套制度不完善,劳务派遣人员在职称评聘、考工、学习培训以及社会保险缴纳等各方面缺乏相对完善的配套制度政策支持,使得他们在职称评聘、技术工考级、进修培训等各个方面遇到各种阻碍,已形成较弱的职业归属感,工作积极性淡化。④

(四) 劳务派遣制度的绩效

对一项制度进行实践绩效评估,客观评价该制度的功与过,并通过绩效评估找到问题解决问题是一项不可或缺的工作。目前在就劳务派遣制度的绩效进行的研究中,仅有针对高校后勤劳务派遣制度进行的绩效评估。

张宝玲、李伟、丁锦希⑤对江苏省 21 所高校进行了问卷调查,运用层次分析法和模糊综合评价相结合的研究方法,对江苏省高校后勤劳务

---

① 张涛:《高校编外用工管理存在的问题及对策研究——以河南省为例》,《河南社会科学》2013 年第 8 期。
② 邵文龙:《高校劳务派遣制度变迁与改革路径探索》,《高校教育管理》2017 年第 3 期。
③ 张涛:《高校编外用工管理存在的问题及对策研究——以河南省为例》,《河南社会科学》2013 年第 8 期。
④ 张涛:《高校编外用工管理存在的问题及对策研究——以河南省为例》,《河南社会科学》2013 年第 8 期。
⑤ 张宝玲、李伟、丁锦希:《高校后勤劳务派遣实践绩效评价研究——以江苏省为例》,《南京农业大学学报》(社会科学版) 2012 年第 4 期。

派遣绩效进行了研究分析。认为高校后勤劳务派遣制度运行绩效良好，但存在以下几个问题：一是管理制度缺失，派遣员工日常管理存在困难；二是派遣员工法律意识较薄弱，劳资纠纷较多；三是劳动关系不稳定，派遣员工归属感较差。①

由于该文作者根据高校后勤部门的组织结构在不同部门仅选择主管领导及相关管理者为调查对象。② 在一些与劳务派遣员工密切相关的假设上，例如派遣员工归属感差，并没有调查劳务派遣员工的数据，因此研究信度不足。

四　劳务派遣制度下对外汉语教师面临的问题

（一）薪资水平差距大，劳务派遣对外汉语教师工作积极性受挫

在2013年新修订的《劳动合同法》中虽然已经明确规定，"临时工"享有与用工单位"正式工"同工同酬的权利（《中华人民共和国劳动合同法》，2016），但在实际的执行过程中，"临时工"——劳务派遣的对外汉语教师与在编在岗对外汉语教师薪资水平差距大。

劳务派遣教师和在编在岗教师薪资的差距主要体现在周基本课时量和基本工资上。

劳务派遣对外汉语教师周基本课时量高于在编在岗教师，虽然两者之间超课时费相同，但在每周总课时相同的情况下，劳务派遣的对外汉语教师薪资收入低于在编在岗教师。

劳务派遣对外汉语教师基本工资低于在编在岗教师，且没有绩效收入。

劳务派遣对外汉语教师有时对工作存在抱怨情绪，认为自己的付出和收获是不对等的。这样的情绪必然会影响到实际的工作效果。

---

① 张宝玲、李伟、丁锦希：《高校后勤劳务派遣实践绩效评价研究——以江苏省为例》，《南京农业大学学报》（社会科学版）2012年第4期。

② 张宝玲、李伟、丁锦希：《高校后勤劳务派遣实践绩效评价研究——以江苏省为例》，《南京农业大学学报》（社会科学版）2012年第4期。

(二) 福利差别大，劳务派遣对外汉语教师归属感低

劳务派遣对外汉语教师与在编在岗教师在享受用工单位福利上存在巨大的差别。很多在编在岗教师享受的福利劳务派遣的对外汉语教师都无法享受。通过访谈，笔者总结了劳务派遣教师渴望享有且无悖于法律法规，却暂时无法享有的三种福利。

1. 校工会福利

中华全国总工会于 2009 年 4 月 30 日发布了《关于组织劳务派遣工加入工会的规定》。工会应解放思想，转变思路，不断创新入会形式和会员管理制度，最广泛地组织和吸收劳务派遣工加入工会组织。[1] 同时，进一步完善工会的组织建设，为维护劳务派遣工的权益提供基本的组织保证。[2] 然而笔者在访谈中发现，劳务派遣的对外汉语教师并没有加入校工会，无法得到校工会的慰问与探望，在困难时也无法得到工会的帮助。

2. 子女入读附属幼儿园及中小学的福利

现阶段，"入园难，入园贵"是困扰众多学前儿童家长的头号难题。学前教育依然是中国教育体系中最薄弱的环节和短板，普惠性资源依然不足，保教质量参差不齐[3]。因此子女能入读学费相对便宜，保教质量高的高校附属幼儿园是高校年轻教师一项迫切需要的福利。在一些企业为解决员工子女入园问题开始为员工兴办福利性企业附属幼儿园的今天，劳务派遣对外汉语教师子女不能同样享受在编在岗教师子女入读高校附属幼儿园及中小学的福利，劳务派遣汉语教师依然存在后顾之忧，且在比较中产生了些许心理上的落差。这种心理落差会最终影响劳务派遣对外汉语教师的归属感。

3. 充分利用校内学术资源的福利

学校图书馆的学术资源对一名大学教师来说是至关重要的，能够便

---

[1] 籍祥魁：《高校劳务派遣工权益保障问题探究》，《中国成人教育》2013 年第 24 期。
[2] 籍祥魁：《高校劳务派遣工权益保障问题探究》，《中国成人教育》2013 年第 24 期。
[3] 洪秀敏、姜丽云：《新时代学前教育科学发展的瓶颈与对策——基于北京市二期学前教育三年行动计划的调查分析》，《中国教育学刊》2018 年第 7 期。

捷充分地获取学校图书馆的学术资源关系大学教师在学术和教学上的成长。在编在岗教师均有学校统一发放的一卡通可用于学校图书馆图书借阅，且借阅权限为最高等级的借阅权限。然而，大多数劳务派遣的对外汉语教师使用的是临时一卡通，而临时一卡通不具有在学校图书馆借阅图书的权限，因此劳务派遣的对外汉语教师无法享受到充分利用图书馆学术资源的福利。

此项福利的缺失给劳务派遣的对外汉语教师工作带来了不便，同时也不利于劳务派遣对外汉语教师的学术发展。这也直接导致了劳务派遣对外汉语教师认为自己和在编在岗教师身份上有巨大的鸿沟，大大降低了劳务派遣对外汉语教师的归属感。

（三）管理无序，劳务派遣对外汉语教师单位认同感低，稳定性较差

1. 劳务派遣对外汉语教师薪酬管理无序，薪酬制度混乱

劳务派遣对外汉语教师的薪酬按规定应由劳务派遣单位发放，但在实际的工作中，劳务派遣对外汉语教师的薪酬由用工单位发放。且在发放过程中常出现薪酬核算错误的情况，需要在第二个月进行补发，这不仅给劳务派遣的对外汉语教师造成了一定的麻烦，还会因为纳税的问题给劳务派遣的对外汉语教师带来实质的经济损失。这加深了劳务派遣对外汉语教师对单位的不信任，降低了对所在工作单位的认同感。

劳务派遣对外汉语教师的薪酬制度变动不居，缺乏稳定性。不同年份进入用工单位的劳务派遣对外汉语教师所适用的薪酬制度存在区别且薪酬均向下浮动。如试用期工作津贴减半，周基本课时量增加均因劳务派遣对外汉语教师不同的入职年份存在差异。而这些差异均导致了劳务派遣对外汉语教师薪资收入的降低。

2. 劳务派遣对外汉语教师工作绩效考核随意性较大

对于工作绩效的考核，学校对在编在岗教师均有详细制定的考核办法。考核办法中明确规定了考核的总体要求，考核的组织机构，考核目标和考核方法，以及考核结果的运用等细节。笔者浏览了使用劳务派遣

对外汉语教师学院的网站,在这些学院网站中并没有找到院聘教师考核办法的相关文件,进一步浏览对应学校的网站,找到了该校教师绩效考核办法。但仔细通读考核办法,发现学校网站公布的考核办法只适用于在编在岗教师,并不适用于劳务派遣制度的教师。劳务派遣对外汉语教师工作绩效考核缺乏相关标准办法,随意性较大。

这样随意的工作绩效考核导致劳务派遣对外汉语教师的辛勤工作得不到应有的充分的肯定,影响了劳务派遣对外汉语教师的工作成就感。在每位劳务派遣对外汉语教师都承担了学院大量课时的情况下,他们的辛苦付出得不到正式的肯定,降低了他们对学院管理工作的认同感,使劳务派遣的对外汉语教师产生自己的工作不被重视的感受。感觉自己受到忽略的劳务派遣对外汉语教师更容易发生跳槽现象,增加了劳务派遣对外汉语教师集体的不稳定性,而且工作责任心在一定程度上降低。

3. 劳务派遣对外汉语教师用工存在违反《劳动合同法》现象

劳务派遣对外汉语教师用工存在违反《劳动合同法》的现象主要体现在两个方面,一是存在逆向派遣,二是存在试用期超期。

所谓逆向派遣指职工已在用人单位工作,用人单位却不直接与之签订聘用合同,让职工与其合作方,即劳务派遣公司签订聘用合同,再以派遣员工的名义派往用人单位从事劳动。[①] 目前,劳务派遣的对外汉语教师均通过用人学院直接发布招聘信息,进行面试后录用。用人学院会要求被录用的对外汉语教师同学院合作的劳务派遣公司签订劳务派遣合同,在形式上形成劳务派遣。实质上这与《劳动合同法》规定的劳务派遣公司招聘员工派往用人单位的顺序是相逆的。

《劳动合同法》规定,"劳动合同期限三个月以上不满一年的,试用期不得超过一个月;劳动合同期限一年以上不满三年的,试用期不得超过二个月;三年以上固定期限和无固定期限的劳动合同,试用期不得超过六个月(《中华人民共和国劳动合同法》,2016)"。劳务派遣的对

---

① 马海丽:《H高校劳务派遣用工制度改革研究》,硕士学位论文,华东师范大学,2014年,第82页。

外汉语教师初次签订劳动合同，合同期限普遍为一年到两年，然而试用期限却为一年或半年，均超过了《劳动合同法》规定的试用期期限。

（四）配套制度不完善，劳务派遣对外汉语教师发展通道受阻

1. 资格证及职称评聘缺乏完善的制度支持

劳务派遣的对外汉语教师岗位性质属于专业技术岗位，存在专业技术资格认定即高等学校教师资格证的认证以及岗位职级、职称晋升的需求。工勤技能岗的劳务派遣员工，由于学历较低，对自身职业发展缺乏明确的规划和清晰的目标。劳务派遣对外汉语教师学历普遍较高，绝大多数劳务派遣对外汉语教师为硕士及以上学位。他们对自己的职业生涯发展有一定的要求，希望能够得到职业资格的认定和职位职称上的提升。然而，劳务派遣对外汉语教师由于其人事关系不属于高校管理，这就出现一种尴尬的情形，即高校凭什么来管理"社会人"的职业资格和职称评定？更为尴尬的情况是，劳务派遣对外汉语教师试图通过当地社会保障局的渠道获得职业资格认定时，其身份又不被社会保障局所承认，社会保障局认为劳务派遣的对外汉语教师服务于高校，高校有职业资格认定申报的权利，劳务派遣对外汉语教师的职业资格认定也应通过高校进行申报。

在这样的情况下，应从政策层面完善劳务派遣的制度设计，打通劳务派遣对外汉语教师的职业资格认定和职称评定通道，激发劳务派遣对外汉语教师的工作热情。

2. 进修培训及参与会议的权利缺乏制度保障

各个高校都出台了师资队伍建设相关计划，在计划中均明确规划了"学历提升计划""国内培养计划""国（境）外培养计划""学术休假计划"等一系列促进教师发展的培养计划。从制度层面充分保障了教师学术发展的权利，为教师个人发展提供了制度支持。

然而，这些制度支持均只针对该校在编在岗教师，劳务派遣教师并不在制度保障范围内。在访谈中，参与访谈的劳务派遣对外汉语教师均反映参加校外进修培训的机会很少，有一部分劳务派遣对外汉语教师自入职以来从未参加过任何校外进修培训。有校外进修培训机会时，学院总是优先考虑在编在岗教师，在名额确有剩余时才会考虑劳务派遣对外汉语教师。而在安排劳务派遣对外汉语教师培训时又缺乏合理有效的培训机会分配制度，有些学院甚至采取了"拼手速"的分配制度。在发布培训信息的第一时间，先报名者先得。培训信息通过学院微信群发送，一些劳务派遣的对外汉语教师在消息发布时可能正在上课，也可能正忙于其他事务，不能随时随地关注群内消息，错失了为数不多的培训机会。这对劳务派遣对外汉语教师的工作积极性有一定程度的打击。

劳务派遣对外汉语教师除参加校外培训机会少，学院限制多外，在参加境内外学术会议时同样受到学院颇多限制。如劳务派遣对外汉语教师希望以公费出差的方式参加学术会议，多数学院有在学院服务年限的要求，在学院服务时间达到某个标准才能以公费出差的方式参加学术会议。劳务派遣对外汉语教师公费参加学术会议前，还需和学院签订协议，承诺之后继续在学院服务一定年限。在这样的限制条件下，学院还不一定承担全部的参会费用，还可能让劳务派遣的对外汉语教师自行承担一部分参会费用。这不仅对劳务派遣对外汉语教师学术研究积极性存在打击，在客观上，也限制了劳务派遣对外汉语教师的学术发展机会。工资本来不高的劳务派遣对外汉语教师可能因为高昂的参会费用放弃参加学术会议的机会。

3. 未建立合理的岗位管理制度劳务派遣对外汉语教师无发展空间

邵文龙指出"高校劳务派遣员工职务晋升方面存在诸多问题，因不同类型劳务派遣和不同用工岗位而有不同表现。专业技术岗位劳务派遣人员由于走专业技术通道，且学历较高，其职务晋升目前暂不存在问题"①。虽然劳务派遣对外汉语教师同为专业技术岗位，但情况与此截然相反。劳务派遣对外汉语教师人事关系被高校委托给一些资质水平不高的代理机构管理，这些机构本身仅仅具有办理社会保险等能力，不具

---

① 邵文龙：《高校劳务派遣制度变迁与改革路径探索》，《高校教育管理》2017年第3期。

备教育培训和职称评审等资格，被派遣员工无法享有正常的职称晋升和职业培训等权利。

五　解决路径探索

（一）构建科学合理的薪酬制度，提升劳务派遣对外汉语教师工作积极性

目前劳务派遣对外汉语教师薪酬偏低主要是由薪酬制度缺乏科学性合理性造成的。劳务派遣对外汉语教师薪酬通常由两大部分组成，一部分是每月不变的基础工资，包括了底薪、住房补贴、上班补贴等各个项目。另一部分是根据课时量变动的超课时费。基础工资部分相较于最低工资普遍略有上浮，因此劳务派遣对外汉语教师想要提高月收入在现行的薪资制度下只能通过增加周课时量实现。劳务派遣对外汉语教师就面临这样一个尴尬的境地，如果想提高收入，就应该多上课，但当周课时量达到20节时，每多增加一节课，精力消耗大幅增加，因此通过多上课提高收入受到了极大的限制。在单节超课时费不高的情况下，劳务派遣对外汉语教师在保持一定的收入水平情况下，会选择尽量少上课，尽量节省课后备课及批改作业时间。

这种粗放的多劳多得薪酬制度并没能有效地刺激劳务派遣对外汉语教师的工作积极性，有一部分劳务派遣对外汉语教师的工作积极性反而因此受到挫伤。当务之急是构建一个科学合理的薪酬体系，提升劳务派遣对外汉语教师的工作积极性。

（二）提高劳务派遣对外汉语教师福利待遇，增强劳务派遣对外汉语教师归属感

劳务派遣对外汉语教师实质上服务于被派遣到的学院和高校，而非劳务派遣公司。增强劳务派遣对外汉语教师归属感，有利于增强劳务派遣对外汉语教师的集体荣誉感，更好地服务于所在学院和高校。

增强劳务派遣对外汉语教师归属感，关键在于提高劳务派遣对外汉语教师福利待遇，将劳务派遣对外汉语教师与在编在岗教师在福利上一视同仁。顺应中华总工会《关于组织劳务派遣工加入工会的规定》要求，调整创新校工会管理制度，积极吸纳劳务派遣教师进入校工会，劳务派遣教师同在编在岗教师同等享受权利和履行义务。

在条件允许的情况下，为劳务派遣教师子女入读高校附属幼儿园及中小学提供一定的政策倾斜，减少劳务派遣教师的后顾之忧，让其将更多的时间和精力投入工作中。

调整图书借阅管理办法，与学院合作管理，将劳务派遣对外汉语教师纳入教职工图书借阅系统中去。这不仅是给劳务派遣教师的福利，也是更有利于劳务派遣教师教学和研究的举措，对高校来说，更有利于教学水平的提高和研究成果的增加。将劳务派遣教师纳入教职工图书管理系统，是一件一举两得的政策。

（三）规范劳务派遣管理制度，提高劳务派遣对外汉语教师单位认同感

现有劳务派遣管理制度并非完美无缺，还存在一些漏洞甚至一些违背法律规定的地方。劳务派遣对外汉语教师因其知识水平较高，对这些管理制度上的疏漏看在眼里，用人单位如不做出及时的调整和改善，在劳务派遣教师心中对用人单位的认同感会大打折扣。

针对目前劳务派遣管理制度中的漏洞，应制定合理稳定的薪酬管理制度，减少薪酬制度变动的随意性；建立科学高效的工作绩效考核制度，将粗放式的多劳多得转变为内涵的多劳多得，切实提高劳务派遣对外汉语教师的工作获得感，进而将工作获得感转变为单位认同感；规范劳动合同，探索解决逆向派遣和试用期超期等劳动合同中存在的违法问题。

（四）完善配套制度，打通劳务派遣对外汉语教师职业晋升通道

目前由于缺乏相关配套制度，劳务派遣对外汉语教师职业晋升通道不畅，长期处于较低创造性的重复劳动之中，使得劳务派遣对外汉语教师工作积极性降低。劳务派遣的对外汉语教师学历大多在硕士研究生及

以上，缺乏职业晋升通道不仅是对劳务派遣对外汉语教师个人才华施展的限制，也是对国家多年教育培养投入的浪费。

因此，尽快完善劳务派遣对外汉语教师职业资格认证及职称评聘的相关制度，构建针对劳务派遣对外汉语教师的岗位管理系统，为劳务派遣对外汉语教师参加进修及培训扫清制度障碍是当前打通劳务派遣对外汉语教师职业晋升通道的当务之急。打通劳务派遣对外汉语教师职业晋升通道不仅是打通劳务派遣对外汉语教师的个人发展通道，也是打通劳务派遣对外汉语教师的社会贡献通道，使他们能为中国对外汉语教育事业的发展最大限度地贡献自己的智慧和力量。

国家汉办也可以参与进来，通过举办各类针对对外汉语教师的讲课说课比赛，提高对外汉语教师教学能力的同时，也为劳务派遣对外汉语教师提供职业晋升的成果背书。

六　结语

随着来华留学事业的发展，来华留学生呈逐年增长态势。据教育部网站统计，2018年来华留学生人数较前一年增长3013人。[①] 留学生逐年增长，国内高校对外汉语教师需求量随之增长。但高校教师编制数量增长速度远不及对外汉语教师需求量增长速度，为解决两个增长速度不一致的矛盾，国内各高校将目光投向编外用工。劳务派遣是对外汉语教师编外用工的主流方式之一。劳务派遣对外汉语教师的发展及待遇不仅关系到劳务派遣对外汉语教师的个人职业规划，更是关系中国对外汉语事业健康发展的重要因素。因此，完善劳务派遣对外汉语教师的各项制度安排，提高他们的薪资水平，福利待遇，为他们的职业发展扫除制度上的障碍，是一项互利共赢的改革探索。

---

① 《2018年来华留学统计》，2019年4月，中华人民共和国教育部（http://www.moe.gov.cn/jyb_ xwfb/gzdt_ gzdt/s5987/201904/t20190412_ 377692.html）。

汉语言本体研究

副词"多少"在"VP+多少+AP+不定量数量成分"表未然句式中的接受度调查分析

刘娅莉*　刘思岐**

摘要：本文分析了副词"多少"在"VP+多少+AP+不定量数量成分"中不同于现行语法的原因,即认知心理和语言内部力量变化;总结了不同类型表未然成分影响其接受度的原因,即具象程度、暗示效果和语体特征。最后预测副词"多少"将广泛运用于现在仅适用"稍微"的搭配中。

关键词：多少;接受度;未然;句式

一　问题的提出

"多少"是由一对反义语素"多"和"少"构成的多义词,由词组逐渐凝固成词,并且在发展中不断演化出不同用法。近年来,母语使用者使用"多少"时出现以下句子。

A 说话时 B 没有听清,B 说："？你说话多少大声点。"
主任安排了一项重要任务,并说道："？大家做事多少稳妥一点儿。"

---

* 刘娅莉,四川师范大学国际中文教育学院讲师,语言学博士,研究方向：汉语国际教育、汉语作为第二语言习得、儿童母语习得、儿童双语习得。
** 刘思岐,中国传媒大学人文学院,2024 级硕士研究生。

A的关门声音很大,B说:"?你关门多少小心一些。"

随着时代变迁和社会生活形态的变化,出现以上句子为代表的"VP+多少+AP+不定量数量成分"的句式,其在接受度上存在差异。在第7版《现代汉语词典》中"多少"有两个释义①,前文所提出的存在争议的句子,即"多少"用作副词时,在不同时期的认知差异,其具体体现为上述句子按照现代汉语语法不成立,即副词"多少"在修饰形容词性成分时不能用于未然句②,如:

她比你跳得多少远一些。
近来她的健康状况多少好转一点儿。
＊明天你来得多少早一点儿。(未然)
＊你走路多少快一些。(未然)

因此,本文拟通过对"VP+多少+AP+不定量数量成分"句式的接受度调查与分析,探索"多少"在新条件下的接受度及原因、探究不同类型未然成分对该句式接受度的影响。

二 研究现状

关于"多少"的副词义研究相关内容,前人曾有所论述,大致分为以下几个方面。首先,吕叔湘、陈昌来等从历史发展角度探讨"多少"的词义、语法化过程并运用认知分析方法研究了其语法演变过程,指出"多少"的副词义在发展中受成分语义失落影响明显。

---

① 多少:1."多少"【duō shǎo】a.名词:指数量的大小:~不等。b.副词:或多或少:这话~有点道理。c.副词:稍微:天气~有点凉意了。2."多少"【duō shao】疑问代词 a.问数量:这个村子有~人家? b.表示不定的数量:我知道~说~。

② 杨琳:《程度副词"稍微"和"多少"的句法语义比较》,《襄樊学院学报》2009年第7期。

其次，陈杰、滕亚丽、钱毓英等从句法角度，研究"多少"的句式选择、句法位置等方面内容，对比分析了"多少"在不同时期汉语中句式使用方式的异同，得出现代汉语中"多少+有些（点）"用法大量出现，表明其作为程度副词的用法越来越广泛。另外，王国璋、马真、乐耀等将"多少"的副词义与其他意义相近词进行了对比研究。描写了"稍微"、"许多"和"多少"的异同之处，并就其修饰动词、形容词用于已然、未然的情况，能否修饰否定形式，与副词、能愿动词的连用等方面进行了分析，但没有解释造成差异的原因。

总体而言，现有研究存在以下几方面不足。第一，指出"多少"的副词义在发展中受语义失落影响、语法演变的本体研究很多，但并未总结出"多少"副词义发展的系统规律，未对其未来发展情况做出预测；第二，前人研究发现"多少"在当代出现大量不同于以前的"多少+有些（点）"用法，但对副词"多少"在某一特定结构的研究中，没有研究者采用接受度调查的研究方法。

一般而言，根据 R. R. K. 哈特曼和 F. C. 斯托克理论，一个合乎语法的句子（Grammaticality）与其接受度（Acceptability）大致呈共生递增的态势[①]，但艾弗拉姆·诺姆·乔姆斯基在语言学理论中认为句子的"合语法性"与"可接受度"是两个不同的概念[②]，并且"接受度"被认为是一种支持以"可接受性"为中心的句法数据收集方法。戴维·克里斯特尔进一步指出，不合语法的句子可以因接受度高纳入合乎语法的范畴[③]，而亚历克·马兰茨提出了句法的可接受度既可以作为行为实验，也可以作为句法理论的证据。因此，本文针对副词"多少"在"VP+多少+AP+不定量数量成分"这一句式进行接受度调查，选用

[①] ［英］R. R. K. 哈特曼、F. C. 斯托克：《语言与语言学词典》，黄长著等译，上海辞书出版社1981年版，第196页。

[②] Noam Chomsky, *Aspects of the Theory of Syntax*, Cambridge: The MIT Press, 1965, p. 9.

[③] ［英］戴维·克里斯特尔编：《现代语言学词典》，沈家煊译，商务印书馆2000年版，第164页。

的研究方法为问卷调查法和接受度分析法，拟解决问题如下：首先，就"VP + 多少 + AP + 不定量数量成分"句式，对四川省高校学生中的接受度进行调查，探究该句式接受度现状及原因；其次，探究不同类型表未然成分对于该句式接受度变化的影响；最后，针对"VP + 多少 + AP + 不定量数量成分"句式的接受度推测"多少"未来可能的发展趋势。

三　数据分析及结论

本次调查共计收回有效问卷89份，本节分为三部分，第一部分分析"VP + 多少 + AP + 不定量数量成分"表未然情况的现行接受度，第二部分将分析以时间名词、定中短语、方位词、"下" + 量词、表未然的动词语对于"VP + 多少 + AP + 不定量数量成分"这一句式表未然情况接受度的影响，第三部分为数据结论。

调查选用李克特量表（Likert Scale）的五级评分法，设置"完全接受""比较接受""一般接受""不太接受""完全不接受"5个选项。"完全接受"代表接受度极高且总是使用该类句式，"比较接受"代表接受度较高且经常使用该类句式，"一般接受"代表接受度中等且偶尔使用该类句式，"不太接受"代表接受度较低且基本不使用该类句式，"完全不接受"代表接受度极低且从不使用该类句式。本文拟将五级接受度划分为"接受"和"不接受"两部分，"接受"包括"完全接受""比较接受""一般接受"；"不接受"包括"比较不接受""完全不接受"，所提及的"接受度"所占百分比为"完全接受""比较接受""一般接受"的百分比之和，本文拟定的接受度等级为四级，分别是低（接受度25%及以下）、较低（接受度25%—50%）、较高（50%—75%）、高（75%及以上），不同等级差距 >10% 则认为有差异研究的必要，图3-1为平均接受度情况总览及极值分布。

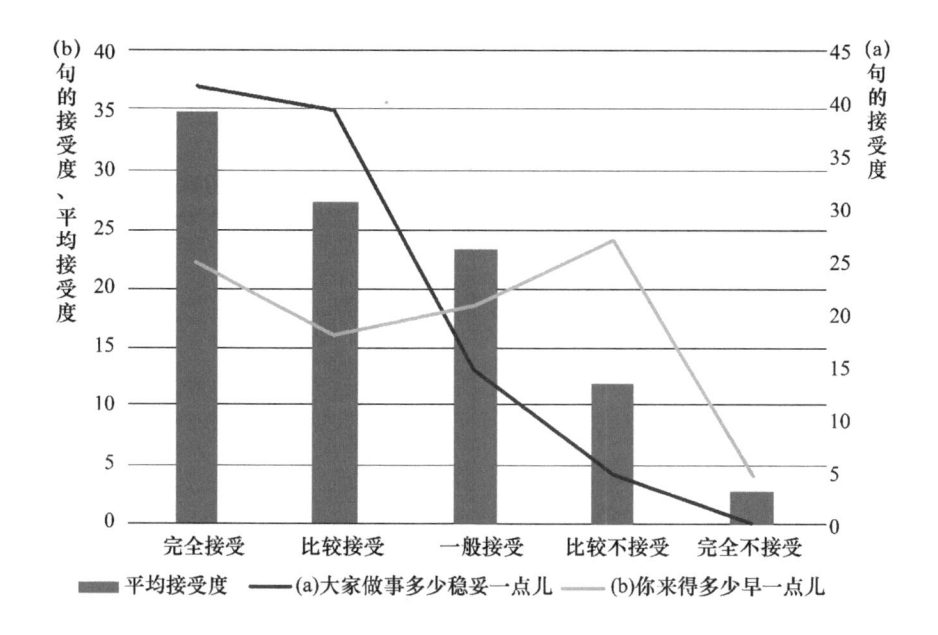

图 3-1　平均接受度情况总览及极值分布

（一）接受度总体情况

由此可知，现行语法条件下四川高校学生对于"VP+多少+AP+不定量数量成分"表未然情况的接受度总体为高。因为12种"VP+多少+AP+不定量数量成分"表未然情况的句子平均接受度为85.15%＞75%，与现有汉语语法规定"副词'多少'在修饰形容词性成分时不能用于未然句"相悖。4种"VP+多少+AP+不定量数量成分"表未然的句式中，"大家做事多少稳妥一点儿。"的接受度最高，"你开门多少小心一些。""你说话多少大声一点儿。"两句为接受度第二和第三的句子，"你来得多少早一点儿。"为接受度最低的情况，但总体接受度为85.21%＞75%。

（二）不同成分对于"VP+多少+AP+不定量数量成分"句式表未然接受度的影响

本部分以"大家做事多少稳妥一点儿"为"VP+多少+AP+不定

量数量成分"的基础,在该句上添加不同类型表未然的成分,探索不同成分对于该句式表未然情况接受度的影响。

图3-2体现了添加时间名词、"下"+量词构句后,绝大多数人能明显接受含"VP+多少+AP+不定量数量成分"的句式,并且接受本句式的人群普遍"经常"和"总是"使用该类句式。

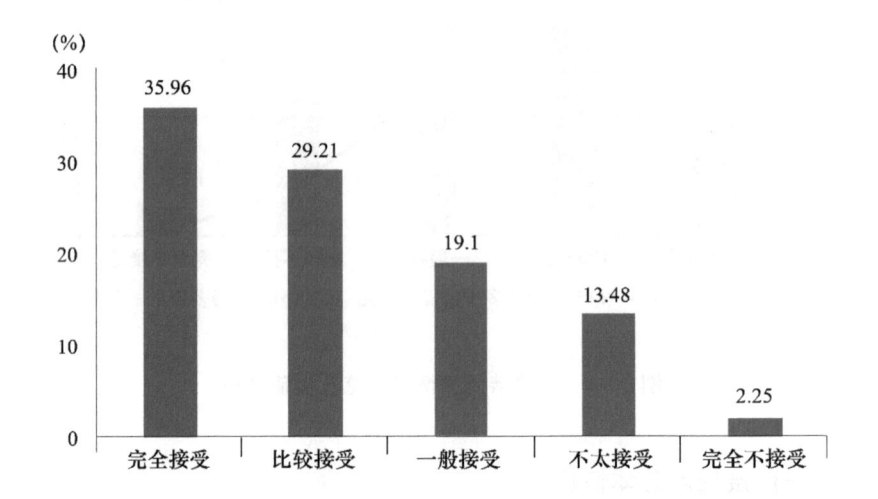

(%)
- 完全接受: 35.96
- 比较接受: 29.21
- 一般接受: 19.1
- 不太接受: 13.48
- 完全不接受: 2.25

图3-2 添加时间名词、"下"+量词构句的接受度

添加时间名词(如明天、今后等)、"下"+量词(如下回等)构句后,绝大多数人可以接受"VP+多少+AP+不定量数量成分"表未然的句式。其总体接受度呈阶梯状由"完全不接受"到"完全接受"递增,"完全接受"的程度最高,相邻两个接受程度大约相差10%,人们明显可以接受"大家明天做事多少稳妥一点儿","大家今后做事多少稳妥一点儿","大家下回做事多少稳妥一点儿"等句子,有较少量人群不太接受、极少数人完全不能接受此类句子。

图3-3体现了添加定中短语后,接受"VP+多少+AP+不定量数量成分"句式的人群会出现"经常使用该句式"和"能接受该句式,但仅偶尔使用"的两极现象。

副词"多少"在"VP+多少+AP+不定量数量成分"表未然句式中的接受度调查分析

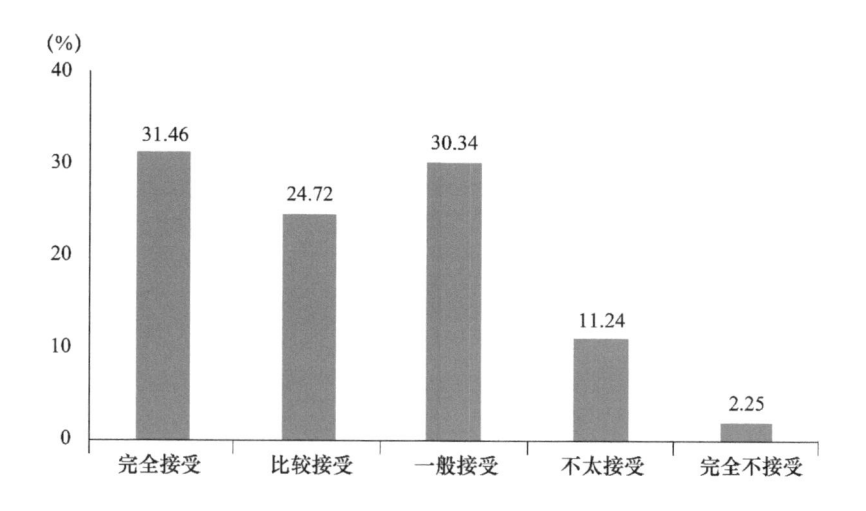

```
(%)
40

    31.46              30.34
30

         24.72
20

                              11.24
10
                                        2.25
 0
   完全接受  比较接受  一般接受  不太接受  完全不接受
```

图 3-3　添加定中短语构句的接受度

添加定中短语（如下星期等）构句后，"VP+多少+AP+不定量数量成分"表未然的句式普遍可以被接受，但在接受人群内该句式使用度和接受度呈现两极现象。诸如"下星期大家做事多少稳妥一点儿"，人们普遍可以接受，但是在接受该句式的人群中，"一般接受"的比例超过"比较接受"并几乎与"完全接受"持平，意味着能接受该句式的人群中，超过三分之一的人仅偶尔使用该句式。

图3-4体现了添加时间副词后，人们对于"VP+多少+AP+不定量数量成分"的句式不能在第一时间做出明确判断，出现模棱两可的现象。

人们对于添加时间副词（如届时等）后的"VP+多少+AP+不定量数量成分"句式不能在第一时间确定该句式是否可以被接受。添加时间副词后，"VP+多少+AP+不定量数量成分"句式整体由"完全接受"向"完全不接受"阶梯式递减，但递减态势较平缓。例如对于"大家届时做事多少稳妥一点儿"，"完全接受"、"比较接受"、"一般接受"、"不太接受"和"完全不接受"普遍分散分布。最大差距百分比为"一般接受"和"不太接受"，仅相差6.74%。

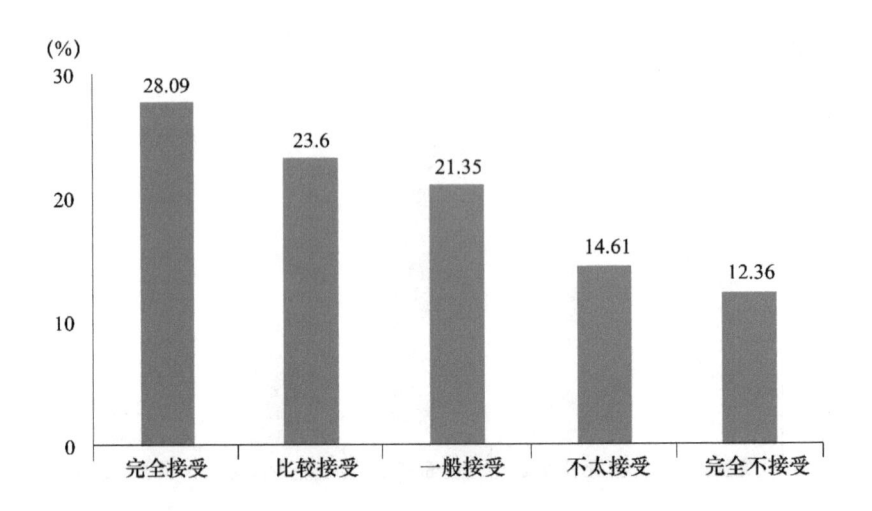

图 3-4 添加时间副词构句的接受度

图 3-5 体现了添加表未然的动词语后,人们能明显接受"VP + 多少 + AP + 不定量数量成分"的句式,但在接受本句式的人群中使用本句式的频率有多有少。

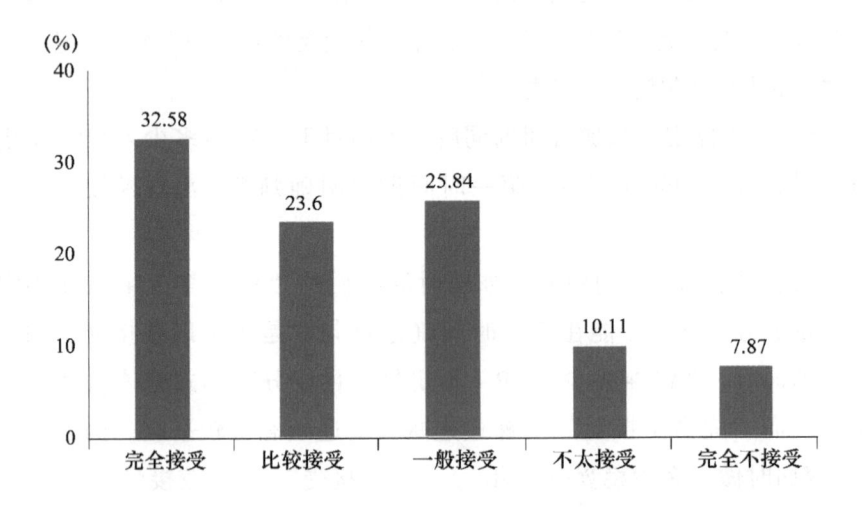

图 3-5 添加表未然的动词语构句的接受度

添加表未然的动词语（如去、到时候等）后，人们普遍可以接受"VP+多少+AP+不定量数量成分"的句式。"接受"与"不接受"两部分呈现出明显高低差距，接受部分分布差距较小，而边界值差距明显，说明人们能明显接受诸如"大家去做事多少稳妥一点儿"，"到时候大家做事多少稳妥一点儿"，"等会儿大家做事多少稳妥一点儿"等句式，但在接受本句式的人群中使用本句式的频率有多有少。

综上所述，由于未添加表未然成分的"VP+多少+AP+不定量数量成分"四个句式的平均接受度为85.15%，因此添加"下"+量词、时间名词、定中短语会使"VP+多少+AP+不定量数量成分"的句式接受度增加，而添加时间副词则会使得"VP+多少+AP+不定量数量成分"的句式接受度降低。而添加不同表未然功能的动词或动词性短语则可能导致该句式接受度升高或降低，需要结合句中其他成分综合分析。

四 原因分析

本节分为两部分，首先分析"VP+多少+AP+不定量数量成分"句式在现代汉语语境下接受度高的原因，继而分析不同类型表未然成分对于"VP+多少+AP+不定量数量成分"表未然情况接受度的影响。

（一）"**VP+多少+AP+不定量数量成分**"句式接受度高的原因

"多少"处于语法化的过程中，受到语法化的功能迁移、认知心理推演因素交互影响和语言内部力量变化的交织作用，而语法的动态演变过程应当视作一个认知过程，上述原因综合导致副词"多少"拥有非其本身的用法。

首先，"错项移植"[①]的认知心理推演对于该句式的接受度提高具

---

① 错项移植：假设（a）成分有1、2、3、4项用法，（b）成分有A、B、C项用法，因为1=A，2=B，3=C，于是产生类推作用，（a）的4用法可能会转移至（b），导致（b）也产生出（a）的4用法。

有基础性作用。这种心理类推可以使得句法结构在纵向平面模仿推广，如孙锡信认为不同句法结构可以通过"（a）+X 推广到（b）+X"从而使（a）和（b）发生"错项移植"。① 现有语法体系中"稍微"和"多少"有以下区别：从意义上而言，前者强调"程度浅，量很少"，后者则偏向"量存在"，可是当两者均用于修饰形容词性成分时，"稍微"可以用以说明已然和未然两种情况，而"多少"则只能说明已然情况，不能用于说明未然情况。因此，马真认为"明天你来得稍微早一点儿。（未然）"成立，句子表示希望对方早到的程度不多，"？明天你来得多少早一点儿。"不成立②，因为该句的"多少"若使用本意"量存在"，即本句的焦点已经出现，若再加"一点儿"，则语义矛盾，句子焦点不明导致无法接受。笔者认为，由于"错项移植"的两个成分若满足意义相近、用法相通就可能被认同为性质、功能相同的成分，而副词"稍微"和"多少"在意义和用法上满足该条件，因此两者之间已经出现了语法过程中的错项移植。即"稍微"在修饰形容词时表达"程度浅"的语义，错项移植到"多少"修饰形容词上，已经将"多少"修饰形容词时的本意"量存在"转变为"稍微"修饰形容词时所表达的"程度浅"之义。因此"？明天你来得多少早一点儿"接受度很高，即"VP+多少+AP+不定量数量成分"句式接受度很高。

另外，语法化的"吸收"③ 导致语言内部力量的变化对于该句式的接受度提高也有助力。目前语境下，"多少"常常与"一点儿""一些"搭配出现，组合形成"多少+VP/AP+不定量数量成分"。例如：

　　一个小时过去了，多少打扫了一点儿。
　　山路很滑，多少小心一些。

---

① 孙锡信：《"即"、"便"、"就"虚化过程中的错项移植》，《语言研究集刊》2005 年第 1 辑。
② 马真：《"稍微"和"多少"》，《语言教学与研究》1985 年第 3 期。
③ 吸收：指语言成分用在具体语境中引发新解释，而后新解释固化导致语言成分的语法化。

其特征都是有不定量数量成分与"多少"相呼应,表示"程度不高、小量"的委婉义,"多少"吸收了该句式中表示"程度不高、小量"的特征,让人们误以为"多少"本身就有小量语义特征。因此在"VP+多少+AP+不定量数量成分"的句式中也能接受使用"多少"。

(二) 不同类型表未然成分对于"VP+多少+AP+不定量数量成分"的影响

根据调查结果,不同类型表未然的成分会对"VP+多少+不定量数量成分"的接受度产生不同影响,本小节将以"VP+多少+AP+不定量数量成分"的平均接受度85.15%为界,将不同类型表未然成分对该句式的接受度影响分为提升、降低两组以及平均接受度±2%为无明显影响组。无明显影响组因偏差值很小,本文认为对该句式接受度无明显影响,不作差异分析,以下探究提升组和降低组对该句式引发接受度差异的原因。

表4-1　　　　　　　　不同类型表未然成分影响及组别

表未然成分	接受度	组别
"下"+量词	92%	提升组
时间名词	90%	提升组
表未然的动词语1	89%	提升组
表未然的动词语2	89%	提升组
定中短语	87%	无明显影响组
时间名词	84%	无明显影响组
表未然的动词语3	82%	降低组
时间副词	73%	降低组

首先,具象化时间的特征是未然成分使原句接受度增加的主要原因。接受度提升组的表未然成分为"下"+量词(下回)、时间名词

(今后)、表未然的动词语(到时候、等会儿),其中"下回"影响程度最明显,将该句式的接受度提升了6.85%。提升组中表未然成分的时间名词"下回""今后"与降低该句式接受度的成分"去"相比,呈现出较为具象化时间的特征,其中,将该句式的接受度提升最大的"下回"是提升组中具象化时间特征最明显的未然成分,这是由于人群心理的暗示对于句式接受度的推动作用。人们在表达抽象概念时,需要选用暗示的方法来增加其具象程度,正如马清华认为人需要借助较为具体的提示语境来把握抽象的时间[①],因此使用愈加具象化的表未然成分(如"下回")则其暗示作用愈明显,句子的具象程度愈高,因此该句式的接受度会提升。因此对于事件本身而言,从"等会儿"到"下回"表未然成分的具象化程度加深,"VP+多少+AP+不定量数量成分"句式的接受度也随之提高。

其次,人们能否用表未然的动词语对该句子的未然情况进行暗示是加入表未然的动词语提升或降低该句子接受度的关键。同样是表未然的动词语作为添加成分,却出现了使"VP+多少+AP+不定量数量成分"句式接受度升高和降低两种情况,这是由于"到时候""等会儿"与"去"分属于两种表未然动词语的小类。如李铁根认为,与"到时候""等会儿"相似的动宾短语或述补短语(如"到那时")放在句首,是用以突出未来某个时间将发生某事。[②] 因此"到时候""等会儿"只是对于句子的未然情景做提示,但相较于"下"+量词(下回)、时间名词(今后)的两个类型而言较为模糊,所以使得"VP+多少+AP+不定量数量成分"句式接受度升高但尚未提升至最高程度。除去降低组中无较明显表具象时间的未然成分外,表未然的动词语(如"来"和"去")虽然具有表未然的功能,但当它们处于独立句子的动词谓语前并不表示趋向意义,仅表示"说话人将要从事的行动计划"[③],由于添加类同"去"的表未然动词语后,(如"大家去做事多少稳妥一

---

① 马清华:《词汇语法化的动因》,《汉语学习》2003年第2期。
② 李铁根:《未然标记在句中的连用及其制约因素》,《汉语学习》2008年第2期。
③ 李铁根:《未然标记在句中的连用及其制约因素》,《汉语学习》2008年第2期。

点儿")则表达出说话人对于听话人的安排和要求,而非说话人将要从事的行动计划,因此出现语义冲突,使得人们无法用这类表未然的动词语对该句式的未然情况进行暗示,进而无法准确识别句子的未然情况,因此导致"VP+多少+AP+不定量数量成分"句式接受度降低。

另外,口语和书面语体的习惯也会影响接受度的高低。降低组中使得原句接受度降低的成分中时间副词(届时)影响最明显,将该句式的接受度降低了12.15%。从语义角度来看,"届时"的含义即"到时候",但两个成分加入后的句子接受度却相差了16%,这是由于时间副词"届时"多用于书面语体表达,(例如:"届时,作为合作伙伴,我们支持伊拉克安全与独立,但决不充当其保护伞。")当其用于口语语体"大家届时做事多少稳妥一点儿。"时,接受度明显降低。加之语境中具象化未然时间不明显,导致时间副词(届时)对于"VP+多少+AP+不定量数量成分"表未然接受度降低幅度最大。

五 适用句式的演化预测

排除语义冲突和书面语口语化的问题后,在当代汉语环境中由于错项移植和语法化"吸收"的发展,副词"多少"在未来或将广泛运用于现在仅能适用"稍微"的搭配中,尤其是表"程度浅"义时。例如现行语法中"多少"不能跟"只是"连用,但随着语境的变化发展,"？这种料子质量不错,只是多少贵了一点儿"的类似句式很可能在未来被广泛接纳。

附录:

12 种"VP+多少+AP+不定量数量成分"表未然的
句子接受度一览表　　　　　　　　　　(%)

序号	句子	完全接受	比较接受	一般接受	不太接受	完全不接受
1	你说话多少大声一点儿。	30.34	22.47	29.21	14.61	3.37

续表

序号	句子	完全接受	比较接受	一般接受	不太接受	完全不接受
2	你开门多少小心一些。	30.34	33.71	21.35	12.36	2.25
3	你来得多少早一点儿。	24.72	17.98	25.84	26.97	4.49
4	大家做事多少稳妥一点儿。	41.57	39.33	14.61	4.49	0
5	大家明天做事多少稳妥一点儿。	35.96	29.21	19.1	13.48	2.25
6	大家今后做事多少稳妥一点儿。	41.57	30.34	17.98	10.11	0
7	大家去做事多少稳妥一点儿。	32.58	23.6	25.84	10.11	7.87
8	大家届时做事多少稳妥一点儿。	28.09	23.6	21.35	14.61	12.36
9	大家下回做事多少稳妥一点儿。	38.2	30.34	23.6	6.74	1.12
10	下星期大家做事多少稳妥一点儿。	31.46	24.72	30.34	11.24	2.25
11	到时候大家做事多少稳妥一点儿。	40.45	22.47	25.84	10.11	1.12
12	等会儿大家做事多少稳妥一点儿。	33.71	25.84	29.21	11.24	0

汉外语言对比

汉英情态范畴与其他语法范畴交互关系之对比分析[*]

王飞华[**]

摘要：不同语言的情态范畴与语法范畴的交互关系不同。从汉英语情态类型出发，对比分析可以发现英语情态与时、体、语气等语法范畴交互密切，而汉语情态与时、体、语气等语法范畴关系疏离。具体表现为：英语动力、道义、认识情态与时范畴融合度很高，英语情态动词自身可以成为语气表达手段，在帮助实现主要动词的语法范畴上，英语情态动词强于汉语。

关键词：汉英；情态动词；情态类型；语法范畴；对比

一 引言

由于汉语与英语分属孤立语与屈折语，孤立语形态变化较少，各种语法范畴的形态标记都很少，因此在情态范畴与其他语法范畴的关系上，也可以看出，汉语缺少形态变化的情态动词与其他语法范畴的交互关系较弱，相互处于一种疏离的状态。而屈折语形态较丰富，通过形态可以将不同的语法范畴融合叠加在一起表达出来，因此英语中的情态范

---

[*] 本文受2022年度教育部人文社会科学研究项目《基于汉英情态对比之留学生汉语情态系统习得研究》（项目批准号：22YJA740027）资助。

[**] 王飞华，四川师范大学国际中文教育学院副教授，研究方向：语言对比、国际中文教学、汉语语法。

畴与其他语法范畴具有密切的交互关系。汉语是分析型语言，表现语法的主要手段是虚词及语序，汉语中形态手段很少。而英语虽然形态在历史发展过程中已经简化很多，但一些语法范畴如时体态等，主要还是利用形态来表现。因此从总体面貌来看，英语情态范畴在相关的时体等语法范畴的表达上，对于形态手段利用较多，而情态范畴与时、体、态、语气等语法范畴的交互也较多。汉语则没有形态作用于情态范畴，情态范畴与时、体、态、语气等的关系也呈现相对疏离的状态。

情态范畴主要由汉英情态动词体现。情态动词与其他语法范畴的关系，总体来说，汉语情态动词语法化程度较低，与时、体、语气范畴相对疏离，不能在情态动词上较多体现这些方面。而英语情态动词相对语法化程度较高，可以较好地与时、体、语气等范畴交互。这种交互的差异，体现在两个方面，一个是英语情态动词的情态范畴本身可以与其他语法范畴融合，而汉语情态动词则不容易。如英语情态动词本身可以同时体现时、语气的语法范畴。另一个体现在英语情态动词运用不同于汉语情态动词的方法，来影响或帮助主要动词实现与其他语法范畴的交互。

研究还发现，情态范畴与其他语法范畴的交互关系，还与情态动词的情态类型有关。也就是说，这种交互关系在道义、动力、认识情态上还有较多的差异。

以下我们将从不同的方面来分析这种汉英情态范畴与其他语法范畴交互关系的差异。首先分析英语情态与时、语气的交互关系，再分析汉语与此相反的情况。

二 情态与时的交互关系

（一）英语情态与时的融合

英语情态动词与时范畴有密切的融合，本身可以同时表达情态范畴的意义与时范畴的意义，汉语情态动词则不能本身表达时范畴，甚至不能利用虚词紧随其后表达时范畴。在情态直接体现其他语法范畴或者说情态动词直接整合其他语法范畴上,汉语情态动词自身完全不能再体现任何其他语法范畴,而英语的情态动词可以直接通过形态变化体现"时"范畴的意义,情态动词本身可以表达现在时和过去时。以下从动力、道义、认识情态三个类型来看英语情态与时的融合。

1. 英语动力情态与时的融合

英语中的基本情态动词,除"must, need, ought"外,都有现在时与过去时形式的对立,如"can/could, may/might, will/would"等。而在道义、动力、认识三种情态类型中,能较好地利用情态动词的"时"形成情态意义表达的现在情况与过去情况对立的主要是动力情态。如"can"的动力情态:

(1) I can understand the Chinese TV news now.
(2) The Cherokee boy was about Will's age, and he could speak English passably but not well.

这两例是动力情态表能力,第一例对主语现在的情况进行陈述,用了现在时的"can",第二例对过去出现的能力情况进行描述,用了过去时的"could"。这是表示能力的"can",用于表示过去能力是很容易的。"can"也可以表示过去事件发生的可能性,Palmer认为,这时"could"不宜用于肯定句,但可以用于否定句。如他的例子:

(3) I ran fast, and could catch the bus.
(4) I ran fast, but could not catch the bus. [1]

第一个句子不能成立,因为这是过去行为,如果已经发生,那就是事实,不需要表示可能性,因此只需要说"and caught the bus"。

---

[1] F. R. Palmer, *Modality and the English Modals*, London: Longman Group Limited, 1990, p. 93.

"will"用于动力情态，也可以通过过去时"would"的形式，表示过去的情况。"will"动力情态可以表达意愿、能力或性能、习惯三方面的意义。表达意愿时的例子如：

（5）He will let you know if and when he has a specific assignment for you.
（6）Then I decided not to whisper. I would not let him smother my voice any longer.

"will"表示能力或性能，主语常常是物而不是人，表示其特性，也有现在时和过去时。如：

（7）Birds will eat the insects.
（8）We had such mounds of fruit that it would hardly fit in our backpacks.

"will"表习惯，也可以用于现在时和过去时。

（9）As the morning progresses, some animals will continue to travel from feeding to bedding areas.
（10）At dusk all the animals would prowl, some in their last activity before night, others in their first.

两例"will"都表示动物的习惯，第一例用现在时，第二例用过去时。

表示动力情态必要性的"must"没有过去时形式。它对过去必要性的表达，借助了半情态动词"have to"和"have got to"，通过其过去形式"had to, had got to"来实现。对此我们不多作分析。

2. 英语认识情态与时的融合

英语认识情态通常表示说话人对命题真值的判断,因此从口语角度看,情态动词应该多用现在时以体现说话人的态度。但有时也可以体现说话人过去的认识情态,因此情态动词也可以以过去时形式出现,"might, should, would"都可以用于对过去的事情表示真值判断。如:

(11) He might have been there while you were ill.

(12) He would have left a week ago.

(13) He should have done it yesterday.

以上三例都体现了说话人对过去命题的推断。

情态动词表达认识情态时,其过去时形式还有一种重要的作用是表达试探性,虽然说话人是对一个现在的命题进行判断,但使用过去时就可以让自己对命题的判断表现出弱一点的强度,也就是显得比相应的情态动词现在时的形式更不确定,从而表现出"试探性"的特点。"Might, would, should"都有这样的用法。① 过去时形式相对好像更遥远,因此就会显得肯定强度弱一些。如:

(14) I believe he would be appalled at the way big money runs our politics today.

(15) If you give him just a quick glance, he could be Sean's twin.

(16) Delamico was still in surgery this morning, but he should be out by now, and the van that was used was reported stolen six hours prior to the shooting and has yet to be recovered.

另外,英语的 will 和 shall,虽然形式上归入情态动词,但通常也用

---

① F. R. Palmer, *Modality and the English Modals*, London: Longman Group Limited, 1990, p. 58.

于指示将来时间，用于表达时的意义。而且在英语传统语法中，它们就是被看成英语的"将来时"标记。这两个词都有认识情态和道义情态不易区分的情况，这里我们将其放入认识情态来看其与时的交互关系。Palmer 认为，这些情态动词能够用于指示将来并不奇怪，因为将来不是完全知道的，只不过一种合理的对将会出现的事件的推测而已。[1] 而 Lyons 也认为将来性不是纯粹的时间观念，必定含有预测成分。[2][3] 因此，像下面的句子：

（17） You shall have your money.

（18） He will help you clean the room tomorrow.

实际上都包含了情态的预测在内，同时又表示了将来时的意义。这也可以看出情态动词与时的交叉。

3. 英语道义情态与时的融合

道义情态表达说话人对受话人表达命令、允诺等意义，从情态功能就可以看出，它与过去时间参照是不相容的，因为说话人不能对过去的事情进行命令或允诺。但在间接引语中，转述命令或允许可以出现过去时的情态动词。如：

（19） The teacher said I could leave if I wanted to.

（20） He said he would send you the money.

（21） The boss said John might stay in the office in that evening.

情态动词在道义情态中，事件与现在时间联系，但有时用进去时形式，这其实不是表示时间上的过去，而是表示试探性用法。道义情态表达允许，一般来说都是言者情态。但主语为第一人称和主语为其他人称

---

[1] F. R. Palmer, *Mood and Modality*, Cambridge: Cambridge University Press, 2001, pp. 104-105.

[2] John Lyons, *Semantic 2*, Cambridge: Cambridge University Press, 1977, p. 677.

[3] John Lyons, *Semantic 2*, Cambridge: Cambridge University Press, 1977, p. 816.

时表达的允许指向不一样。如果句子主语是第一人称,一般表示说话人希望得到别人的允许去做某事,而如果是第二或第三人称,一般表示说话人允许主语去做某事。通常来说,如果说话人主动对受话人表达同意或许诺,句子主语为第二三人称,却用试探性用法,看起来是矛盾的。因为如果表达试探的允许,试探其实呈现出犹豫的特点,说话人主动表达允许或同意,又带有犹豫,显然是相互矛盾的。但相反,如果使用第一人称,说话人在问句中提出问题,表达希望获得受话人的允许,这其实就是请求,那么用情态动词的过去时就非常合理,这样可以使请求带上试探的特点,显得更为礼貌。① 如:

(22) Might I leave now?
(23) Could I use your pen?

情态动词疑问的形式及情态动词的过去时的使用,都可以使请求变得更有礼貌。一方面,请求或命令可以使用祈使语气,非常直接地表达出来,也可以通过语气隐喻的方式,用疑问语气来表达。语用学认为,当我们表达请求时,使用的手段越间接,礼貌性就越强,因为越间接会让请求越没有强制性,给听话人的自由选择空间就越大,听话人可以更易于选择不接受指令,这样从礼貌原则来看他受损的可能性越小。另一方面,表达一个真实的请求却使用过去时形式,也可以使请求显得更为礼貌。从现实性非现实性角度看,过去时的请求,体现的是请求发生在过去,过去的事件无法真正实现,这就与上面请求表达的间接性一样,会让听话人觉得这是不必实现的指令。易仲良认为过去时态最本质的语法意义是距离性(remoteness)。其中包括体现客气试探的心理距离(remoteness in psychology)以及标示虚拟、虚假的真实性距离(remoteness in reality)。② 过去时形式可以表示客气试探性的心理距离,由于过

---

① F. R. Palmer, *Modality and the English Modals*, London: Longman Group Limited, 1990, p. 80.
② 易仲良:《"M(-ed) + -Φ"的运用》,《外国语》2000年第5期。

去时比现在时距离远,在听话人的心理感觉里也就自然更为间接。过去的遥远的请求自然会体现出不需要实现指令的暗示性意义。

情态动词的这种过去时形式,表达的其实是现在事件,虽然与过去时真正表达的时范畴意义有差异,但还是体现了情态动词与时的结合以表达这种功能。

(二)汉语情态与时的疏离关系

汉语情态动词在这方面与英语情态动词差异很大。汉语情态动词没有形态变化,因此不能通过自身形态的改变来实现语法意义或语法范畴的附加。汉语的语法范畴,通常都认为没有时范畴。这已经是共识。如戴耀晶认为:"范畴是通过形态形式而不仅仅是通过词语形式来表达的。正是在这个意义上,我们认为现代汉语里没有时范畴,但是有体范畴。"[1]

汉语没有手段体现时,自然汉语情态与时的关系是不存在的。汉语里的时间意义,都是通过词汇手段,用时间词语来表示事件与现在、过去、将来的关系。如用"今天、现在"这些词来指示事件为现在发生,用"昨天、上个月、去年"等来指示事件过去发生。但情态动词本身不能体现时上的差异,如:

去年我能跑10公里。——I could run 10 kilometers last year.

今年我能跑10公里。——I can run 10 kilometers this year.

汉语的两句,去掉时间名词,句子没有任何差异,因此汉语没有在情态动词或主要动词上体现时态的区别,但在英语里就要在情态动词上有所体现。

上面提到英语的情态动词"will, shall"还可以体现将来时。汉语中的"会、要"也可以体现将来要出现的行为或事件,但这也是意义上的,从语法的角度,也并不能认为它们是将来意义的时范畴的表现手段。

---

[1] 戴耀晶:《现代汉语时体系统研究》,浙江教育出版社1997年版,第6页。

同样,由于汉语没有过去时形式,英语情态中认识情态利用过去时表示的试探性弱情态特点,道义情态用过去时表示更礼貌的请求的特点,汉语中都没有办法做到这么细的情态意义的区分。如:

> He may be at home now.
> He might be at home now.

如果用汉语表达,只能说"他可能在家"。"may"与"might"的区别,汉语是没有办法区分的。同样:

> Can you give me the book?
> Could you give me the book?

这两句在礼貌程度上的差异,汉语也没有办法体现,只能都说"你能给我那本书吗?"。

在与语气范畴的结合上,汉语情态动词与语气表达手段也没有直接紧密的联系。首先汉语没有虚拟的语气范畴。基本上不会通过语法手段体现能实现的假设与不能实现的假设的区别。如:

> If I have money, I will buy a car. ——我要是有钱,就去买辆车。
> If I had money, I would buy a car. ——我要是有钱,就去买辆车。

英语的两例有很明显的区别,通过时态的后推,听话人不需要说话人作任何多余的说明,就可以推断第一句说话人"有钱"是会出现的情况,而第二句,说话人已经暗示听话人他其实没有钱不能买车。这两句的意思差异,汉语无法准确通过情态动词或其他词在句中体现出来。如果要明确这种不可能发生的意义,需要另加一句如"可惜我没有钱"。

三 情态与语气的交互关系

（一）英语情态与语气的交互

英语情态动词还能较好地与语气范畴相结合。语气范畴与情态范畴的纠缠比较多，表达手段不易区分，西方语言尤其如此。但大体来说，语气范畴所运用的语法手段相对界定更为清楚。主要是动词的形态变化、语序的变化、加虚词等。对于英语来说，表达语气范畴，除利用语调外，一个是利用形态的变化，如通过时态的"后推"来体现虚拟语气。另一个是语序的改变，主要通过基本助动词和情态动词语序的改变来实现。如疑问语气的表达。两种都可以利用情态动词。

首先，情态动词可以通过自身形态的变化用于虚拟语气的表达，主要通过情态动词时态的后推及主要动词体形式的改变来实现。如：

(24) If I had a car, I would go to New York.

(25) If he had a permit, he could work here.

(26) If I had passed the test, I would have got the job.

(27) I should never have done it if I hadn't been so hard up.

前两例对现在的情况进行虚拟，利用的是情态动词的过去时，进行后推。后两例是对过去情况的虚拟，除了利用情态动词的过去时，主要动词的体也有变化，用了完成体。

其次，英语情态动词自身移位可以成为语气表达的手段。英语里语气表达的一个重要手段是利用助动词或情态动词的移位来实现的。通常疑问句，无论哪一种形式，都要对助动词或情态动词进行移位。英语问句通常有：一般问句（汉语中称是非问句，用"yes/是、no/非"来回答）；特殊疑问句，句中有特殊疑问词；选择问句；反意问句。如：

(28) Can you speak English?（一般问句）

(29) What can you tell me ? （特指问句）
(30) Can you speak English or Spanish? （选择问句）
(31) You can speak English, can't you? （反意问句）

以上是英语情态动词"can"用于四种问句构成疑问的情况。可以看到，为了表达疑问，前三种问句都利用了"can"移位到主语之前，反意问句，则是利用"can"加上否定形成的紧缩形式置于主语之前来形成，附加于前面陈述部分之后。"can't"的形式，有语音的缩略，按语法化的理论，凡是缩略形式，都是语法化程度很高的标志，而且这一形式，与前面的陈述部分有严格的对应关系，如前面主语是"you"，附加部分的主语也是"you"，前面陈述部分的情态动词、时态等，附加部分也要与之保持一致，前面陈述部分肯定后面附加部分否定或者前面否定后面肯定。由此可以看出，英语的情态动词，对于疑问语气的表达起了重要的语法作用，与语气表达是紧密结合的。

（二）汉语情态与语气的疏离

汉语的情态与语气范畴的结合程度不如英语。

英语情态动词可以通过时态的后推来表达虚拟语气。但汉语则完全没有虚拟语气的语法范畴。因此上面（24）—（26）例，都是表达非现实性的虚拟，也就是说话人自己知道是不能实现的事情。但这几个句子翻译成汉语，就不太能看出这是不能实现的假设。如：

(32) 如果我有车，我就去纽约。
(33) 如果有许可证，他就可以在这儿工作。
(34) 我如果通过了考试，就能得到这个工作。
(35) 要不是经济艰难，我不会这么做的。

前两句，表达的是可能实现或不可能实现的假设是完全无法区分的。只有最后一句，句意反映出这已经是对过去事件的一种不能实现的假设，但这也不是体现在情态动词上。当然，汉语中有时通过语气词"了"，可以反映出说话人表达的是非现实性的假设。如"我如果通过了考试，就能得到这个工作"，可以说成"我如果通过了考试，就得到这个工作了"，这个句子暗含了"我没有得到这个工作"的事实。但这时句子反而不能用情态动词"能"。

汉语疑问语气的表达也与情态动词没有特定的关系。汉语问句的语法类型一般认为有以下四种：是非问（即英语的一般问句）、特指问、选择问和正反问。其中正反问英语没有。汉语的附加问，由于其语法化程度很低，形式很自由，一般不看成汉语的语法问句类型，在此我们不讨论。

汉语的四种语法问句类型，可以说与情态的结合是不太高的。汉语问句的主要语法表达手段一是语调，二是语气助词，它们的使用基本不需要情态动词的参与。当然，如果表达时涉及特定的情态动词表达的意义，可能需要一定的语气词相适应，但这只是意义的需要，并不是语法上的要求。如"他可能回家了吧？"，这里用"吧"与"可能"表达的猜测意义有关。但不能认为"可能"对于这个是非问句的构成起了语法上的作用。之所以说情态动词与汉语疑问语气范畴没有直接相关性，是因为汉语中四类问句形式的构成，情态动词的表现与其他词，主要是一般动词的表现是完全一样的，因此不能认为它起了特定的作用。我们用例句对照如下：

（36）你说英语吗？　　你能说英语吗？（是非问）
（37）你看什么电影？　　你会看什么电影？（特指问）
（38）你去看电影还是去逛街？　　你要去看电影还是（要）去逛街？（选择问）
（39）你看不看电影？　　你想不想看电影？（正反问）

从例子可以看出，是非问，无论有无情态动词，疑问只是语调加上语气词，没有其他变化。特指问，也没有其他变化，语序与陈述形式一样，只是把某个词换成疑问词。选择问，没有情态词时是主要动词形成"还是"连接的问句，有则是情态动词形成"还是"连接的问句。正反问，或者是主要动词以"A 不 A"形式形成问句，或者是情态动词形成。由此可以看出，情态动词构成的疑问，与一般动词构成的疑问，形式上是没有任何不同的。这就说明情态动词对于汉语疑问语气的构成没有特定的功能，它与语气范畴的关系也是相对疏离的，不如英语紧密。

四 帮助实现主要动词的语法范畴：英语强于汉语

汉英语情态动词在帮助后面的主要动词实现其语法范畴上，虽有共性，但也有差异。汉英情态动词可以影响或帮助主要动词实现与其他语法范畴的交互，但在实现的方法上，二者有差异。相对来说，英语情态动词在这方面的作用更强。这可以从以下几方面来看。

（一）分担主要动词非现实性语气表达的能力不同

通常在表达现实性的句子中，英语谓语动词是必须同时体现时、体、人称、语气、态等语法范畴的，但在表达非现实性的句子中，由于情态动词的介入，本来由主要动词承担的这些语法范畴被情态动词分担了一部分，如时范畴。如：

（40）He could run 10 kilometers last year.——He ran 10 kilometers yesterday.

（41）He can run 10 kilometers.——He runs 10 kilometers everyday.

（42）He must have finished his work now.

第一例，如果描述过去的事实"he ran 10 kilometers yesterday"，时、体、语气、人称、态等意义都主要在动词"run"上体现出来，但在表示动力情态意义的情况下，"run"表达时意义，转移到"could"上体现出来，而且由于情态的介入，有一些语法范畴的表达有所改变，如第二例中，情态动词"can"使第三人称单数的语法意义不能以同样方式表达。第三例也是如此，"must"使第三人称单数主语的完成体表达发生了改变。

汉语显然没有这种情态动词分担语法范畴的现象。上面的三例，汉语为：

（43）去年他能跑 10 公里。——他昨天跑了 10 公里。
（44）他能跑 10 公里。——他每天跑 10 公里。
（45）他应该/肯定完成了他的工作了。

第一例"他昨天跑了 10 公里"，加了体助词"了"，但有情态动词"能"时，反而不体现与过去有关的时间指示。第二例有"能"和没有"能"几乎没有差别，没有语法特征的体现。第三例也只是主要动词加了"了"，但没有情态动词"应该"或副词"肯定"，句子剩余部分完全不需要任何改变，可见情态动词没有对语法范畴产生影响。

（二）与主要动词结合表达特定情态意义或情态类型的能力不同

英语中有一些情态意义的表达，必须与主要动词的语法范畴相结合才能体现。如认识情态，在表达对过去，或现在已经完成的事件的推测时，无论表达可能性和必要性，都必须结合主要动词的完成体形式才能表达。如：

（46）He must have passed the test yesterday.
（47）He may have passed the test yesterday.

两例分别表达认识情态的必要性和可能性，由于都是对过去事件的判断，"must"必须依靠主要动词的完成体形式才能表达该推测意义。

恰当运用主要动词的语法形式，有时还能帮助情态动词进行更准确的情态表达，避免歧义。如以下这个句子：

(48) He must come tomorrow.

这个句子表达的意义有一定的不确定性，可以表示认识情态的判断，说话人认为施事明天会来，也可以表示道义情态的命令，说话人要求施事明天要来。但表达认识情态时，如果恰当运用主要动词的语法形式，通过其语法形式的改变，就不会造成歧义。如：

(49) He must be coming tomorrow.

这一例主要动词用了"be coming"的进行体形式，由于道义情态的命令主要动词只能以非限定形式出现，因此这里的进行体形式不能表达命令，只能表达认识情态的判断。

此外，有一些情态动词如 must 与 ought to 或半情态动词 have to 具有不同的情态预设，这些预设虽然不依靠时态存在，但时态对之还是有影响。如对"He ought to have gone."，听话人会恰当地推测出实际上没有去，而对"He had to go."，他就会推测出实际上去了。说"I ought to go to New York tomorrow but I'm not going to."可以，但说"I must go to New York tomorrow but I'm not going to."则不行。"should"与主要动词的未完成体形式连用，也可以表达责备、过去的行为没有按要求达成等意义。如下例就表达了责备和"没有及时告知"的意义：

(50) You should have told me it yesterday.

汉语情态动词的认识情态表达对已经发生的事情进行推测时，也可以利用体助词"了、着、过"来准确表达推测的事件是过去的、完成的或进行的，这一点与英语有一定相似。只是从结合的情况来看，汉语的体助词如"了、着、过"实际上是先和动词结合了再和情态动词发生关系的。如"他昨天应该去了医院"，先有"去了医院"，再到"应

该去了医院"。而英语情态动词与主要动词的语法范畴的结合,实际上几乎是一起合成的。如:

(51) He must have gone to the hospital yesterday. ——He went to the hospital yesterday.

可以看出,"have gone"形式的使用,是受了"must"的影响,如果不表推测,这里"go"只需使用过去时的形式。

实际上,汉语很多情态动词的意义,也可以换用表情态的副词来表达,副词不能直接与动词的语法范畴相互结合,换用没有影响表达形式,说明情态动词对主要动词的语法范畴的影响也是没有很强的制约。

总的来说,英语中情态与时、体、语气等之所以发生纠缠,与它们往往利用动词的屈折形式来体现有关系。而汉语因为语法范畴的表达主要利用虚词,与动词就不可能融合在一起。而体作为汉语中较为明确的一个语法范畴,按戴耀晶的分析,其表达手段有表达完整体的"了、过"、重叠动词以及表达非完整体的"着、起来、下去"等,主要也是虚词或有一定程度虚化的实词。这些表达时体概念的虚词往往附在谓语动词后,而汉语中情态动词往往在其他动词之前,两者出现的位置有很大的差异,不容易相混,表达的语法意义也是各司其职,界限比较清楚。如:

(52) 他可能上着课呢。
(53) 老王应该写了信了。
(54) 李明可能看过这个电影了。
(55) 他们可能发展起来了。

这些句子中既有表示情态意义的情态动词,也有表示体意义的动态助词和表示语气的语气词。但前者位于主要动词之前,而后两者在这个动词之后或在句末。只有当动词后没有宾语或谓语是形容词时,动态助词和语气词才会紧接着出现，一前一后。但即使在这种情况下，二者的位置及职责的区别依然是明确的。情态与其他体、语气、态等的疏离显而易见。

五 结语

由以上分析，可以看出，汉英语的情态范畴，与其他语法范畴的交互关系很不相同。总体上，英语情态动词或者本身可以在情态之外，表达时、语气、体等语法范畴，相互融合，或者能较有效地辅助其后的主要动词表达相关的语法范畴，共同作用。但汉语在这些方面的作用均较弱。这种差异的根本原因在于两种语言类型不同。对于形态较为丰富，属综合性语言的英语来说，各种动词的形态都相对丰富。而情态动词是动词中的一个小类，从起源上来看，情态动词最初也属于实义动词，在语法化的虚化过程中才逐渐演变为专用性的情态动词，但原来实义动词的形态变化有一部分却保留了下来。这些形态变化所表达的语法范畴也就得以保留。汉语情态动词最初也多是由一般的实义动词演变而来，但汉语一直是形态变化非常少的分析性语言，动词本身无法融合时、体、语气等于一身，因此，总体上汉语情态与其他语法范畴的关系是疏离的。

汉英语情态义表达共性分析*

王飞华**

摘要：不同语言的情态意义类型表达有共性也有差异。汉英语情态从类型出发，对比分析可以发现如下共性：一是汉英主要情态意义类型上较为一致，主要区分为动力、道义、认识情态三类；都具有现实性、非现实性、可能性、必要性等方面的分类。二是汉英情态动词使用存在语体选择分工。三是汉英情态动词的历史发展轨迹相似。

关键词：情态动词；情态类型；汉英；共性

情态是语言中普遍存在的语法范畴，不同语言的情态表达手段有一定的差异，但基本上主要为情态动词及情态副词。对于情态意义类型，以 Palmer 为主的学者，有很多的不同分析，得出的类型也很不一致。但普遍接受，尤其在汉语情态研究领域普遍接受的情态分类为动力、道义、认识情态。

从情态类型意义角度出发，对汉英情态义表达的共性进行研究，目前来看研究并不是很多，魏小红对比了汉英情态动词，试图从情态类型的角度进行情态动词的对比分析①，但其描述，并不能让人总结出很清

---

* 本文受 2022 年度教育部人文社会科学研究项目《基于汉英情态对比之留学生汉语情态系统习得研究》（项目批准号：22YJA740027）资助。

** 王飞华，四川师范大学国际中文教育学院副教授，研究方向：语言对比、国际中文教学、汉语语法。

① 魏小红：《汉英情态表达对比研究——以情态动词为例》，合肥工业大学出版社 2016 年版，第 89 页。

晰的特点。本文以情态类型为基础，对比分析汉英情态词，归纳出二者情态意义类型上的以下三个共性。

一 汉英主要情态意义类型上较为一致

这种情态类型上的一致，表现在多个方面，首先在基本情态类型类别上，汉英情态类型大体一致。其次在有关情态的一些次类别的分类上，汉英语也有一些一致的地方，如有关现实性、非现实性、可能性、必要性的分类等。

基本的情态类型上，汉英语都可以分出大致相似的类别。Palmer 曾经提到，有些语言中的情态分类与英语是有比较大的差异的，很不相同。① 但我们可以看到，汉英语的差异不大。情态类型分析，虽然可以有不同的标准和归类方法，但总体上来说，无论用哪一种分析的原则，英语中能得到的情态类型，大体上汉语中也有。首先，我们依据 Palmer 的分类原则来分类，他认为英语中的情态类型，可以分为动力、认识、道义情态三个大的类别。如：

（1）You must finish it today.
你得今天干完。
（2）He can speak English.
他会说英语。
（3）If he left at 8：30, he will be at home now.
要是他八点半走的，现在该到家了。

以上三例，分别是道义、动力和认识情态。道义情态表达说话人认为主语或受话人应该做某一件事，常常是表达请求或命令性行为。动力情态表达施事具备做某件事的条件或能力。认识情态表达说话人对一件

---

① F. R. Palmer, *Mood and Modality*, Cambridge: Cambridge University Press, 2001, p. 2.

事的真实性的相信程度。这是英语中普遍认为存在的三种情态类型，Palmer虽然还谈到了根情态、证据情态等其他情态类型，但他基本上还是肯定英语中主要的情态分类是这三类。上面的英语、汉语三个对译的句子也正好是汉语的三个情态类型，"得"这里表达的是道义情态，表示说话人的要求，"会"表达的是动力情态，表示主语的能力，"该"表示的是认识情态，表示说话人对一件事情可能发生的推断。

以上我们用的是Palmer的理论分析，可以看到汉英语情态类型大致对应。实际上，如果我们用另一个情态研究的名家Bybee的分析，汉英的例句，基本上情态类型还是相同，它们分别对应的是言者情态、行者情态和认识情态。第一例汉语和英语都表示说话人认为行为实施者应该做什么，是说话人命令或要求施事做一件事，这是言者情态。而第二例都是表示施事（通常为主语）具有某种能力或特质，是施事本身的行为，汉英语都是行者情态。第三例表示说话人对一个客观命题或事件成为现实（为真）的可能性进行判断，汉英语都是认识情态。

而有关情态的次类别的分类上，汉英情态也有很多共性。一个是有关现实性和非现实性的区分。现实性非现实性本来是在情态类型之上的一个更基本的区分。但从情态词的情态类型分析的角度看，这对概念并不是处在核心地位，因此我们认为这是次类别的分类概念。现实性描述现实化的情况，指已经发生或可见的正在发生的情况。非现实性描述在观念之中、凭想象才能感知的情形。Palmer认为，对于现实性和非现实性的体现，不同的语言在观念上和语法表现上并不相同。有的语言描述为现实性的内容，在另一种语言中可能相反。语言类型学中可以发现很多这样的例子。如有的语言把命令标记为现实性，而有的语言标记为非现实性，有的语言则并没有把它归入情态系统之中。英语使用情态动词表达对命题为真的判断，以区分直截了当的陈述（事实陈述）。西班牙语则用陈述语气与虚拟语气区分信以为真与怀疑不真的内容。①

---

① F. R. Palmer, *Mood and Modality*, Cambridge: Cambridge University Press, 2001, pp. 1-2.

汉语在现实性与非现实性的表达上，与英语也有一致的地方。主要表现在情态动词上。Palmer 认为，宣告性的事实陈述是现实性表达，如"he is at home"，与此相对，有情态动词的表达，都是非事实性陈述，如：

(4) He must be at home.
(5) He may be at home.
(6) You may go now.
(7) He can speak English.

例（4）、例（5）为认识情态，例（6）是道义情态，第例（7）为动力情态，不管哪种类型的情态，都表达了对命题或事件发生的相信度，但不是具体发生的事件，因此都是非现实性的。

汉语与此相同。也有现实性的宣告性表达及利用情态动词的非现实性表达。如：

(8) 他在家。
(9) 他可能在家。
(10) 这么吃，能不胖吗？
(11) 你可以走了。
(12) 你能离开了。
(13) 他会说英语。

这里例（8）与后续几例呈现了现实性与非现实性的对立。例（8）是宣告性事实陈述，事件已经存在，这是现实性。例（9）、例（10）是认识情态，表达说话人对命题的判断，例（11）、例（12）表达道义情态，表达说话人要求事件实施人或施事做某事，例（13）是动力情态，表达施事或主语的能力。除例（8）、例（10），其他几例都带有情态动词，都与说话人的判断有关，属于非现实性。

因此，可以说在现实性和非现实性的区分上，汉英语在情态动词方面的类型区分基本相似。只是在具体情态动词的情态类型的表现上，有所不同。如"must"所表达的认识情态义，在汉语中主要由副词"必定、一定"表达，这在后面将有提及。

另一个是情态的可能性与必要性的区分，汉英语也有相似之处。Palmer 在情态词系统的区分上，还特别强调了可能性与必要性的区分，他认为英语中情态动词在认识情态及道义情态系统中，都有可能性、必要性的对立。他认为，在认识情态中，"must"表达了逻辑上"necessary"的意义。Palmer 认为，虽然从日常生活的角度来说，用"necessary"来描述道义情态的必要，好像用词不太合适，但从语言学描述的角度，上面"he must be at home"中，说"must"表现了必要性应该是合理的，这个必要性更准确说应该就是必然性，但术语上可以统一描述为必要性。① 而"may"表达可能性"possible"的意义，如"he may be at home"。在道义情态上，"must"表达命令性的意义，也是"必须"要做的，体现了必要性，而"may"等也体现了可能性，说话人强制性的成分不多。如上面"you must finish it today"表现必要性，而"you may finish it today"则表现可能性。

与英语一样，汉语的情态动词也可以体现这种必要性与可能性的差异，虽然在规律性上不如英语情态动词那么强。如认识情态上，"会、要、应该、准、得"体现了较有依据、说话人相信度很高的推断，体现了接近"necessary"一端的意义，即必然。如：

（14）一会儿要下雨了。
（15）明天会下雨。
（16）他三点钟走的，五点应该到家了。
（17）他准睡觉了。
（18）他得走路回去了。

---

① F. R. Palmer, *Mood and Modality*, Cambridge：Cambridge University Press, 2001, p. 8.

这些例句中的情态动词,都表达"必然、盖然"的意义,都是必然性。而"可能、能"等,则体现了可能性的意义,如:

(19) 老孙头摇摇鞭子说:"光打好牲口,歪了心眼,还能有儿子?"①
(20) 他现在可能睡觉了。

因此,汉语的认识情态意义,也可能依据可能性和必要性进行区分。

而汉语的道义情态,也可以与英语一样,区分为可能性和必要性(必须)。表示必要性(必须)的情态动词有"要、得、应该(应当、该)"等,如:

(21) 你要负法律责任。
(22) 你不应该骂老师。
(23) 这个调查你得配合。

"要、应该"都表示"义务",即说话人认为这是行为发出者的责任,因此体现了必要性,"得"表示"必要",说话人认为行为发出者必须这么做,有命令意义,必要性更强。

而道义情态动词"能、可以(可)、准、许"表示许可,说话人认为行为发出者可以做什么,但不是一定要做,因此体现了一定的行为选择性,有实施行为的可能和不可能的选择,因此体现了可能性。如:

(24) 你能离开了。
(25) 你可以离开了。
(26) 每天十二点后通知我才准睡觉,五点钟就喊我起床。

---

① 本文的汉语例句,除部分简单常见例句外,大部分从语料库中检索所得,其中主要来源于北京大学汉语语料库(http://ccl.pku.edu.cn:8080/ccl_corpus),还有部分来自自有小型语料库。

(27) 以后,我们互相之间只许叫名字,不许叫某某太太,谁违反了谁受罚,怎么样?

可见汉英语在可能性与必要性的区分上,也有共性。

二 汉英情态动词使用都存在语体选择分工

语体选择分工,指表达相近的情态意义的不同情态动词,会有各自适应的口语与书面语环境。汉英语情态动词,都存在表达同一情态类型的近义情态动词。这些情态动词往往有一定的分工,占据这一意义表达范畴的某一个部分。两种语言的情态动词,如果涉及表达相近的情态意义时,一个重要的分工是由语体决定的,有的多用于书面,有的多用于口语,或者说有的多用于较为正式的场合,有的用于相对不太正式的场合。

汉语情态动词数量上比英语更多,其中有一个重要的原因是汉语情态动词在历时发展过程中出现的古今共用及词汇双音化造成单双音情态动词共用。例如"应"作为情态动词,两汉时期就开始使用,现代汉语中主要用于书面语。"该"则在元明时期开始使用,"该"同时用于口语和书面语。而"应该"则是清代才出现,用于口语和书面语。从语体色彩上看,"应"就更具书面语色彩,而"应该、该"则在口语中的使用比"应"更多。如:

(28) 因此,在考察一定形态的教育时,不仅应当了解对教育起决定作用的政治经济制度和生产力状况,而且还应了解与教育直接发生联系的各种社会意识形态,只有这样,才能对教育这一社会现象有全面的了解。

(29) 我已度过如此倒霉的一个学期。我不知道自己做了些什么,也不知道该怎么办。

以上两例来自北京大学语料库，可以看出"应"的使用环境更具书面语特点，而"该"则偏于口语。

同样地，"可、可以"虽然在先秦时期已经同时使用，但词汇双音化后，实际上更常用的是双音节的"可以"，而"可"在口语中已经不太使用，但在书面语中则继续使用。如：

（30）按教育规律的层次性，可分为一般规律与特殊规律。

（31）哦，没有轿子可以免去轿子。哎，那后尾儿就叫文明结婚了。

第一例语料，也是偏于书面，而第二例的"可以"则是用于口语。

"需""需要"，"需"也更有书面语色彩，如有文言色彩的"急需"，不能说成"急需要"。

情态动词"得、必须"，都表示道义情态，"得"更趋向于指因为客观因素导致如此，而情态副词"必须"更倾向于表达说话人主观权威指令式要求。"得"的口语色彩也更浓一些。如：

（32）江涛说："你得改变这个习惯。"

（33）我们必须恢复和发扬党的艰苦朴素、密切联系群众的优良传统。

这两例都表达道义情态的必要。第二例见于《邓小平文选》的政论文中。"得"的口语色彩很浓，基本上不会用于严肃的书面语中。而情态副词"必须"既可以用于口语，也可以用于书面语。

英语这种情况也很多。如"can"与"be able to"都可以表示能力，但"be able to"相对于"can"更为正式，明显多用于书面语，而"can"更多用于口语中。如：

（34）In Fort Necessity we may be able to defend ourselves until our friends send us succours, which we have every reason to expect can not now be long delayed.

(35) Come on, baby. Keep him warm. You can do this. You can do it.

前一例见于美国历史英语语料库①,见于书面,后一例见于美国肥皂剧语料库中的口语对话②,见于口语。

"can、could"最典型的意义应该是表示动力情态的能力,但也可以用于道义情态,表示允许做某事。同样二者的区别,"can"更多用于口语之中。如:

(36) And then, if he heard anything bad about Judd, he could jump into a boat, hide out among the islands.

(37) In World War II there were rockets which could jump the English Channel from Antwerp to London and make very large holes in the ground. They were mere toys compared to the gadgets being perfected now.

本例也见于美国历史英语语料库,表动力情态的能力,偏于书面,而上一例肥皂剧中的语料也是表示动力情态,见于口语之中。

"may、can"都可以用于道义情态表允许,或用于动力情态表能力,同样,"may"用于更正式的场合,"can"相对更口语一些。这与"could、can"的区别基本一致,如:

(38) Though immunosuppressive drugs can often stymie the T cell response, they may leave patients vulnerable to equally deadly cancers and infections.

---

① 美国历史英语语料库(https://www.english-corpora.org/coha/)。
② 美国肥皂剧语料库(https://www.english-corpora.org/soap/)。

本例见于美国历史英语语料库,"may"表动力情态。

可见,汉英语都有情态动词使用上的语体选择差异。不过,这种语体选择差异产生的影响因素,汉英语并不相同。汉语情态动词使用时语体选择的影响因素,包括汉语词汇发展的双音化,非表音性的汉字记录汉语词汇时具有跨时间性,等等。英语情态动词使用的语体选择差异没有这方面因素的影响。

三 汉英情态动词的历史发展轨迹相似

从汉英语的情态动词产生及发展演变来看,英汉语也有相同之处。两种语言的情态动词,都是由一般动词意义演变发展形成的。这个一定程度上也可以看成语法化过程。语法化通常是指语言中意义实在的词转化为无实在意义、表语法功能的成分这样一种过程或现象。① 语法化一般指实词最后演变成功能性虚词,但实际上,"实词虚化并不限于实词变成了虚词,也包括意义具体的词变成了意义抽象的词,如一般动词变化为情态动词"②。汉英语情态动词经历了由一般动词变化为情态动词的语法化过程。

汉语中情态动词基本上也经历了由一般动词变化为情态动词的语法化过程。除上古时期就已经使用的情态动词我们不易考察,后起的情态动词我们可以很容易看到这种情况。历史发展过程中,汉语情态动词变化很大,有很多情态动词出现后又消亡。我们以一些主要的现代汉语情态动词的历史演变为基点,通过例子来看其由一般动词发展为情态动词的过程。李明对汉语情态动词(他称"助动词")以时代为序就其历史演变做了详细的描述,以下分析主要借鉴其研究。

"得"的情态义用法,李明认为是由"得 VP"结构中的"得"虚化而来。当 VP 表示已经完成的动作时,"得"义为"得以",应该还不

---

① 沈家煊:《"语法化"研究综观》,《外语教学与研究》1994 年第 4 期。
② 储泽祥、谢晓明:《汉语语法化研究中应重视的若干问题》,《世界汉语教学》2002 年第 2 期。

是情态动词,如"舜之不臣尧,则吾既得闻命矣"。而当 VP 是未完成的动作时,"得"义为能够,表示可能,这时应该就发展成情态动词了。如"吾得见与否,在此岁也"①。

"可以"在春秋战国时期,开始是作为一个结构来使用的,并没有凝固为一个词。"以"还具有介词意义,但在"可以"的连用中,"以"后并不引进介词宾语,它通常用来提示"可以"前的主语本来是"以"后的可出现的动作的工具、方式、凭借、原因等。如"他山之石,可以攻玉"。当"可以"前为 VP 时(即"vp_1 + 可以 + vp_2"),"以"的作用进一步虚化,当"可以"前出现施事而且施事后面没有 VP 时,"可以"已经基本凝固成情态动词,表达动力情态义的可能或道义情态义的许可。如"吾子其不可以不戒"中表示的是许可义。②

李明参考白晓红的研究认为,情态动词"当"是从一般动词的"承担"义或"面临"义发展而来的,在春秋战国时期已经成为情态动词,可以表达道义情态与认识情态。如"人无于水监,当于民监"(《尚书·酒诰》),这里"当"意为"应当",表道义情态。③

类似的这种由实词虚化成为情态动词的例子很多。我们对照汉英语是为了说明汉英情态动词的演变都经历了实词虚化的过程。分析将以他人研究为基础,为避免重复,我们不进行一一的详述。其他一些词的演变情况如:

"应"原为一般动词表"接受",引申为表"响应、报应、符合"等义,再由"符合"义发展为情态动词,在两汉时期成为表认识情态义"应当"的情态动词。④

"许"做实义动词意为"允许","不许"则在发展中开始表示"禁止",当"不许 VP"可以理解为"NP 不许 VP"这样的意义时,

---

① 李明:《汉语助动词的历史演变研究》,商务印书馆 2017 年版,第 27—28 页。
② 李明:《汉语助动词的历史演变研究》,商务印书馆 2017 年版,第 40—42 页。
③ 李明:《汉语助动词的历史演变研究》,商务印书馆 2017 年版,第 46 页。
④ 李明:《汉语助动词的历史演变研究》,商务印书馆 2017 年版,第 58 页。

"许"就是道义情态动词,它在元明时期成为这一意义的情态动词。①

"该"由"欠"他人某物的意义在元明发展为表示道义情态"应该","欠"了什么即表示行为发出者承担了一定的义务。如"本利该二十个银子"(欠)与"本利该还二十个银子"(应该)。②

我们再来看英语。语法化理论认为所有语言学表述都可以按开放类词语表述以至封闭类语法标记的梯度排列。根据这个观点,所有语法项都是从词汇项(实词)衍生的。③ 英语中,今天表示时态范畴的将来时 will 来自动词 willan,其意义为 to want(要),表示可能性的情态词 can 来自动词 cunnan,其意义为 "to be acquainted with or to know how to"(熟悉或知道如何做);情态词 may 来自动词 magan,其意义为 "to be able to, to have the power"(能,有力量),而 could 和 might 分别派生自 cunnan 和 magan 的过去式。④ 作为实义动词,dare 意为 challenge,ought 意为 possess,need 原意为 require,would 原来是 willan 的虚拟式,shall、should 则是跟着 will、would 的形式一起变的。它们都从实义动词中分出来,变成了表语气的形式词。⑤ 这一语法化过程只是从实义动词发展到了意义较虚的情态动词,并没有发展成为真正的虚词。而"语法化是单向性为主的(从实到虚,从比较虚到更虚)"⑥,由一般动词变化为情态动词正是从"实到虚"的发展过程。胡壮麟的说法是:情态动词处于"词义图"的中区⑦,也就是情态动词在语法化时是介于实义动词和"更虚"的虚词之间的,没有再发展下去。

Niels Davidsen-Nielsen 也对英语助动词(情态动词)由实义动词发展过来有所论述。他举例谈到助动词 have 的源词 hæbbe 是一个实义动

---

① 李明:《汉语助动词的历史演变研究》,商务印书馆2017年版,第155页。
② 李明:《汉语助动词的历史演变研究》,商务印书馆2017年版,第158页。
③ [英] Paul J. Hopper:《语法化学说》,外语教学与研究出版社2001年版,第4页。
④ 胡壮麟:《语法化研究的若干问题》,《现代外语》2003年第1期。
⑤ 潘文国:《汉英语对比纲要》,北京语言大学出版社1997年版,第310页。
⑥ 储泽祥、谢晓明:《汉语语法化研究中应重视的若干问题》,《世界汉语教学》2002年第2期。
⑦ 胡壮麟:《语法化研究的若干问题》,《现代外语》2003年第1期。

词，意为"拥有、持有"，如"Ic hæbbe pone fisc gefangenne"（I hold [have] the fish as caught）。后来这个动词与一个已失去格形态变化的过去分词联在一起用，发展成为只是一个语法手段——一个助动词。① 他说："看看英语、丹麦语及其他语言的历史，就会毫不奇怪助动词并没有形成一个精确的类别。在由综合型占主导的语言发展为分析型占主导的语言的缓慢过程中，助动词系统逐渐出现了，而其中的有些动词现在仍未像其他一些那样站稳脚跟。"② 他这是针对助动词（包括情态动词）不易于从全动词（full verb）中区分出来说的。由此也可看出情态动词是从实义动词发展出来的。他所说的未能站稳脚跟的情态动词，胡壮麟在他的文章中谈的 need 和 dare 恰好就是例子。他引 Taeymans 的话说，对 dare 和 need 来说，作为主要动词结构几乎总是可用的，事实上更为普通。在口语中 dare 作为情态词达 58.5% 之多，24% 用于混合或杂合结构，只有 17.5% 是全动词结构。在书面语中，情态词和全动词变异几乎相等（分别为 36.5% 和 34%），29.5% 是混合结构。反之，need 的语料表明，其用作主要动词形式更多更普通，书面语中达 95%，口语中达 98%；混合结构非常少。③ 这就是没有站稳脚跟的几个词了。

以上分析可知，汉英语情态动词的产生与发展，与语法化有密切联系，情态动词在两种语言上大多都经历了由一般动词发展演变而来的过程。

四 结语

本文对汉英情态词从情态意义类型上进行较简单的共性分析，其共性体现在三个方面：二者情态类型较为一致，主要区分为动力、道义、

---

① Niels Davidsen-Nielsen, *Tense and Mood in English: A Comparison with Danish*, New York: Mouton de Gruyter, 1990, p. 15.
② Niels Davidsen-Nielsen, *Tense and Mood in English: A Comparison with Danish*, New York: Mouton de Gruyter, 1990, p. 18.
③ 胡壮麟:《语法化研究的若干问题》,《现代外语》2003 年第 1 期。

认识情态三类，具有现实性、非现实性、可能性、必要性等方面的区分；二者作为情态动词使用都存在语体选择分工；二者情态动词意义的历史发展轨迹相似，都是由实义词半虚化而来。

汉英情态词从意义的角度也有很多的差异。例如，表面相似的汉英情态动词在情态类型上并不存在对应关系，一种语言中某个情态类型意义相似的情态动词，在其他情态类型上则很不对应，汉语中这个词可能表达三种情态类型的意义，但英语中可能只表达意义相似的那一种情态意义。上面提到汉英语都能表达现实性非现实性的意义，但在现实性非现实性的规整性梯度性表现上，二者很不一样。此外，汉语情态动词从意义来看，与情态副词有复杂的交错关系，难以区分，而英语的情态动词与情态副词则完全没有这种情况。这些汉英情态词意义、情态类型的差异也是需要进一步研究的。

中华文化传播

《非正式会谈》对国际中文教育文化传播的启示

彭钰婷[*]

摘要：在新时代的背景下，中外文化交流蓬勃发展，如何让中国优秀文化"走出"国门，修正中国在外的"他者形象"成为近几年的热议话题之一。二十大的工作报告中也明确指出，中国文化的发展必须坚定文化自信自强，繁荣文化事业与文化产业，增强中华文明传播力与影响力。本文旨在以文化访谈综艺节目——《非正式会谈》为研究对象，从跨文化传播的角度出发，探究该节目在中华文化传播方面的传播内容、传播策略，并以此为国际中文教育中文化传播提供一些经验借鉴。

关键词：《非正式会谈》；国际中文教育；跨文化传播；传播内容；传播策略

一 《非正式会谈》概况及研究现状

（一）《非正式会谈》概况

《非正式会谈》（以下简称《非正》）这一节目在全球文化相对论领域占据了举足轻重的地位。自 2015 年首播到如今更新至第七季，节目每季都会邀请来自十多个不同国家的青年代表，与中国的主席团一同对中国境内的实时热点进行深入探讨，并将话题扩展到全球范围内，以跨

---

[*] 彭钰婷，四川大学文学与新闻学院 2022 级国际中文教育专业硕士研究生。

文化的视角对这些社会热点进行评价和辩论。从第三季开始，节目增设了小剧场环节，与原有的全球文化相对论和提案环节共同构成了节目的三大特色。

该节目自开播以来，便广受观众喜爱和业界的赞誉。2016年，该节目荣获金塔奖之"年度大学生喜爱综艺节目奖"；2018年，其入围第24届上海电视节目白玉兰奖的"最佳周播电视节目奖"；在国内，该节目常登上各大媒体的头条，包括央媒CNTV、人民网、新华网和中国网等中央媒体都对其进行了报道；在国外，该节目也获得了埃及、俄罗斯、意大利等国的媒体报道，其中埃及《金字塔报》的报道中提到，许多孔子学院甚至将此节目作为中文教学素材。由此可见，该节目在推广中华文化方面的积极作用。

（二）《非正》研究综述

《非正》节目的成功，引起学界广泛关注，相关研究也比较多。知网数据显示，节目开播之初，研究聚焦于节目定位与传播模式而展开。从十九大到二十大，习近平总书记提出的系列方针，"坚定文化自信，推动社会主义文化繁荣兴盛"[1]，"推进文化自信自强，铸就社会主义文化新辉煌""提高中华文明传播力与影响力"[2]等，无不体现党对文化建设与提升文化传播力的高度重视，这一定程度上影响了学界对该节目关注从节目性质逐步转向跨文化交际与传播上来。慕雨晴关注各国选手代表在跨文化交际过程中使用的话语转述策略、交际回避策略、问题求助策略三个方面的交际策略，探究多维度的文化交流模式。[3] 不少研究依托蓬勃发展的国际中文教育事业进行学科的融合研究，其内容主要围绕各代表的汉语运用情况、文化类综艺在对外汉语教学中的应用两方

---

[1] 习近平：《决胜全面建成小康社会夺取新时代中国特色社会主义伟大胜利——在中国共产党第十九次全国代表大会上的报告》，《求是》2017年第21期。

[2] 习近平：《高举中国特色社会主义伟大旗帜 为全面建设社会主义现代化国家而团结奋斗——在中国共产党第二十次全国代表大会上的报告》，《中华人民共和国国务院公报》2022年第30期。

[3] 慕雨晴：《〈非正式会谈〉中的跨文化冲突与交际策略》，《现代交际》2021年第6期。

面。在对外汉语教学应用中,不少学者提出将综艺应用于口语教学。其中,张悦关注节目中的"辩论"特点,提出将该类综艺节目引入汉语高级口语中要遵循针对性、趣味性、科学性原则[1]。此后,赵艺珺[2]、江楠[3]和许春雨[4]等人又通过实践教学,将综艺节目话题与教材相结合设计教学,深入探究在语音、词汇、语法、文化等方面的应用,并通过教学反馈进行教学反思。相比口语而言,文化教学的应用研究相对较少,已有研究集中在话题的选取上,如李庆关注的话题集中在汉字、地理、习俗等传统文化上[5],而陈少多提出课堂教学内容要与留学生感兴趣的话题一致,节目模式也可应用于课堂教学等[6]。

2022 年,"国际中文教育"的正式更名不仅使得学科建设更上一层楼。教育本土化的关注,反映了看待文化的视角也应该进行转变。由此,本文试图探讨在新时代背景下,国际中文教育中文化教学该如何借鉴该节目传播经验,进一步转变教学中文化传播的视角与途径。

二 《非正式会谈》特征分析

(一) 跨文化交际语境与文化交流

1. 《非正》多元的跨文化交际语境压力

跨文化交际语境是指不同文化背景的人们通过语言手段进行各种社会目的的交往、交流、交际的情形和状况。付永钢根据前人的研究讨

---

[1] 张悦:《综艺节目在对外汉语高级口语课程中的应用研究——以〈非正式会谈〉为例》,硕士学位论文,西北大学,2020 年,第 17 页。
[2] 赵艺珺:《综艺节目在对外汉语中高级口语教学中的应用研究》,硕士学位论文,沈阳师范大学,2020 年,第 36—44 页。
[3] 江楠:《综艺节目应用于对外汉语高级口语课的研究——以湖北卫视〈非正〉系列节目为例》,硕士学位论文,辽宁大学,2021 年,第 24—26 页,第 28—30 页。
[4] 许春雨:《综艺节目在对外汉语高级口语课中的教学设计研究——以〈非正式会谈〉为例》,硕士学位论文,山东师范大学,2021 年,第 41—50 页。
[5] 李庆:《文化传播视角下综艺节目〈非正式会谈〉中文化类话题研究》,硕士学位论文,西南科技大学,2021 年,第 36、37 页。
[6] 陈少多:《文化交流节目〈非正式会谈〉对汉语文化教学的启示》,硕士学位论文,陕西师范大学,2021 年,第 27—29 页。

论，提出跨文化交际语境二元分类主张，内化的与外显的两种。① 所谓内化的因素是指与交际个体长期的性格、个人经历等有关的因素。而外显的文化因素则与交际发生的背景有关，包括了交际发生的时间、地点、语言以及具体的上下文等客观性的物理要素。他根据"社会角色"理论分类，将跨文化交际外显语境分为目的语文化为主的场合、源语言文化为主的场合、第三语言文化为主的场合、文化均衡的场合四种语境②。

在多数情况下，跨文化交际的场合相对单一，例如在外国人的家中或中外谈判桌上。然而，《非正》节目所展现的跨文化交际环境则更为复杂。该节目以"非+正式会谈"为宗旨，虽然借用了外交场合中的正式与庄重概念，实际上却是以一种非正式的诙谐态度和调侃精神，围绕普通百姓喜爱的话题进行对话，寻求多元化的解答，并在此过程中促进中国与世界文化的交流。从这一角度来看，《非正》节目形成了一种文化均衡的跨文化交际语境。从受众来看，本节目以中国观众为主，因而代表们所处的跨文化交际语境在镜头前多出一层以目的语文化为主的场合。从代表们的文化背景来看，每季邀请十一至十三个国家、不同领域的代表参与会谈，因而内化的语境也是复杂多样。

面对如此复杂的跨文化交际语境，代表们需要在语言与复杂文化的双重压力下对当下的热议话题展开讨论。其中，唯有鲜明的观点和准确的表达才能获得观众青睐，赢得其他代表的掌声。在第五季中的英国代表成明因缺乏文化内涵和语言能力不足等因素，在第六季不再被邀请担任代表嘉宾。相反，具有高水平汉语表达能力的阿根廷代表功必扬则凭借其鲜明的观点，连续七季在《非正》守得一席。由此可见，跨文化交际中，良好的语言表达能力和掌握交际双方的文化知识是促进成功交际的关键。

2. 多元文化交流中"文化冲突"与"求同存异"

总体上说，国际间的文化交流与对话合作呈现出欣欣向荣的良好局

---

① 付永钢：《跨文化交际语境与跨文化交际》，《外语研究》2002 年第 4 期。
② 付永钢：《跨文化交际语境与跨文化交际》，《外语研究》2002 年第 4 期。

面。但由于受跨文化交际语境的影响,交流双方在文化背景、价值观念、民族特质、思维方式等方面的差异,难免也会产生跨文化冲突。如《非正》第七季第三期全球文化相对论环节围绕"各国外卖服务"这一主题的讨论中,缅甸代表"OO"从本国的"缅甸小费的自愿性"出发,批评美国和部分欧洲国家的"小费强制性";各代表也在以一种"幽默"方式调侃俄罗斯外卖配送时长——"第二天酒醒才送到","路上遇见熊了"等;大家也在惊叹挪威高昂的配送费,甚至弹幕也纷纷表示"准备去挪威送外卖发家致富"。这一系列讨论不仅反映出各国"外卖"行业本身存在的差异性,同时也反映了各国在经济、交通、气候方面的差异,甚至在人际关系与职业态度上也存在着很大不同。

在各国外卖问题上,各国因地理、交通等客观因素影响外卖配送的时长,这也在一定程度上影响各民族对于"守时"的容忍程度,以及外卖员的工作时长的差异。因此,基于本民族的文化价值观念片面地评价他国现象就容易使得本身存在的文化差异上升为文化冲突。

面对差异文化和文化冲突现象,首先应选择适当的文化依附。文化依附是指从某一文化视角为出发点,以该文化的价值观念去理解该文化或其他文化。因而在多元文化交流中,首要立脚点在异文化,置身于异文化理解该文化现象。若站在本民族文化看待他国文化,便很容易陷入民族中心主义泥淖。对于陌生文化即使无法理解也因抱有求同存异的态度,响应习近平总书记提出的"维护世界文明多样性[①]""广泛开展多边对话合作"[②]。在《非正》中,陈铭老师作为秘书长,每次总结性发言时总是能在多元的文化因子的碰撞中,在文化冲突后,基于求同存异的理念,将内容深化并进行总结概括,升华主题,丰富节目内涵。

---

① 习近平:《坚持合作创新法治共赢 携手开展全球安全治理——在国际刑警组织第八十六届全体大会开幕式上的主旨演讲》,《中国应急管理》2017年第9期。
② 习近平:《坚持合作创新法治共赢 携手开展全球安全治理——在国际刑警组织第八十六届全体大会开幕式上的主旨演讲》,《中国应急管理》2017年第9期。.

(二) 多元话题结合，聚焦争议热点

多元的话题体现了传统与现代相结合。《非正》节目设置的话题不仅包含着优秀的传统文化，如汉字、礼仪、四大发明、传统节日等，也涉及当代生活，如奶爸、女汉子、整容、网暴等社会焦点问题。通过洞悉传统文化的现代化发展，分析当下现象的时代根源，将传统与现代相结合，以动态的视角看待文化现象，各代表及主持人向大众进行知识普及，更有利于观众对主题的全面认识。

在重视传统与现代结合的同时，本节目同样关注传统文化的当代生命力。如在话题设置中充分考虑到国内国外多元文化的碰撞。从第一季到第七季，在当代热议话题比重提高的同时，国际化视野也在逐步加强。单从"全球文化相对论"来看，第一季主题主要围绕中国话题展开讨论，如汉字、北漂，从第二季开始主题诸如"各国特色节日""各国传统服饰""各国特别婚俗""各国的酒文化"等，"各国"等字眼降低中国中心效应，尽可能避免民族中心主义，更加符合文化融合的跨文化交际语境的需求。

除了话题更加倾向国际视角，《非正》也高度关注中华文化在国外的传播现状，探求中华文化的传播路径。在第七季节目中设置了"国外街头采访"，使得观众更为直观地了解国外大众视角下的中国文化。同时，在第七季第6期专门以"火到国外的中国文化"为主题，直观地展示了中国文化传播的成功案例。

(三) 从"他者"书写到自主建构本国形象

不同文化之间的交流与碰撞中，难免会产生一种文化对另一种文化的想象，由此可能产生所谓的他者形象。[①] 从19世纪末到20世纪初西方对中国的歪曲——"黄祸论"，到今天外媒炮制的"中国威胁论"，

---

① 张兴成：《他者与文化身份书写：从东方主义到"东方人的东方主义"》，《东方丛刊》2001年第1辑。

中国扭曲的"他者"形象在外"流行"上百年。同样，各国文化在国际的传播也存在"他者"形象，进而形成一些刻板印象与偏见，如"战斗民族"的凶狠，非洲"很热"，足球遍布巴西等。在节目中，钱多多介绍尼日利亚的平均气温在27℃—30℃，甚至比中国的三亚、广东、广西一带还要低。同样来自俄罗斯的萨沙也指出BBC关于"疫情期间俄罗斯街道上狮、兽横行"的不实报道也扭曲本国形象。对于偏见，副会长陈铭指出，"消除偏见最好的办法是游历，当与某个民族的人接触范围扩大时，便对该民族的偏见最小"，这是从文化接收者的一方来谈的消除偏见的方法。

对于文化传播者而言，第三方视角的"他者"形象的建立应该基于对该文化全面认识的基础上做出客观性的描述。对于文化输出者而言，应该自主修正固有的"他者"形象，代表们通过自述本国现象，修正对本国现象认知的同时，也是自主建构真实全面的本国形象。

（四）多方传播渠道增加文化影响力

台网联动，是一种基于网络和电视的集播出、宣传、互动、效果反馈于一身的现代跨媒体合作形式。① 《非正》基于传统电视节目，依托网络平台优势，突破单一卫视传播方面的薄弱点而找到的一条传播发展之道。节目从第一季到第六季，除在湖北卫视播出外，观众也可以在Bilibili（亦称B站）上进行观看。其中，第二季和第三季也曾在爱奇艺播出，观众群体不断扩大，节目的知名度也显著提高。可见，节目的火热离不开台网联动传播模式。

关注台网互动的同时，根据各平台受众特点依托"大数据"进行多样化推送，使得谈论话题与时下关注话题相契合。同时，根据平台特点，采用针对化的运营模式，如针对新浪微博娱乐化、社交粉丝运营效果明显的特点，节目官微打造出了一个有趣、有颜值的形象，发布幕后花絮的视频、照片，也发起相关话题讨论。通过与各代表的微博互动提

---

① 陶芊：《台网联动的分析与思考》，《青年记者》2012年第14期。

升讨论量，带动粉丝和流量，是适应微博环境传播方式的表现。针对 B 站的弹幕文化特色，先后在 B 站与卫视播出，在后播出的电视节目中，播放从 B 站上选取的网播弹幕。这一举措使用户大量发送弹幕以期被选中，提升节目在 Bilibili 上的流量，又吸引受众电视回看，提升收视率。在抖音、快手等短视频上，《非正》的视频以代表们搞笑视频 cut 为主，激发受众的猎奇心理。此外，节目在知乎、豆瓣、微信公众号等平台也有账号，这种在不同平台进行多样传播的方式满足了不同受众的需求，体现了传统电视节目传播对新兴媒体的利用，具有创新意义。

三　《非正式会谈》对国际中文教育文化传播的启示

在国际中文教育中，文化教学是不可或缺的部分，而教师在其中主要扮演着文化的传播者与各文化交流的组织者。教师所具备的文化素质和跨文化意识会直接影响受众对该文化的接受度。同时，适宜的话题也是成功传播的因素之一。而丰富的多媒体等辅助工具更有助于生动形象地展示文化魅力，扩大受众群体，为文化的广泛传播助力。

（一）文化素质与跨文化意识

文化素质包括本国文化（即所传播文化）和各国文化（即受众的文化背景），这是作为一名国际中文教师应具有的基本素质。

首先，作为一名国际中文教师，在承担中文教学任务的同时，也需要肩负起传播中国文化的使命。因此，教师需要坚持学习和积累中国历史、地理、风土人情等各个领域的中华文化，同时以发展变化的眼光看待传统文化的当代生命力。教师只有在对本国文化充分了解的基础上，才能将其引入文化课堂，才能针对学生提出的问题做出全面合理的解答，进而促进灿烂悠久的传统文化和勃勃生机的中国现代文明的传播。

其次，由于所教授的对象是来自不同文化背景的学生，教师在教学中应当充分考虑学生个体因素，当然不能忽视其生长的文化背景。这不仅有助于拉近师生间的心理距离，理解学生的心理状态；教师还可以通过多元话题与文化因素的熏陶，训练学生文化拓展的思维，扩大其文化视野，进而增强其跨文化意识，使其能够以开阔包容的态度减少对各国的偏见与刻板印象，摆脱民族中心主义的泥淖。

（二）多元话题与多方对话

在组织文化讨论方面，一方面应该考虑话题多元化。如《非正》节目中，将传统与当代话题相结合，国内视角转向国际视角。当下，国际中文教育中的文化教学出现过度传播传统文化现象，使得中国对外形象缺乏当代性的一面。加上西方媒体的不实报道，扭曲中国的"他者"形象给各国带来了误解。因而，国际中文教师应该转变视角，针对"他者"形象易造成的误解，选择适宜话题，立足于传统弘扬在当代。另一方面考虑话题的时效性，关注学生当下感兴趣的话题。从国家政策到小人物的故事都有学生感兴趣的话题。课堂教学中应该因地制宜地选择，对于争议性过大的话题应该谨慎考虑，具有文化差异的社会现象可以广泛开展讨论，进行多方对话，促进文化间的交流。

（三）多媒体辅助工具

通过分析《非正》特点，可以发现，多元渠道传播为文化交流与文化传播注入新生活力。在互联网技术高速发展，各平台资源深入融合共享的今天，国际中文老师可以充分利用丰富的网络资源，打破课堂教学知识输出的单一模式，生动地展示中华文化，更好地促进汉语学习者对知识、文化的学习和理解，使得学生在理解的基础上加深对文化知识的记忆。此外，借助资源共享平台，教师可以将线上的文化教学发布在各平台，打破线下文化传播的区域性限制，扩大传播范围。

四　结论

通过分析《非正》节目的特征，笔者有以下发现。首先，在复杂的跨文化交际语境下要求较高水平的语言表达能力与跨文化交际意识。这在一定程度上要求对外汉语教师通过提升自身文化素质，增强跨文化意识，才能在跨文化的课堂上进行有效的文化传播。其次，《非正》讨论话题的多元化也为国际中文课堂文化讨论话题提供了选题思路，充分考虑古今结合，国内国际双视角。再者，《非正》的多平台多模式传播，依托新兴发展的互联网平台，为国际中文教育的文化教学提供了丰富的教学资源。同时，通过资源共享，教师的中华文化传播打破了时间、空间限制，极大地扩大了传播受众群体。

成都地域文化在国际中文教学中的应用研究

——以来蓉留学生为例

李 芳[*]

摘要：文化教学是国际中文教学的重要组成部分，随着学界对文化教学的目标和内容的进一步确定，地域文化在国际中文教学中的重要性也越来越凸显。成都的地域文化历史悠久，内容丰富，独具特色，是国际中文教学的宝贵资源。本文阐述了成都地域文化对国际中文教学的重要意义，并从课程设置、课堂教学的内容与方法、课外文化实践活动三个方面提出了将成都地域文化融入国际中文教学的应用策略。

关键词：成都地域文化；国际中文教学；文化导入；应用策略

语言是文化的组成部分，又是文化的重要载体，二者不可分割。文化教学是国际中文教学的重要组成部分，《国际中文教育用中国文化和国情教学参考框架》指出，了解并理解中国人民生活、文化传统和当代国情的多样性是国际中文教育中文化教学的重要目标，为了实现这个目标，在国际中文教学中融入地域文化的教学是十分必要的。成都的地域文化历史悠久，内容丰富，独具特色。针对来蓉留学生，将成都地域文化资源融入国际中文教学之中，不仅可以丰富文化教学的内容，而且

---

[*] 李芳，四川师范大学国际中文教育学院讲师，中国古典文献学博士，研究方向：国际中文教学法、跨文化交际等。

可以促进来蓉留学生对中华文化多样性的了解，激发留学生对中国文化的兴趣和热爱，增强他们对所处环境社会文化的接受度和认同感，提高跨文化交际的能力。

一 成都地域文化教学融入国际中文教学的必要性

（一）符合国际中文文化教学的新要求

国际中文教学中的文化教学，是中文作为第二语言的文化教学。美国、欧洲的第二语言文化教学的标准，为中文作为第二语言文化教学标准的制订提供了重要的参考。

美国《21世纪国家外语学习标准》和《欧洲语言共同参考框架》所制订的外语教学中的文化教学的目标都十分明确、系统和全面，可以概括为物态文化层、制度文化层、行为文化层和心态文化层等好几个层面。其中行为文化层具有鲜明的民族、地域特色，因为这一类文化内容是以民风民俗的形态出现的，见于日常起居动作之中。《21世纪国家外语学习标准》中强调文化习俗（practices）这个文化学习目标，而"文化习俗"是有很强的民族、地域特色的，所谓"百里不同风，千里不同俗"。《欧洲语言共同参考框架》更是直接将"地区文化"明确列为"社会文化"的内容。[①]

2022年1月，《国际中文教育用中国文化和国情教学参考框架》（以下简称《参考框架》）出台，对国际中文文化教学的目标和内容作出了详细的说明。《参考框架》中三个板块列出的文化项目相对独立，又互相联系。在之前"交际文化"和"知识文化"划分的基础之上，兼顾古今、立足当代，突出和强调了中国文化和国情的多元性和动态性。《参考框架》虽然没有明确指出"地域文化"的内容，但是这31个二级文化项目中有许多是与"地域文化"密切相关的，如"饮食"

---

① 欧洲理事会文化合作教育委员会编：《欧洲语言共同参考框架：学习、教学、评估》，刘骏、傅荣主译，外语教学与研究出版社2008年版，第99页。

"居住""节庆""休闲""文化遗产"等。

因此，在《参考框架》指导下的新时代的文化教学，势必要根据汉语教学的具体地域和留学生的实际需求，适当地加入一些地域文化的内容。针对来蓉留学生的国际中文教学，将成都地域文化融入其中，将能有效地协调语言教学和文化教学的关系，提高教学效率。

（二）为来蓉留学生的语言交际提供更真实的语境

国际中文教学的目标是培养汉语学习者的语言交际能力。留学生在一个陌生的学习和生活环境中，常常因为担心自己的语言水平不够高而产生交际焦虑，由于语言表达能力有限，担心在交际的过程中出现尴尬场面，所以常常会采用回避措施。在具体的教学过程中，如果能将地域文化知识和信息融入语言情景的设置中，结合语言要素进行训练，会有效地激发留学生的学习热情，改善学习效果。

对来蓉留学生来说，成都地域文化可以帮助留学生了解所生活的自然环境和人文环境，将当地的饮食、居住、出行、家庭、节庆、休闲、交往等文化背景知识融入语言项目的教学中，可以为他们提供更加真实的语境，使语言要素的学习更加情景化和交际化，不仅可以增强留学生的学习兴趣，而且可以有效激发留学生的语言输出意愿，促使留学生更积极地参与课堂教学活动，通过交际性的言语实践提高汉语水平。

比如，《成功之路》起步篇1第九课《你吃米饭还是面条？》，课文（二）中李小明和林月去饭馆吃饭，李小明问服务员："这儿有什么？"服务员回答："有米饭、饺子、包子。"李小明问："有没有面条？"服务员回答："没有。"李小明问林月："咱们吃米饭还是饺子？"林月回答："吃饺子吧。"最后李小明和林月点了饺子、啤酒和茶。结合具体的生活经验可以得知，课文中出现的交际语言在现实生活中几乎是不会出现的，留学生在学习了这些语言结构以后，点餐时仍然会无所适从。如果在教学设计中结合留学生熟悉的生活场景和交际场景，教学效果会截然不同。例如，教师可以先介绍成都常见的饮食种类，课堂活动中将情景设置为一家面馆,将交际任务转换为:服务员问李小明和林月:"请问你们吃什么面?"李小明问服务员:"请问你们的招牌面是什么?"服务员介绍面的种类,还要询问"一两""二两"还是"三两"?由于这些对话的实用性很强,在课堂学习结束之后,留学生在现实生活中会更加主动地去进行语言输出,将课堂教学内容再次强化,从而达到提高汉语水平的目标。

(三) 为来蓉留学生了解中国多元文化提供有效途径

中国文化的根本特征之一就是"多元一体",地域文化是中国文化的有机组成部分,具有独特的魅力,同时也具有中国文化的共同特征和普遍特点。对于来蓉留学生来说,中国文化是一个很大的概念,包括的内容十分丰富,如果只了解中国文化中属于共通文化的部分,往往会留下抽象化、概念化的印象。与课堂上间接了解的中国文化不同,留学生日常所接触的"中国文化",实际上是具体的、鲜活的、生动的"地域文化"。天府之国独特的地理环境、建筑、气候、饮食、节日风俗、休闲娱乐活动等是留学生可以直接感知和认识的文化资源,这些具象的认识积累到一定程度,再结合课堂上中国共通文化知识的学习,将会构建出对中国文化类型和文化精神的整体版图。

就饮食方面来说,来蓉学习的留学生会对成都丰富多样的美食津津乐道,逐渐爱上火锅、串串、麻婆豆腐、宫保鸡丁、鱼香肉丝。在山西的留学生在日常生活中会感受到本地丰富的面食文化,而广州的留学生感知的饮食文化则是八大菜系之一的粤菜的独特风味。地域饮食的差异性还表现在节日饮食习俗方面,比如,冬至的时候,北方大部分地区的人都吃饺子,还有"十一月,冬至到,家家户户吃水饺"的谚语。四川地区,节日的饮食习俗不是吃饺子,而是喝羊肉汤来祛除寒气。由此可以看出,中国饮食文化的丰富性和多样性正是通过各个地域的不同的饮食风格和饮食习惯呈现出来的,在不同的地域学习和生活的留学生首先熟悉的是自身所处地域的饮食文化特点,在此基础上,通过不断的学习和积累,升华为对整体中国饮食文化的认识。

地域文化对留学生的影响还会涉及语言的层面。普通话是中国的官方语言和通用语言，也是留学生在课堂上学习的语言，但是现实生活中很多人在交际时会使用方言，这给留学生的日常交际带来了很大的不便，甚至会挫伤他们的学习积极性。因此，在初级汉语学习阶段，如果能适当地补充一些有关普通话和中国方言方面的基本知识，介绍当地方言中日常交际所使用的简单词汇和句子，则能帮助留学生在心理上跨过这个学习障碍，顺利地度过最初的适应期，慢慢地融入当地的生活环境和文化环境中。

综上所述，成都地域文化融入国际中文教学具有十分重要的意义，不仅符合新时代汉语国际传播的新要求，为留学生的汉语学习提供语言实践的大课堂，而且可以激发留学生学习中国文化的热情，帮助留学生更快地度过"文化困难期"，适应学习和生活环境，提高跨文化交际的能力。

二 国际中文教学中成都地域文化内容的选取

成都的地域文化资源十分丰富，传统文化硕果累累，当代文化成果同样也引人瞩目。国际中文教学中成都地域文化内容的选取，首先应该从留学生学习和生活的角度出发，此外，《国际中文教育用中国文化和国情教学参考框架》也为此提供了重要的指导原则和标准。

（一）方言文化

成都方言属于西南官话，是四川话的典型代表。其中许多具有成都地域文化特色的方言词汇和表达，反映了成都地区的历史、社会生活、风俗习惯，以及成都人的性格特征、审美趣味和价值观等，具有浓郁的文化气息和感染力，是了解成都地域文化的一个切口。成都方言形成于清朝"湖广填四川"的移民潮之后，语言风格犀利轻快，自带幽默感，拥有独特的语言魅力。四川方言属于北方方言区，在中国的知名度和存在感较高。虽然随着普通话的普及和推广，很多地方的方言都出现了衰落的趋势，但是成都方言的生命力比较顽强，这得益于四川得天独厚的方言环境。由于成都方言的独特表现力，因此年轻人群也很喜欢，在互联网上形成了很多流行语，例如"巴适""安逸""摆龙门阵"等，在日常交际中使用的频率很高。

（二）休闲文化

成都被称为"天府之国"，这里的自然环境优越，物产丰富，人民生活富足，幸福感十足。相对封闭的自然环境在一定程度上阻隔了外界战乱等因素的侵扰，造就了成都人闲适安逸的生活方式，促进了休闲文化的形成。成都是中国有名的"休闲之都"，"少不入川，老不出蜀"的俗语道出了成都的休闲和安适。

成都人的生活节奏很慢，喝茶泡茶馆是这里最具有代表性的休闲方式。数量众多的茶馆分布在成都的大街小巷和公园广场，是成都人休闲娱乐社交的好去处。在茶馆里不但可以喝茶，还可以打牌、打麻将，摆龙门阵（即聊天）谈生意，可以说，成都人的慢时光大部分都消磨在茶馆里。盖碗茶是成都茶馆的一个特色，盖碗茶由茶碗、茶盖和茶船子（茶托）组成，又称"三才碗"，盖为天，托为地，碗为人。这种独特的饮茶方式最早在成都出现，后来逐渐向外扩散到中国的其他地方。有的茶馆里还有独特的四川长嘴壶茶艺表演，这种表演风格独特，具有很强的地域特色。

（三）饮食文化

成都是一座"美食之城"，自古物产丰饶，是川菜的发源地之一。川菜是中国八大菜系之一，也是诸菜系中流传最广、最受欢迎的菜系。川菜的品种十分丰富，在吸收外地食材和烹饪方法的基础上，兼收并蓄、融合创新，形成了"一菜一格，百菜百味"的特点。通过对川菜文化的了解，也可以更加深刻地体会成都文化中兼容并包的精神。川菜最为人熟知的特点是"麻辣"，因为调味料中使用了大量的花椒和辣椒。川菜中有名的菜式有"宫保鸡丁""麻婆豆腐""夫妻肺片""鱼香肉丝"等,有的还远渡重洋,传到了海外。川菜的菜名中也包含着丰富的文化内涵,如"宫保鸡丁"和"麻婆豆腐"都有一个故事讲述其菜名的来历。除了川菜,成都还有火锅、串串、冒菜、干锅、烤鱼等其他美食。另外,成都小吃的品种也十分丰富,担担面、钟水饺、酸辣粉、赖汤圆、伤心凉粉、凉糕等,不仅本地人喜欢,而且也受到很多外地人和外国人的欢迎。

成都人爱吃,也吃出了文化。2007年,成都修建了川菜博物馆,以菜系文化为陈列内容,以继承川菜文化传统、弘扬四川美食为宗旨,向普通民众普及和推广川菜文化。游客不但可以参观,还可以参与互动体验,亲手制作一道菜,全方位地感受川菜的魅力。

(四) 历史遗产

成都是一座具有3000多年悠久历史的文化名城,是古蜀文化的发源地和中心,自古物产丰富,商业和手工业发达,经济繁荣,文化兴盛。金沙文化与稍早的三星堆文化所代表的古蜀文明是成都古代文明的辉煌代表,反映了蜀文化深厚的历史积淀和地方民俗特色。公元前5世纪,蜀王开明九世把都城迁移到这里,取名成都,从那时候一直到现在,成都的名字就再也没有改变过。战国时期蜀郡太守李冰修建都江堰,把成都变成了富庶的"天府之国"。汉代成都的手工业和商业非常发达,尤其是织锦业,政府在这里设置锦官加以管理,因此,成都有了"锦官城"的美称,唐代大诗人杜甫就有这样著名诗句:"晓看红湿处,花重锦官城。"

成都悠久的历史和灿烂的文化给后世留下了丰富的文化遗产。"金沙遗址"被誉为21世纪初中国重大考古新发现,都江堰水利工程被列为世界文化遗产。金沙遗址和与之有紧密联系的三星堆遗址证明了中国古书中记载的古蜀国的真实存在,也体现了中华文明起源的多元性。其独特神秘的文明特征,是它与亚洲其他伟大文明交流、碰撞、融合的结果,也铸就了成都开放包容的特质。都江堰修建于2300多年前,坐落于岷江的中上游,是闻名世界的中国古代水利工程。建造者利用鱼嘴、飞沙堰和宝瓶口三大工程，科学地解决了江水的自动分流、自动排沙、控制进水量等问题，把岷江水引入成都平原，造就了天府之国的富饶和美丽，体现出中国古代人民的超常智慧。这项工程直到现在还在发挥着作用，被称为"活的水利博物馆"。

成都还有很多其他著名的历史文化景观，如武侯祠、杜甫草堂、锦里、宽窄巷子、望江楼、青羊宫、文殊院等，都是著名的旅游胜地，其中最有名的当属武侯祠。成都的武侯祠是和纪念蜀汉的开国皇帝刘备的汉昭烈庙合并在一起的，是了解和体验三国历史的名胜，被称为"三国圣地"。成都也是中国博物馆最多的城市，四川博物院、成都博物馆、蜀锦织绣博物馆等，都静静地展示着成都深厚的文化底蕴。

成都悠久的历史文化和富足闲适的生活孕育出了多姿多彩的地域文化，为后世留下了丰富的文化遗产。2006年，成都市政府公布了成都市第一批市级非物质文化遗产名录，共41项，其中民俗类有3项，分别是都江堰放水节、望丛赛歌会和火牛阵，其中都江堰放水节已被列入第一批国家级非物质文化遗产名录。

三 国际中文教学中融入成都地域文化的应用策略

关于地域特色的实现途径，华霄颖指出，对对外汉语教学而言，地域特色可以从宏观的教学设计以及微观的课程设置、教学内容上体现出来。[①] 从宏观的教学设计来说，国际中文教学单位和机构应该充分认识到地域文化的重要性，并将相关的内容体现在课程设置、教材的选用和编写、课堂教学的内容与方法、课外文化考察与实践等几个方面。

（一）课程设置

第二语言教学的课程设置作为教学设计的一个重要部分，是实现教

---

① 华霄颖：《地域文化资源利用：从教学者的视角转向学习者的视角》，《国际汉语教学动态与研究》2008年第3期。

学目标、分解教学内容的主要途径。① 为了有效地将成都地域文化融入国际中文教学当中，开设成都文化课是十分必要的。按照课程的定位、内容和教学形式，成都文化课可以分为成都文化知识课和成都文化体验课。

为了协调成都文化知识课程与其他课程的关系，可以考虑在已有的"中国概况""中国国情"或者"中国文化"课程结束之后开设"成都文化"课。在留学生对中国文化的整体面貌有了一个大概印象和初步认识的基础上，将成都的地方文化介绍给他们，从而帮助他们认识中华文化多元化和丰富性的特征，从成都文化具体的文化载体上加深对中国文化的认识。韩鉴堂编著的《中国文化》第一章介绍了中国的地理概况，其中介绍了中国"多样的地形""壮丽的山河"和"秀丽的风光"，"多样的地形"中就提到了中国地形第二阶梯上的四川盆地，补充材料中介绍了中国的风景名胜，其中就有四川的峨眉山。第十八章"中国烹调"介绍了中国的地域饮食特点和著名菜系，其中就涉及了四川饮食。这些地域文化的内容在"中国文化"课程中已经出现，之后再学习成都文化的相关知识将促使留学生对已经学过的内容做进一步的强化。

为了避免成都文化课成为像《中国文化》等那样的内容全面但是偏概论性的介绍课程，可以按照《参考框架》，结合来蓉留学生对成都地域文化的具体需求，将"成都文化"课分为三种类型：一是"学在成都"，设计社会生活方面的主题，如成都的美食、宜居的成都、成都的交通、成都的休闲生活、学说成都话等；二是"成都传统文化"，介绍成都的城市历史、古蜀文化、三国蜀汉文化、成都的博物馆等；三是"当代成都"，介绍当代成都经济、科技、现代艺术等。

（二）课堂教学

国际中文文化教学的内容应该体现语言的、交际的、对外的三条原

---

① 赵金铭主编：《对外汉语教学概论》（修订本），商务印书馆2019年版，第50页。

则：即与语言的学习和使用紧密相关且体现汉语文化特点的、为培养跨文化语言交际能力所必需的、针对外国学习者实际需要的那部分文化。①

在成都地域文化教学中，应该根据以上指导原则合理选择和安排地域文化的内容。在初级阶段，内容要涉及具有成都标志性的文化产物和习俗，了解这些文化产物和习俗的基本常识。比如成都武侯祠的位置和特点，以及它的价值；了解成都人日常出行的交通方式；了解成都人春节、元宵节等传统节日的主要习俗等；了解川菜的特点、有名的菜式和成都的名小吃等。中级阶段要涉及成都社会生活、传统文化和当代成都风貌，并将中外文化联结的要求贯彻其中，引导留学生比较本国文化与成都文化的异同，增强留学生的参与度和互动性。在高级阶段，要进一步丰富成都地域文化的内容，增加历史、文化遗产、文学、艺术等领域元素的比重，在了解成都文化特点的基础上形成评论性观点，更深刻地理解成都文化产物的深刻内涵。

在具体的教学工作中，国际中文教师应该充分考虑留学生的兴趣所在和学习需求。成都地域文化的内容十分丰富，在教学工作中不可能也没有必要力求全面。教师可以在开课之前设计调查问卷对来蓉学生展开学习需求的调查，选择学生最感兴趣的项目进行教学。

在教学方法方面，可以采用讲授式教学方法与体验型学习模式相结合的方式，培养学习者对文化知识、技能、意识、态度的综合能力。

在课堂讲解部分，教师可以充分利用信息化技术和设备，采用图片、音频、视频相结合的方式，导入成都文化元素，直观、形象的视听冲击会充分激发学生的学习兴趣。比如介绍成都美食，可以利用《舌尖上的中国》《中国美食之旅——成都》等纪录片提前剪辑一些视频片段，通过观看短视频引起学生的关注和学习热情。也可以设置一些学习任务，让学生带着任务去观看视频，这样就能促使他们提高专注力，更好地提取视频中的文化信息。此外，抖音短视频也是对外汉语教师可以

---

① 刘珣：《对外汉语教育学引论》，北京语言大学出版社2000年版，第131页。

利用的网络视频资源,由于更新速度快,反映当下社会生活的力度比较强,是激发学生关注本地文化元素的得力工具。

在课堂讲授的过程中,也要注意提高学生的参与度,可以通过"主题讨论"的方式引发学生积极思考,锻炼学生组织语言的能力和表达自己观点的能力。此外,情景对话、角色扮演、采访与观察等也是增强学生学习体验感的重要方式。需要注意的是,教学方式应与学习者的认知水平和年龄特点相适应,恰当选择体验型、分析型、思辨型、独立学习等教学活动,力求达到文化教学的最佳效果。

不管是采用讲授式教学方法还是体验型学习模式,在教学过程中,教师应当积极引导学生进行文化对比,帮助学生理解中国文化与本国文化的差异,培养他们跨文化交际的意识,增强他们跨文化交际的能力。

(三) 课外实践活动

课外文化考察和实践是文化教学的重要形式,是课堂文化教学的有力补充。留学生走出课堂,走出校园,能够近距离地接触本地文化,对他们感知成都地域文化的魅力有着重要的作用。

文化离不开孕育它的土壤,成都丰富的地域文化就蕴藏在一条条充满历史韵味的街道,弥漫在一处处历史悠久的文化遗迹,也存在于市井和社区中普通人家的烟火气息中。因此,学校应该加强与政府和社区间的合作,定期组织文化考察和体验活动,如成都周边的文化景区参观考察、成都博物馆参观考察、非物质文化遗产参观考察、社区文化活动等,拉近留学生与成都文化载体的距离,拉近留学生与成都社会生活的距离。以成都饮食为例,如果只在课堂上播放视频或者语言文字的介绍,留学生对川菜的认识会停留在浅层,如果组织留学生到川菜博物馆进行参观,留学生就能更直观更容易地了解川菜的历史和文化,参观郫县豆瓣的制作过程,还有机会亲自动手做一道川菜。这样的文化考察活动不仅趣味性强,而且会达到持续的学习效果。

四　结语

　　成都的地域文化资源非常丰富，地域特色也很鲜明。将成都地域文化融入国际中文教学中，不仅可以帮助来蓉留学生度过最初的文化适应期，增强他们对所处社会文化环境的接受度和认同感，而且可以帮助他们跨越语言和文化的障碍，感受中国文化的魅力。立足于真实生动的文化环境中的国际中文教学在提高留学生语言能力及跨文化交际能力的同时，也能促进成都地域文化的国际传播。

中韩儒家文化世界遗产村落比较研究*

张戎茸**

摘要：中国古村落的保护与推广倾向于选择军事要塞、交通枢纽、商业中心或者少数民族聚集地，但是韩国的世界遗产村落庆州良洞村和安东河回村却是充满生活气息的典型儒家文化村落，质朴的平民草屋与华丽的贵族房屋并存，展现了古村落的真实性。良洞村和河回村入选《世界遗产名录》的重要原因之一就是它们体现了韩国传统村落对于儒家文化的传承与保护。与中国世界遗产村落宏村与西递浓厚的商业气息相比，良洞村和河回村显得宁静祥和，呈现出朴素无华的田园之美。为保护文化遗产地的完整性，韩国庆州良洞村和安东河回村将几乎所有的商业设施迁移到了古村落之外，游客的住宿地和大型文化活动的举办场所也集中在离村落不远的市区。此外，良洞村和河回村的村民委员会实现了古村落的高度自治，在平衡古村落保护与旅游经济开发方面发挥了重要作用。通过中韩儒家文化世界遗产村落的比较研究，本文指出了中国古村落保护当中需要引起重视的一些问题，诸如保护古村落的真实性，突出古村落的儒家文化特点，文化保护区与商业开发区应当分离，加强村民自治与文化自觉等。

关键词：儒家文化；古村落；世界遗产

---

* 四川省区域与国别重点研究基地韩国研究中心资助项目"韩国传统村落和民居的保护与推广对四川美丽乡村建设的启示"结项成果。（项目编号 341734001）

** 张戎茸，四川师范大学国际中文教育学院讲师，西南大学教育学博士研究生，研究方向：跨文化传播与国际中文教育。

一　前言

中国的传统村落一般分为两种类型，一种是古村落，即代表古代文化的村落，通常拥有超过百年甚至数百年的历史；另一种是红军文化村落，即20世纪红军曾经驻扎的村落，亦是革命历史纪念地。2012年中国政府启动了传统村落保护计划，到2023年为止，已经有6批，共计8155个传统村落入选《中国传统村落名录》，并对列入《中国传统村落名录》的村落实施专门的监督和管理，同时建立了中国传统村落数字博物馆，用于在网上展示村落的历史文化、传统建筑和非物质文化遗产。就立法保护而言，在过去很长的一段时间里，仅有一部《中华人民共和国文物保护法》（1982年首次发布，2017年第五次修正）适用于遗产保护，虽然中央政府陆续发布了一些《历史文化名城名镇名村保护条例》（2008）、《国务院关于实施乡村振兴的意见》（2018）、《乡村振兴战略规划2018—2022》（2018），但是不能等同于法律。如此一来，村落的建筑群和民俗文化遗产很难得到有效保护。村落不是博物馆，极易受到生态环境和人为活动影响，并且村落的民俗文化往往是无形的。有关传统村落的真正立法保护始于2002年，这一年《中华人民共和国文物保护法》完成第一次修订，首次明确提出了保护历史文化村庄、城镇和街道。2011年，中国政府颁布了《中华人民共和国非物质文化遗产法》，对有形文物与无形文化遗产给予了同等的重视，但是就传统村落而言，需要被保护的不仅仅是其中的文物、建筑、传统技艺和民俗文化，村落周边生态环境的恶化将直接威胁村落的存在。令人欣慰的是，2021年4月首次通过的《中华人民共和国乡村振兴促进法》，对乡村基础设施建设、经济开发、生态环境和传统文化等方面实现了立法保护。

整体来看，《中国传统村落名录》当中的大多数传统村落属于军事要塞、交通枢纽或者少数民族村落，代表着军事文化、商业文化或者少数民族文化，而那些具有儒家文化底蕴的古村落却没有得到相同程度的重视。就旅游开发而言，古村落因为被列入《世界遗产名录》《中国传统村落名录》或地方的传统村落保护名录而成为热门旅游地，但是旅游开发带来的生态压力与日俱增，为古村落的保护与管理带来了持续的挑战。古村落旅游开发中普遍存在盲目开发、过度发展、同质化竞争、粗放管理等问题。[①] 与此同时，新农村建设过程中许多古村落被改造为旅游景点，大拆大建，仿古建筑盛行，古村落的格局和风貌损毁严重，最终成为千村一面。[②] 更有甚者，有的地区移花接木，将并非本地区少数民族的标志性建筑嫁接到本地区古村落原有的建筑之上。[③]

二 中韩儒家文化世界遗产村落比较

就中国的世界遗产古村落而言，安徽的西递和宏村最具儒家文化代表性，与大多数中国汉族的古村落情况类似。虽然广东开平碉楼与村落以及福建土楼也入选了世界遗产，但是开平碉楼以融合中外建筑风格著称，代表华侨文化；福建土楼则代表客家文化，与开平碉楼都具有防御性功能和独树一帜的建筑风格，因此本文没有选择它们作为研究对象。2000年，宏村和西递村被联合国教科文组织列入《世界遗产名录》，属于典型的徽派建筑，白墙青瓦，雕梁画栋，有着庞大的建筑群和鲜明的地方特色。韩国庆州良洞村和安东河回村，这两个古村落在2010年被联合国教科文组织列入《世界遗产名录》，被视作朝鲜时代儒家文化的见证。就规模大小而言，西递属于超大型村落，宏村和河回村属于大中型村落，良洞则属于小微型村落。

---

① 王军、朱保安：《生态文明背景下古村落旅游生态化发展研究》，《农业经济》2022年第11期。
② 张春然：《新农村建设中的古村落保护问题研究》，硕士学位论文，河北农业大学，2009年，第9页。
③ 吴平：《贵州黔东南传统村落原真性保护与营造——基于美丽乡村建设目标的思考》，《贵州社会科学》2018年第11期。

(一) 良洞村和河回村：充满生活气息的儒家传统村落

韩国的良洞村和河回村居住着几百年香火延续的同姓宗族，庆州孙氏和骊江李氏结为姻亲之好，500多年里世代定居于良洞村，河回村则是丰山柳氏这一大家族居住了600多年的同姓村落。作为朝鲜时代人们真实生活方式和环境的历史见证，既体现了儒家文化影响下世家大族的审美情趣，也完整地保留了平民百姓的民俗文化。庆州良洞村和安东河回村的贵族古宅四周围绕着大量平民居住的茅草屋，例如，安东河回村458栋建筑物当中，草房占211栋。这些平凡的草屋并没有刻意被美化或者拆除，因为普普通通的草房和瓦屋也是古村落当中的一部分，真实的古村落很有可能曾经是平民百姓和世家大族的共同居住地。河回村和良洞村优美的田园风光与历史遗迹相得益彰，仿佛让人回到了朝鲜时代的村落。

值得注意的是，儒家文化的传承与保护也成了这两个古村落的独特文化价值，东江书院、玉山书院、屏山书院等名家大儒曾经讲学或者居住的古宅也同古村落一起被视为世界文化遗产。村落中不少古宅是大儒亲自设计和监督修建的。此外，距离安东河回村不远，还有一座儒教乐园，即儒家文化体验博物馆，这里以现代科技手段设计了很多互动游戏环节，寓教于乐，生动形象，以通俗易懂的方式传播儒家文化，连儿童也能在这里愉快地体验儒家传统文化。联合国教科文组织的《世界遗产名录》对于这两处古村落的评价亦指出了其儒家文化特征。

Founded in the 14th – 15th centuries, Hahoe and Yangdong are seen as the two most representative historic clan villages in the Republic of Korea. Their layout and location—sheltered by forested mountains and facing out onto a river and open agricultural fields—reflect the distinctive aristocratic Confucian culture of the early part of the Joseon Dynasty (1392 – 1910). The villages were located to provide both physical and spiritual nourishment from their surrounding landscapes. They include residences of the head families, together with substantial timber framed houses of other clan members, also pavilions, study halls, Confucian academies for learning, and clusters of one story mud-walled, thatched-roofed houses, formerly for commoners. The landscapes of mountains, trees and water around the village, framed in views from pavilions and retreats, were celebrated for their beauty by 17th and 18th century poets.[①]

译文：河回村与良洞村建于14世纪与15世纪之间，是韩国最具代表性的古村落。村落的布局与选址反映了朝鲜王朝（1392—1910）时期贵族儒家文人的审美，村落坐落于层峦叠嶂当中，面朝河流和开阔的农田。村落的地理位置与周围的自然环境相映生辉。村落中包括贵族宗家和旁支家族以及普通百姓的住宅，贵族住宅包括大量木质框架的房屋、亭子、学堂、儒家学院；普通百姓的房屋则是低矮的土墙和茅草构成的平层建筑。青山与绿水环绕村落，亭台楼阁可见风景如画，这些秀丽的风景被17世纪与18世纪的诗人歌咏。

（二）宏村和西递村：作为商业中心与军事要塞所在地的古代村落

中国安徽的宏村和西递村同样历史悠久，分别为汪氏和胡氏的子孙绵延六百多年的村落，2000年列入《世界遗产名录》，2012年作为第一批传统文化村落列入《中国传统村落名录》。具体而言，西递村曾经是古驿站，地理位置四通八达，本就是交通枢纽，明清时期一些西递村民弃文从商，成为名商巨贾，因而返乡兴建了富丽堂皇的祠堂和宅院。宏村的情况也类似，其中最为著名的建筑——承志堂，便是清末大盐商汪定贵的故居，因其装饰风格之精美繁复，被誉为民间故宫。徽州三绝指的就是这些院落的精致雕刻，包括砖雕、木雕和石雕。宏村盐商汪思

---

① UNESCO World Heritage Centre（联合国教科文组织世界遗产中心）：Historic Villages of Korea: Hahoe and Yangdong.《韩国古村落：河回村和良洞村》，2023年12月（https://whc.unesco.org/en/list/1324）。译文由笔者翻译。

齐和妻子胡重为村落精心设计了供水系统,以及十分讲究"风水"的村落布局。然而其突出的普遍价值并不是儒家文化,而是曾经繁荣的商业文明,即明清时期显赫的徽商及其代表的民俗文化。例如,以下这段选自联合国教科文组织世界遗产档案的评价亦指出了其商业文化的特点。

  Xidi and Hongcun are two outstanding traditional villages, located in Yi County, Huangshan City in south Anhui Province, with commercial activities as their primary source of income, family and clan-based social organization, and well known for their regional culture. The overall layout, landscape, architectural form, decoration, and construction techniques all retain the original features of Anhui villages between the 14th and 20th centuries.[1]

  译文:西递与宏村是安徽省黄山市黟县的两个著名传统村落。村落的主要收入来源于经商活动,村落的社会结构以家族制为基础,并且这两个村落以其独特的区域文化而闻名。村落的整体布局、自然景观、建筑风格、装饰风格和建筑技术都保留了14世纪到20世纪之间古代建筑的特征。

西递与宏村是中国古村落的缩影,正如上文所说,不少选入《中国传统村落名录》的村落与西递和宏村类似,或是古代交通枢纽和军事要塞,或是繁荣的商业中心。相比之下,那些诗情画意且富有生活气息的儒家传统村落并没有受到同等重视。近年来,无论是国内游客,还是国外游客都发现不少中国的古镇和古村落开始趋同,千篇一律的仿古建筑,大同小异的纪念品,商业化气息浓厚,文化体验感差,逐渐失去了

---

[1] UNESCO World Heritage Centre(联合国教科文组织世界遗产中心):Ancient Villages in Southern Anhui—Xidi and Hongcun.《皖南古村落:西递与宏村》,2023年12月(https://whc.unesco.org/en/list/1002)。译文由笔者翻译。

古镇与古村落的宁静古朴之美。宏村与西递村，作为世界遗产村落，亦没有逃脱以上魔咒。他山之石，可以攻玉，中国古村落或许可以借鉴韩国世界遗产村落的保护和管理模式，即村民居住区与商业开发区彻底分离、村民自治与政府管理结合的模式，扭转过度商业化的趋势，缓解古村落保护与旅游开发的矛盾。

三 韩国儒家文化世界遗产村落的保护和管理模式

为了维持村落的真实与完整，韩国的世界遗产村落保护采取了村民居住区和商业开发区分离的方式。庆州良洞村和安东河回村内部的商业活动几乎被降到了最低限度，村子里只有极少数的餐饮和住宿设施，游客大多只能在庆州市和安东市城区住宿。与此同时，为了保证村民与政府之间长期有效的沟通与合作，庆州市厅和安东市厅的文化科都在各自的古村落设置了常驻政府工作人员的办公室，与代表村民利益的良洞会馆或河回村保存事务所同在一处办公，双方代表可以随时交换意见，如此真正实现了村民自治与政府管理的充分结合。2010年，良洞村与河回村一起被列入了《世界遗产名录》，然而两个古村落的情况却不尽相同，以下分别介绍良洞村和河回村不同的保护和管理模式。

（一）小微型村落模式：良洞模式

庆州市本是新罗王朝的都城，拥有丰富的历史文化古迹，诸如佛寺、王宫、陵苑，与它们相比，良洞村也许并不引人注目，然而历史的长河中除了帝王将相，也有平民百姓，他们的生活同样真实，平民的生活方式和居住环境是怎样的呢？良洞村的存在带给了我们答案。

良洞村整体给人的感觉非常安静，除了村民的住宅，游客可以在村中自由闲逛，连朝鲜时代名臣孙仲暾和性理学大儒李彦迪的宗宅也可以随意出入，而且四周没有工作人员的身影，游客自觉约束自己的行为即可。就文化体验而言，村内并没有每日固定开展的文化活动，仅有重要的节日才会举行传统婚礼、葬礼或祭礼的表演。如果游客想购买纪念品或者用餐,只能选择回到村口的游客服务中心,仅有极少数的村民会开设小摊,提供游客一些简单的饮料。为何良洞村几乎没有什么商业设施?笔者的这一困惑后来得到了庆州市厅文化科工作人员的解答,市厅文化科在良洞村设有办公室,而代表村民委员会的良洞会馆则在隔壁。

据庆州市厅文化科良洞办公室工作人员所述,村子之所以要保持如此清静的氛围,主要因为这里居住着很多老年人,他们大多并不希望被游客打扰日常生活。良洞村 2010 年申遗成功以后,很多游客慕名而来,有的甚至不经同意就进入村民的院子和房屋拍摄,使得村民非常困扰。后来庆州市厅文化科与村民商定,所有外来的商业活动都不允许在村内开展,只有用于政府宣传或者学校教育等非商业性质的文化活动,比如说拍摄婚礼、葬礼、祭礼等传统仪式,同时还需要经过村民委员会同意才能在村内进行。文化活动采取预约制,一般在周末。村民自发的商业行为,例如提供餐饮和住宿不在限制范围内,但是正如上文所述,良洞村民似乎并不热衷于向游客提供餐饮或住宿。此外,庆州市政府会给村民提供修缮和改造房屋的钱款,但前提是村民愿意保持瓦房或者草房的原始外观,房屋的内部可以根据生活需要进行现代化的改造。当然,良洞书百堂、无忝堂、香坛作为全村的共同财产,同样也是历史文化名人故居,由庆州市厅文化科负责修缮,内部和外部都要维持原貌,并且对公众开放。

以上的管理模式可以被称为"良洞模式",这种模式当中,古村落是由村民和政府协商管理的,商业活动受到了很大程度的限制。在申遗成功后,庆州市政府表现出了极大的诚意,尽可能维护村民的居住权和隐私权,良洞村的门票收入大多用于资助村民修缮房屋。这个拥有 500 余年历史的村落曾经是只属于庆州孙氏和骊江李氏的私产,现在它已经作为世界文化遗产向游客开放。良洞村民从一开始抗拒对外开放,到逐渐接受游客走街串巷,他们给予了非常大的让步。

(二) 大中型村落模式：河回模式

安东河回村的规模比庆州良洞村更大，基本格局依然是贵族古宅被平民茅草屋所环绕。河回村依山傍水，层峦叠翠，三面环山，河流呈S形流经村庄，"河回于此"，所以取名为河回村。安东河回村同样拥有悠久的历史，600多年都居住于此的丰山柳氏鼎鼎大名，因为朝鲜时期的大儒柳云龙和壬辰倭乱时期的英雄宰相柳成龙就出生于这个村落。

相比之下，河回村比良洞村感觉更加热闹，村内给游客提供了更丰富的娱乐活动。很多韩国父母带着孩子来村中参加文化体验活动，例如做糍粑、做泡菜、磨豆子、顶罐子、制作假面、书写家训等。虽然河回村里也留下了很多老年村民，但不同的是，不少本村老年人穿上精美的传统韩服，主动协助游客参与文化体验活动。这些老年人脸上洋溢着幸福的微笑，说明他们也乐在其中。与此同时，河回村村外设有假面博物馆，游客可以在此观看特色假面舞戏。河回假面舞戏，类似于中国的傩戏，是一种与鬼神沟通的音乐和舞蹈。博物馆中的河回村假面是韩国最古老的假面，包括12种13个，这些面具属于国宝级别文物。河回假面舞戏包括"迎神""娱神""送神"三个部分，古代的百姓认为，通过音乐、舞蹈和戏剧可以取悦于神，神灵愉悦之后，便会保佑村民平安喜乐。假面舞戏被韩国视为无形文化遗产，戏种多样，例如童生戏、老妪戏、屠夫戏、破戒僧戏、贵族与书生戏等。

此外，为了融合传统与现代，也为了让游客有更好的体验，每年九月的最后一个星期五安东市都会举行国际假面舞艺术节，此时除了上演传统的河回假面舞戏，还会邀请外国舞团表演具有异域风情的舞蹈和戏剧，更重要的是，每位参加艺术节的观众都可以在现场制作属于自己的假面，加入游行的队伍，一起载歌载舞，感受假面舞艺术节轻松欢快的气氛。整个艺术节持续10天，在此期间河回村除了假面博物馆的日常表演，还会在河面上举行传统焰火游戏。显然，河回模式比良洞模式更注重文化活动的开展，究其原因，可能因为良洞村本就属于小型村落，并不适合大规模旅游开发。即便如此，河回村依然不是一个商业气息浓厚的旅游地，除了门票以外，村内大大小小的文化体验活动均不额外收费。同样，服务于游客的餐饮点和购物点，以及假面博物馆都安排在村口不远处，而不是村内。住宿方面，村内有少数传统韩屋提供给游客入住，但是不可能满足大量游客的入住需求。景点和安东市区之间的交通非常便利，因此游客往往会选择回到安东市逛街吃饭和住宿。此外，每年十月举行的安东市国际假面舞艺术节的主要场所并不在河回村内，而是安东市区的广场。

值得注意的是，无论良洞模式，还是河回模式，中国的古村落都不可能完全照搬，因为韩国的大量土地属于个人私产，古村落的村民对于自己的私产有绝对的发言权。但是，正因为如此，当地政府非常注重与村民之间的长期合作，良洞村和河回村都有当地文化管理部门常设的办事点，保持与代表村民利益的良洞会馆或河回村保存事务所充分的沟通与交流，最大程度上满足村民的合理需求，例如保护个人隐私的权利、改造房屋内部的权利、维持村落舒适居住环境的要求。

相比之下，中国古村落通常原本属于村民的私产，然而一旦成为文物保护单位，就变成了国家公共财产，村民的利益有时并没有得到充分考虑，村落的管理权也变为了当地县级政府主导①。虽然如此，如何满足当地村民的需求，减少与当地村民利益的矛盾冲突，也是中国古村落保护与管理需要思考的问题。从上述的良洞模式和河回模式来看，商业开发区与文化保护区分离，大量游客的住宿区与村落原住民的居住区分开，这也是解决文化保护和商业开发之间矛盾的有效措施。同时，商业开发区与文化保护区分离也有利于长久良性循环，预防生态环境破坏，导致旅游资源枯竭。

四 中韩儒家文化世界遗产村落比较带来的启示

以中韩儒家文化世界遗产村落为例，结合《世界遗产公约》《世界文化遗产的管理》《实施〈世界遗产公约〉操作指南》等世界遗产委员

---

① 齐学栋：《古村落与传统民居旅游开发模式刍议》，《学术交流》2006年第10期。

会发布的文件，下文将讨论一些现阶段在文化遗产保护方面可能被忽视的问题，以期对中国古村落保护和推广提出合理意见。

(一) 突出古村落的儒家文化特点

无论是文化遗产、自然遗产、文化自然混合遗产或者文化景观，缔约国在拟定预备名录时都需专门准备一份《突出的普遍价值声明》，以此阐明这项遗产不可取代的独特价值，同时列举证据证明这项遗产的真实性与完整性。更重要的是，缔约国需要以《突出的普遍价值声明》为依据说明如何通过国家、地方、社区、个人等层面保护其价值不受破坏。古村落属于文化遗产，就文化遗产而言，符合下列一项或多项标准，即可视作具有突出的普遍价值。

(i) 作为人类天才的创造力的杰作；

(ii) 在一段时期内或世界某一文化区域内人类价值观的重要交流，对建筑、技术、古迹艺术、城镇规划或景观设计的发展产生重大影响；

(iii) 能为延续至今或业已消逝的文明或文化传统提供独特的或至少是特殊的见证；

(iv) 是一种建筑、建筑或技术整体、景观的杰出范例，展现人类历史上一个（或几个）重要阶段；

(v) 是传统人类居住地、土地使用或海洋开发的杰出范例，代表一种（或几种）文化或人类与环境的相互作用，特别是当它面临不可逆变化的影响而变得脆弱；

(vi) 与具有突出的普遍意义的事件、活传统、观点、信仰、艺术或文学作品有直接或有形的联系。（委员会认为本标准最好与其他标准一起使用）①

---

① UNESCO World Heritage Committee（联合国教科文组织世界遗产委员会），the Operational Guidelines for the Implementation of the World Heritage Convention《实施〈世界遗产公约〉操作指南》. (https：//whc. unesco. org/en/guidelines)

根据世界遗产委员会的官方解释，安东河回村与庆州良洞村同时满足了第三条和第四条标准。就第三条而言，它们代表了朝鲜时代的儒家文化和村落文明，一方面这两座村落都历史悠久，同姓香火绵延五百多年，另一方面村落的布局、房屋的修建、村民的生活方式都深受朝鲜时期儒学观念的影响，而且两个村落当时都出现了在朝鲜举足轻重的大儒。他们或衣锦还乡，或辞官退隐，开坛讲经、教授弟子、著书立说，不少重要的文献也完好地保存到了今天。因此，安东河回村与庆州良洞村确实可以作为韩国延续至今的儒家文化的特殊见证。

就第四条标准而言，正如上文所说，安东河回村与庆州良洞村里占绝大多数的房屋是茅草屋，然而茅草屋是人类历史特定时期的产物，现代人们凭借这些茅草屋可以想象那时人们的生活，因此它们是宝贵的文化遗产。生活在现代的人们已经不大可能再住在茅草屋里了，它们已经成为特定历史时期人类居住环境的见证。与此同时，村落里朴素的平民茅草屋围绕着雅致的贵族院落，并且两者按照儒教的尊卑和等级观念高低定位，这也是那一时期所独有的建筑风格。

相比之下，中国古村落申遗倾向于挖掘少数民族聚集村落的文化价值，而忽略了大多数汉族古村落所具有的儒家文化价值。2013年，四川的藏羌碉楼与村落曾经作为古村落的代表，列入中国提交的《世界遗产预备名录》当中，但是至今都没能通过联合国教科文组织世界遗产委员会的审核。究其原因，一方面，建筑类型重复，碉楼这类建筑，2007年《世界遗产名录》当中已经有了广东开平碉楼作为代表；另一方面，某一地域的少数民族文化是否具有跨越国界的影响力，或者说突出的普遍价值，这一点有待商榷。此外，2013年与四川藏羌碉楼和村落一起申报世界文化遗产的村落，还有侗族村寨，这项申报联合了贵州、湖南和广西壮族自治区三地的侗族村落，申遗结果同样杳无音讯。中国的儒家文化传统始于春秋，盛于汉唐，兴于宋明，传承千年。因此，如果中国的古村落再次申遗，建议不要将目光锁定在少数民族的村落，而是挑选能够代表儒家文化的传统村落。

(二) 古村落的文化保护与商业开发应当分离

就古村落而言,文化遗产主要指村落的建筑群、重要的文物或者非物质文化遗产。除了村落的房屋和布局,整个村落还应当与环境景色融为一体。换句话说,建筑群本身和周围环境的保护缺一不可。遗产地和缓冲区的边界一定要清晰,这样才能有效地保护建筑群和周围环境。文化遗产区为核心景观区,在此区域范围内,不能出现影响视觉审美的建筑或物体,例如如果在古村落的旁边或者村落里出现现代感十足的大型广告牌或者巨幅宣传画,从视觉上来看,必然会破坏美感。此外,如果有必要,还需要在遗产地之外设置缓冲区,比如说古村落的河流上游如果遭到污染,古村落的生态环境也会随之恶化,如此一来仅仅保护村落的建筑群变得毫无意义。

古村落的缓冲区面积通常大于遗产地。有时古村落缓冲区的面积还会远远超过遗产地,例如日本的世遗村落白川乡和五屹山古村落的遗产地面积为68公顷,但是缓冲区的面积却是遗产地的865.8倍。缓冲区的面积为何大到如此地步,可能的原因是日本白川乡和五屹山处于偏远山区,曾经长期与世隔绝,这些古朴的村落唯有在秀美青山的环绕当中才能体现其独特人文价值,因此村落周围的山体也在缓冲区之内。

表4-1　　各国世界遗产村落遗产地与缓冲区的面积对比

世界遗产村落	遗产地(公顷)	缓冲区(公顷)	缓冲区与遗产地的倍数
良洞村与河回村(韩国)	599.6	885.2	1.5
福建土楼(中国)	152.65	934.59	6.1
开平碉楼与村落(中国)	371.9	2738	7.4
宏村与西递村(中国)	52	730	14
霍拉索维采古村落(捷克)	11.4	367.5	32.2
白川乡和五屹山古村落(日本)	68	58873.1	856.8

数据来源:联合国教科文组织世界遗产中心官方网站公布的数据。

根据具体情况，还可以将遗产地和缓冲区划分为不同的区域，实施强度不同的管理措施。换句话说，世界遗产的保护理念并不意味着封闭管理，而是合理规划与开发，以实现遗产地和缓冲区的可持续发展。就古村落而言，一方面要充分利用其遗产资源创造经济价值，为当地村民谋福利，例如收取合理的门票或住宿餐饮费用，从社会与政府募集资金，从而改善当地居民的交通、居住、医疗、教育等方面的条件。另一方面，要考虑古村落承载游客量的能力，尤其是对于周围生态环境造成的压力，防止因为大量游客的涌入，村落过度商业化，导致原住民流失和生态环境的破坏，长此以往遗产地恐会失去其突出的普遍价值。

虽然新建村落的基础设施较好，但是有的村民也许并不愿意离开自己世代居住的旧宅。如上文所述的良洞模式，村民可以对古建筑内部进行现代化的改造，以满足舒适居住的需要，同时保留古建筑的外观不变，这样政府部门就会提供修缮房屋的一定补偿。古村落的理想保护方式应当是活态化的，因为古村落既是历史文化的场所，也是村民日常生活的场所。此外，良洞与河回村所采用的文化保护区与商业开发区彻底分离的措施也值得借鉴，游客的主要活动区域不再是古村落，而是与村落邻近的城市，大量商业活动与大型文化活动都被转移到遗产地与缓冲区之外。

（三）加强村民自治与文化自觉

文化遗产保护，不同于博物馆的文物保护，博物馆是一个相对封闭的环境，而古村落常常处于一个非常开放且变动的环境。不仅如此，古村落的遗产地和缓冲区都有人长期居住，而自然遗产保护区通常不是常住人口聚集地，因此古村落的文化遗产保护颇具复杂性。文化遗产的管理可能涉及相当多的政府部门、非政府组织、企业和个人，如图4-1所示。

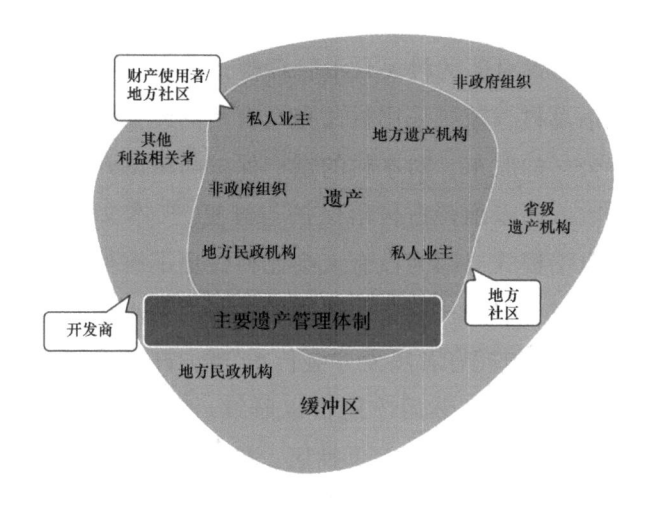

图 4-1　世界文化遗产管理机制示例①

就中国的情况而言，文化遗产的保护主要由政府部门负责，民间机构和个人主要参与商业开发。以村民为古村落管理主体的模式尚存争议，一方面反对村民自治的观点认为，村民的受教育程度和公众意识偏低，并且缺少必要的资金，需要外部介入才能较好地管理与开发古村落②；另一方面，支持村民自治的观点则认为村民比外来者更加重视村落生态环境和村民利益，并且村民当中可以选出能力与素质较高者作为管理村落的代表③。据一项最新的调查研究，宏村的旅游开发以企业为主体，旅游经济发展水平较高，但是古村落保护水平却偏低；而西递以村民为主体，虽然旅游经济水平低于宏村，但古村落保护水平高于宏村，旅游纠纷发生的频率更低，并且西递村民的文化自觉性更强；最明显的差异是西递村的村办企业投入村落保护的经费高于宏村，虽然宏村的旅游经济收入逐年增长，但是投入

---

①　UNESCO World Heritage Centre（联合国教科文组织世界遗产中心），Managing Cultural World Heritage《世界文化遗产管理》．（https：//whc.unesco.org/en/managing-cultural-world-heritage/）

②　杨效忠、陆林：《旅游发展背景下的中国世界遗产（地）研究述评》，《人文地理》2006年第4期。

③　齐学栋：《古村落与传统民居旅游开发模式刍议》，《学术交流》2006年第10期。

村落保护的经费并没有随之增加。①

实际上，中国古村落的村民自治管理模式也有非常成功的案例，例如浙江省兰溪诸葛村，该村采用村民完全自治的经营模式，全体村民都是诸葛村旅游公司的股东，对本村的遗产保护与旅游开发负责，经营情况良好，所得收入足以维持古村落保护与修复。②本文倾向于以当地人为主体的村民自治模式，因为没有人会比村民更了解他们的村落，当地人或者村民应当成为保护村落文化遗产的中坚力量。正如冯骥才先生所说，"文化首先被它的拥有者热爱才会传承"③。古村落的文化遗产需要被当地村民理解并认可，然后才能得以延续。2008年，世界遗产委员会特意在4个C的基础上，加上了社区，成为现在的5C战略目标，可见当地人在保护与管理遗产当中的重要性。④韩国的世遗古村落庆州良洞村和安东河回村都采用了村民自治与政府管理相结合的管理模式。在调和文化保护和商业开放矛盾方面，代表村民利益的河回村保存事务所成效显著。早在2010年申遗之前，2008年河回村保存事务所就提出将所有商业设施撤出河回村，此后村内仅开展文化体验活动。目前餐厅、商店和小摊都移至村口的河回集市，恢复了村落原本的宁静美好。与此类似，日本的世遗村落白川乡的村民甚至在政府采取保护措施之前就成立了"白川村荻町部落自然环境保护会"，而且全员参与，1971年保护会成立之际，村民委员还制定了《居民宪章》，明确了居民的权利与义务。⑤

---

① 马莉娟：《古村落保护与旅游经济发展耦合协调性研究——以安徽省黄山市黟县西递、宏村为例》，《新疆师范大学学报（自然科学版）》2024年第3期。
② 田密蜜、陈炜、沈丹：《新农村建设中古村落景观的保护与发展——以浙江地区古村落为例》，《浙江工业大学学报》2010年第4期。
③ 冯骥才：《传统村落的困境与出路——兼谈传统村落是另一类文化遗产》，《民间文化论坛》2013年第1期。
④ 5C战略目标为：遗产的可信性（Credibility）、遗产的保护（Conservation）、遗产管理的能力建设（Capacity-building）、遗产管理的沟通（Communication）与遗产地所在社区（Community）的参与。
⑤ 张姗：《世界文化遗产日本白川乡合掌造聚落的保存发展之道》，《云南民族大学学报（哲学社会科学版）》2012年第1期。

在以当地人为遗产保护主体的管理模式中，政府并非直接管理者，而是协助者和监督者。实际上，《世界遗产名录》是世界遗产委员会实施的一种激励性监督措施。以当地人为遗产保护主体的管理模式并不意味着政府或相关部门不做任何监管。联合国教科文组织每年都会要求缔约国就本国范围内的每一处世界遗产提交年度报告，并且接受任何非官方组织或者个人对世界遗产保护提出的意见，尤其是有关遗产地遭到破坏的报告。如果缔约国不能很好地保护这些世界遗产，首先它们将被放入《濒危世界遗产名录》，如果情况持续恶化，最终发展到无法对世界遗产进行任何有效的保护程度，那么这些遗产将不再享有世界遗产的荣誉。截至2022年12月，目前已有两处文化遗产和一处自然遗产被移出了《世界遗产名录》。

通过中韩儒家文化世界遗产村落的比较研究，就如何改善中国古村落保护与旅游经济开发之间的矛盾，本文提出以下四点建议：第一，真实的即珍贵的，古村落原本的房屋也许破旧，但是比新建的仿古建筑更真实，即使是普通的茅草屋也有其独特的价值，没有它们，古村落就失去了其完整性和真实性；第二，当地人是保护古村落最重要的力量，需要迁出遗产地与缓冲区的不是当地人，而是为游客提供住宿与餐饮购物等服务的商业化设施；第三，突出汉族村落的儒家文化传统，中国的古村落若准备继续申遗，建议选择类似于韩国良洞和河回村这种历史悠久且富有生活气息的儒家文化传统村落，而不是偏爱商业中心、军事要塞或者少数民族聚居地；第四，管理与保护是重中之重，即使列入《世界遗产名录》，也只是对遗产实施长期保护的开端。如果管理和保护不善，导致其独特价值遭到破坏，该国的世界遗产则会被列入《濒危世界遗产名录》，甚至最终从《世界遗产名录》中除名。世界遗产从来不只是一份荣誉，也是一份厚重的责任。

中国文学

"夜雨对床"的生成机制与美感特质*

彭　爽**

摘要："夜雨对床"肇始于唐人之手而凝定于苏轼苏辙的笔下，它既是二苏坎坷人生中的美好回忆，也是他们在宦游初始即许下的对未来的期许，后世诸人的反复吟咏、频繁化用以及"夜雨对床"向绘画领域的延伸均印证了古人对此的普遍认同。"夜雨对床"的事典生成，离不开从"夜雪"到"夜雨"的表达固化与其在"夜雨意象群"中的反向逆行，以群体性经验为基础而并不受此限制，以情感经验为核心而始终继承，"夜雨对床"在此基础上所呈现的张合之力同为其中关键。二元对立的张力美感、恒长久远的人情人性、唐宋诗中生长变化的人文之美是"夜雨对床"的美感特质。

关键词：夜雨对床；事典；生成机制；美感特质；唐宋异质

"雨"这一自然现象易扰人心绪，早在先秦便有文献记载，《诗经》中就有《风雨》篇存世，"风雨凄凄""风雨潇潇""风雨如晦"三章全以"风雨"起兴①，以风雨之凄冷来引出怀人的情绪，后世诗歌对此多有承继。值得注意的是，"雨"也不总是伴随着忧愁，"夜雨对床"

---

* 本文为2023年教育部人文社科青年项目"唐宋暮夜诗学的资源发现与理论建构研究"阶段性成果。（项目号23XJC751004）
** 彭爽，四川师范大学国际中文教育学院讲师，文学博士，研究方向：唐宋文学、文化诗学、暮夜诗学。
① （宋）朱熹集注：《诗集传》，赵长征点校，中华书局2011年版，第69—70页。

就以其人文温度在夜雨世界点亮了一盏心灯，温暖明媚以致被反复咏叹。探讨其典故化过程、生发机制与美感意蕴，可为我们揭开其美好因由。

一 "夜雨对床"的事典化历程

"夜雨对床"的最早雏形，可追溯至唐人诗作之中。韦应物有诗《赠令狐士曹》：

秋檐滴滴对床寝，山路迢迢联骑行。
到家俱及东篱菊，何事先归半日程。①

此诗原题注："自八月朔旦同使蓝田，淹留涉季，事先半日而不相待，故有戏赠。"② 故知概为韦应物大历十年（775）秋从蓝田返回长安之后而作。首句中的"对床听雨"此时尚为诗中点缀，其以"秋檐滴滴对床寝"之语的出现，为的就是表现两人旅程之中的亲近，与尾句友人先自己半日而去的别离形成对比，以此渲染两人之间的友朋情谊。

白居易也有诗《雨中招张司业宿》，见：

过夏衣香润，迎秋簟色鲜。
斜支花石枕，卧咏蕊珠篇。
泥泞非游日，阴沉好睡天。
能来同宿否，听雨对床眠。③

夏秋之交天气多变，诗人阻于风雨泥泞而居家无事，藉此向友人张

---

① 孙望编著：《韦应物诗集系年校笺》，中华书局2002年版，第97页。
② 孙望编著：《韦应物诗集系年校笺》，中华书局2002年版，第97页。
③ （唐）白居易：《白居易集》（第二册），顾学颉校点，中华书局1979年版，第581页。

籍发出"夜雨对床,同宿而眠"的邀约,由此而为这阴沉而漫长的雨夜增添了几分期待。

后韦庄在其诗《寄江南逐客》中,也将"风雨对床"作为与友人音信不通、难以相见又回忆过往、思念难遣的因由,曾经的风雨对床与此刻的花下独酌形成了鲜明对比,充盈出追忆与怀念的味道。

> 二年音信阻湘潭,花下相思酒半酣。
> 记得竹斋风雨夜,对床孤枕话江南。①

如果说"夜雨对床"偶然肇始于唐人诗作之中,那么"夜雨对床"作为事典的凝定则完成于宋人手中。这一事典化过程的核心,是苏轼苏辙兄弟二人贯穿生命始终的诗歌往来。正是苏氏两兄弟凭借诗歌所记录的坎坷人生中彼此关怀、互相扶持的日常点滴,以事典的方式形成并留存下宋人所创造文化印记。

苏轼在其《感旧诗》诗序中曾说:

> 嘉祐中予与子由同举制策,寓居怀远驿,时年二十六,而子由年二十三耳。一日秋风起,雨作,中夜恻然,始有感慨离合之意。自尔宦游四方,不相见者十常七八。每秋夏之交,风雨作,木落草衰,辄凄然有此感,盖三十年矣。元丰中,谪居黄冈,而子由亦贬筠州,尝作诗以记其事。元祐六年,予自杭州召还,寓居子由东府,数月复出领汝阴,时予年五十六矣,乃作诗,留别子由而去。②

苏辙在其《逍遥堂会宿二首》中的引子也说:

---

① (五代)韦庄:《韦庄集笺注》,聂安福笺注,上海古籍出版社2002年版,第104页。
② (宋)苏轼:《苏轼诗集合注》(上册),(清)冯应榴辑注,上海古籍出版社2001年版,第1689—1690页。

辙幼从子瞻读书,未尝一日相舍。既仕,将宦游四方,读韦苏州诗至"安知风雨夜,复此对床眠",恻然感之,乃相约早退,为闲居之乐。故子瞻始为凤翔幕府,留诗为别曰:"夜雨何时听萧瑟?"其后子瞻通守余杭,复移守胶西,而辙滞留于淮阳、济南,不见者七年。熙宁十年二月,始复会于澶濮之间,相从来徐留百余日。时宿于逍遥堂,追感前约,为二小诗记之。①

这两则材料可以大致勾勒出二苏笔下"夜雨对床"与彼此人生的密切关系。在怀远驿这一即将分别的宦游起点,因见秋风凄惨,草木衰落,两人感于人生别离,既然聚散离合不可避免,则当作早退之约以闲居为乐。故而"夜雨对床"既是二苏坎坷生命之中难以割舍的亲身经历,也同为兄弟二人在宦游初始即对彼此许下的未来期许。

纵观二苏创作,其中与"夜雨对床"紧密关联的诗文具体如下。

其一,嘉祐六年(1061),宦游初始,苏轼赴凤翔通判任,苏辙远送兄长至郑州西门外,苏轼作《辛丑十一月十九日既与子由别于郑州西门之外,马上赋诗一篇寄之》,其中有:

寒灯相对记畴昔,夜雨何时听萧瑟。②

其二,熙宁十年(1077),苏轼在徐州任,苏辙于此年八月离开徐州赴南京(今河南商丘)签判任,苏辙作《逍遥堂会宿二首》,其一有:

误喜对床寻旧约,不知漂泊在彭城。③

---

① (宋)苏辙:《栾城集》(上册),曾枣庄、马德富校点,上海古籍出版社2009年版,第158页。
② (宋)苏轼:《苏轼诗集合注》(上册),(清)冯应榴辑注,上海古籍出版社2001年版,第89页。
③ (宋)苏辙:《栾城集》(上册),曾枣庄、马德富校点,上海古籍出版社2009年版,第158页。

其三，元丰二年（1079），苏轼送刘寺丞赴余姚，于湖州饯别，苏轼作《送刘寺丞赴余姚》，其中有：

中和堂后石楠树，与君对床听夜雨。①

其四，同为元丰二年，苏轼因乌台诗案入狱，死生难测，作《予以事系御史台狱，狱吏稍见侵，自度不能堪死狱中，不得一别子由，故作二诗授狱卒梁成以遗子由二首》，其中言：

是处青山可埋骨，他时夜雨独伤神。②

其五，元丰三年（1080），因乌台诗案，苏轼被贬黄州，苏辙被贬筠州，苏辙赴任之时先溯江而上探望兄长，于路上遇风浪作《舟次磁湖以风浪留二日不得进子瞻以诗见寄作二篇答之前篇自赋后篇次韵》其一，其中有：

夜深魂梦先飞去，风雨对床闻晓钟。③

其六，元丰六年（1083），苏轼于黄州作《初秋寄子由》，其中有：

雪堂风雨夜，已作对床声。④

其七，元丰七年（1084），苏轼移汝州，作《过建昌李野夫公择故

---

① （宋）苏轼：《苏轼诗集合注》，（清）冯应榴辑注，上海古籍出版社2001年版，第922页。
② （宋）苏轼：《苏轼诗集合注》，（清）冯应榴辑注，上海古籍出版社2001年版，第976页。
③ （宋）苏辙：《栾城集》，曾枣庄、马德富校点，上海古籍出版社2009年版，第225页。
④ （宋）苏轼：《苏轼诗集合注》，（清）冯应榴辑注，上海古籍出版社2001年版，第1119页。

居》，其中有：

对床老兄弟，夜雨鸣竹屋。①

其八，同为元丰七年，苏轼作《将至筠，先寄迟、适、远三犹子》，其中为：

对床欲作连夜语，念汝还须戴星起。②

其九，元祐元年（1086），苏辙作《后省初成直宿呈子瞻二首》，其二有：

射策当年偶一时，对床夜雨失前期。③

其十，元祐三年（1088），苏辙作《五月一日同子瞻转对》，其中有：

对床贪听连宵雨，奏事惊同朔旦朝。④

其十一，元祐四年（1089），苏辙往使契丹，作《奉使契丹二十八首其十三神水馆寄子瞻兄四绝》，其二有：

夜雨从来相对眠，兹行万里隔胡天。⑤

---

① （宋）苏轼：《苏轼诗集合注》，（清）冯应榴辑注，上海古籍出版社2001年版，第1166页。
② （宋）苏轼：《苏轼诗集合注》，（清）冯应榴辑注，上海古籍出版社2001年版，第1167页。
③ （宋）苏辙：《栾城集》，曾枣庄、马德富校点，上海古籍出版社2009年版，第342页。
④ （宋）苏辙：《栾城集》，曾枣庄、马德富校点，上海古籍出版社2009年版，第371页。
⑤ （宋）苏辙：《栾城集》，曾枣庄、马德富校点，上海古籍出版社2009年版，第398页。

其十二，元祐八年（1093），苏轼以端明殿学士兼翰林侍读学士出知定州，在离京前往东府告别子由，作《东府雨中别子由》，其中有：

> 对床定悠悠，夜雨空萧瑟。①

其十三，元符二年（1099），苏轼被贬岭南，作《和陶与殷晋安别》，其中有：

> 仍将对床梦，伴我五更春。②

其十四，元符三年（1100），苏轼被贬琼州，后移廉州，作《雨夜宿净行院》，其中有：

> 林下对床听夜雨，静无灯火照凄凉。③

其十五，崇宁元年（1102），苏轼已于常州病逝，苏辙作《再祭亡兄端明文》，其中有：

> 昔始宦游，诵韦氏诗。夜雨对床，后勿有违。④

以上诗文，除少数为苏轼作与友人和晚辈外，其余诸首均为苏轼苏辙兄弟二人的往来之作，从嘉祐六年宦游之始，到崇宁元年苏轼去世苏辙作文祭悼，可以说"夜雨对床"贯穿了两人的生命终始，兄

---

① （宋）苏轼：《苏轼诗集合注》，（清）冯应榴辑注，上海古籍出版社2001年版，第1880页。
② （宋）苏轼：《苏轼诗集合注》，（清）冯应榴辑注，上海古籍出版社2001年版，第2170页。
③ （宋）苏轼：《苏轼诗集合注》，（清）冯应榴辑注，上海古籍出版社2001年版，第2220页。
④ （宋）苏辙：《栾城集》，曾枣庄、马德富校点，上海古籍出版社2009年版，第1390页。

弟二人在患难坎坷之中的友爱相亲、进退同处，也让"夜雨对床"作为回忆与期约在彼此生命之中显得愈加珍贵。"夜雨对床"由此成为苏轼苏辙二人所共同创就的暮夜经典，故而惠洪《冷斋夜话》中有"东坡友爱子由，而性嗜清境，每诵'何时风雨夜，复此对床眠'"①之说。

  二苏之后，"夜雨对床"遂超越韦诗而成为被普遍认同的经典，相关诗作在宋代即在数量上呈现出爆炸式的上升并于此后绵延不断，刘克庄《和仲弟十绝》中的"便是儿时对床雨，绝怜老大不同听"②、陈与义《谨次十七叔去郑诗韵二章以寄家叔一章以自咏》中的"对床夜雨平生约，话旧应惊岁月迁"③，又如陆游《别后寄季长》中的"对床得晤语，倾倒夜达晨"④，再如曾几《次忧字韵》中的"稍喜对床听夜雨，永怀扇枕作凉秋"⑤，皆是对"夜雨对床"的直接书写或间接化用。"夜雨对床"更在此后超越诗文领域而扩散至绘画领域，清人或以二苏为表现对象，或以对床为构图形制，"夜雨对床"是清代绘画中经常可见的表现对象，围绕"风雨对床图"而有的题画诗也在此一阶段频频可见，如钱大昕的《题可庐对床风雨图》、翁方纲《题韵亭京兆风雨对床图二首》等，难以道尽。"夜雨对床"作为事典的凝定，亦于此长期的反复吟咏、广泛传播之中粲然可见。

二 "夜雨对床"的生发机制

  "夜雨对床"的事典生成，离不开从"夜雪"到"夜雨"的表达固

---

① 吴文治主编：《宋诗话全编》（第三册），凤凰出版社1998年版，第2431页。
② 北京大学古文献研究所编：《全宋诗》（第五十八册），北京大学出版社1998年版，第36287页。
③ （宋）陈与义撰：《陈与义集校笺》（上册），白敦仁校笺，上海古籍出版社1990年版，第178页。
④ （宋）陆游：《剑南诗稿校注》（第二十册），钱仲联校注，上海古籍出版社1985年版，第750页。
⑤ 北京大学古文献研究所编：《全宋诗》（第二十九册），北京大学出版社1998年版，第18562页。

化，也离不开其在"夜雨意象群"中的认同获取和逆行独出，以群体性经验为基础而不被此限制，以情感经验为核心而始终继承，这是"夜雨对床"得以成型的关键，在此基础上所呈现的张合之力则是"夜雨对床"的活力源泉。

（一）表达的固化：从"夜雪"到"夜雨"的定型

值得注意的是，苏轼与苏辙亲身经历并在诗文中反复提及又被后世频繁吟咏而普遍认同的"夜雨对床"，却是来源于他们记忆中的偏差或是无意中的径改。流传甚广的"夜雨对床"，在韦诗原作中却是"雪夜对床"，韦应物《示全真元常》原诗为：

> 余辞郡符去，尔为外事牵。
> 宁知风雪夜，复此对床眠。
> 始话南池饮，更咏西楼篇。
> 无将一会易，岁月坐推迁。①

此为贞元元年（785），韦应物已离任滁州刺史，与沈氏、赵氏二甥会饮于南池，故而感慨岁月变迁易，相会见面难，不知何时才能再有这样一个风雪之夜，以重现此时此刻欢饮笑谈、对床而眠的美好时光。连国义《二苏"夜雨对床"考述》对此已有相关论述：查韦应物别集两种，孙望《韦应物诗集系年校笺》与陶敏、王友胜《韦应物集校注》，两书参校版本诸多，于此处仍作"宁知风雪夜，复此对床眠"不变，未有"夜雨"之说以及其他解读的出现，另宋真德秀《文章正宗》卷二十三、明曹学佺《石仓历代诗选》卷四十九选录此诗也皆为"雪"。故此可以大致判断，韦诗原作为"雪夜"，而非"雨夜"。②

然虽有"雪夜"在前，经由二苏对床之约的经典化，特别是苏辙在

---

① 孙望编著：《韦应物诗集系年校笺》，中华书局2002年版，第373页。
② 连国义：《二苏"夜雨对床"考述》，《国学学刊》2017年第4期。

《逍遥堂会宿二首》引子中明确提到"读韦苏州诗至'安知风雨夜,复此对床眠'"之后,后世诸人普遍认同的已是"夜雨"之说,如在分韵赋诗时皆沿袭二苏而作"风雨夜",如黄庭坚《庭坚得邑太和六舅按节出同安邂逅于皖公溪口风雨阻留十日对榻夜语因咏谁知风雨夜复此对床眠别后更觉斯言可念列置十字字为八句寄呈十首》,又李廌《同诸公饯望元因宿谷隐以何当风雨夜复此对床眠为韵分得对此二字》;更为典型的是,即使身处夜雪之中,也作夜雨之思,如徐瑞《庚寅正月十六携家入山大雪弥旬止既月叔祖东绿翁以那知风雨夜复此对床眠分韵瑞得那眠字》;甚至有直接以"对床听雨"作韦应物之言,见陈衍《石遗室诗话》卷十三:"自韦苏州有'对床听雨'之言,东坡与子由诗复履及之。'听雨'遂成为诗人一特别意境。"① 足见"夜雨对床"的认同之广。

此一现象,即经由二苏的记忆偏差或是无意径改所造成"夜雨"表达的固化,意味着经典的形成有赖于具体的背景环境而并不持续地受制于此,它可以跳脱出先前的话语限制而着重去继承与之类似的情感经验,并在此过程中自由择选更为相契、更为普遍的背景环境作为情感经验的具体承载和依托,"夜雨"正是这一自由择选的结果。"夜雨对床"作为事典的确立,也正是对这一以情感亲近为基调的人生体验的收束、肯定和延续,它意味着情感经验已经自然地固化为事典的核心,"夜雨"表达的固化由之也成为事典成熟的标志之一。

(二)群聚与独出:"夜雨对床"的反向逆行

"夜雨对床"的出现与凝定,离不开的是"夜雨"这一经常性的自然现象,早至先秦时期,《诗经·风雨》篇即以"风雨"起兴,"风雨凄凄""风雨潇潇""风雨如晦"三章皆是以雨声之凄凉冷落引出诗人心中的怀人情绪,后世诸人思家、远游、别友、想旧,诸多经历、几番情绪皆于风雨之中可寻得踪迹。风雨助诗,更是宋代诗人流行的观念。"夜

---

① (清)陈衍:《石遗室诗话》,郑朝宗、石文英校点,人民文学出版社 2004 年版,第215 页。

雨"，又是风雨之中最富于诗意和想象的情境，无论是大雨滂沱，还是小雨淅沥，夜雨一落，便在天地之中自然而然地形成一层阻隔，这在相当程度上限制了人们的出行活动，日常生活的繁杂琐碎、你来我往的舟车劳顿，都在此时被夜雨暂时隔开，如宗白华在《论文艺的空灵与充实》一文中所言："风风雨雨，也是造成间隔的好条件，一片烟水迷离的景象是诗境、是画意。"① 累身外物在雨中得到驱遣与肃清，由此而为身心的自在无碍赢得更大的空间。雨声之中，视觉感受与行为活动虽然受阻，但是听觉优势却由此突出。静听雨声下落，在它敲打万物的节奏之中，人心也随之空诸所有，从而进入一种渐进自然、了无挂碍的心灵境界，苏轼在其《送参寥师》诗中讲的"静故了群动，空故纳万境"②，即是此谓。由隔而静，由静而空，由空而见深见广，心灵世界的大开也带来了自我情感的外放，诗歌内容与艺术境界由此而得到充实。

　　正是在这一基础上，"夜雨"成为古今众多诗人争相刻画的对象，在古典文学的历史长河中出现了包括"夜雨对床"在内的"夜雨意象群"，围绕"夜雨"这一自然现象，"梧桐夜雨""芭蕉夜雨""枯荷听雨""巴山夜雨""秋风夜雨"等意象均频频出现于文人士子的笔下，"夜雨意象群"的出现也直接为"夜雨对床"奠定了广泛的存在基础。

　　有意思的是，无论是"梧桐""芭蕉"，还是"枯荷"，诸种意象一旦与"夜雨"组合，便总是牵扯出故乡之思、羁旅之苦、形单影只等种种伤心难遣的愁苦情绪，仿佛一个雨世界，就是一个愁世界。

　　如吕本中《初夏即事》写"芭蕉夜雨"：

> 但见溪山如画里，不知风景是它乡。
> 苦遭毒暑三年旱，预喜西风一榻凉。
> 俗世不须频到口，旧书何苦要撑肠。

---

① 宗白华：《美学散步》，上海人民出版社2015年版，第28页。
② （宋）苏轼：《苏轼诗集合注》（上册），（清）冯应榴辑注，上海古籍出版社2001年版，第864页。

雨声只在芭蕉上，正与愁人作夜长。①

又如张耒《崇化寺三首》其一中的"梧桐夜雨"：

楼殿沉沉锁夜烟，秋灯一点佛龛前。
梧桐叶上三更雨，亦有愁人独自眠。②

再如刘宗《栅口致喜亭咏怀》其二中的"枯荷听雨"：

天末凉风吹白云，渐看长昼少炎氛。
满庭慈竹秋阴合，夹岸枯荷夜雨闻。
漂泊乡关新避寇，荒唐客梦旧从军。
起来极目西山望，故里松楸怅夕曛。③

与之相对的，却是"夜雨对床"对"夜雨意象群"中悲愁书写范式的打破，"寒灯相对记畴昔，夜雨何时听萧瑟"，"夜雨对床"既是二苏坎坷生命之中难以割舍的美好回忆，也同为兄弟二人在人生初始所许下的对未来的期许，凭借其内蕴的温馨和暖意，"夜雨对床"以反向逆行的姿态在"夜雨意象群"中独树一帜，与其他夜雨意象形成明显的意义差异，这种逸出与独立使得宋人的夜雨入诗呈现出别样的生态，进而让"夜雨对床"突出为古典文学中的一大经典。

（三）离心与向心："夜雨对床"的张合之力

"夜雨对床"作为事典得以生成，除却其在"夜雨意象群"中呈现出

---

① （宋）吕本中撰：《吕本中诗集校注》（第四册），韩酉山校注，中华书局2017年版，第1639—1640页。
② （宋）张耒撰：《张耒集》（第五十九册），李逸安、孙通海、傅信点校，中华书局1999年版，第489页。
③ 北京大学古文献研究所编：《全宋诗》（第五十九册），北京大学出版社1998年版，第37384页。

的独立气质,更为重要的是这一事典本身所内蕴的张合之力。解开此张合之力的关键,就藏在"对床"二字之中。如果说可以将"夜雨"这一共性作为诗人在"夜雨意象群"中心里不设防、情感阀门大开的介质,那么"对床"则是区分"夜雨对床"与其他夜雨意象不同意义走向的关键。

"床",这一被今人作为卧具的器物,在古代还兼有坐具的功能。自先秦至于汉魏,中原汉族皆是以席地而坐为社会习俗,跪坐席上是基本的行为规范,垂足箕坐不合礼法,多被认为是域外胡人的野蛮之象。《世说新语·德行》篇就记载了"割席断交"的故事。

> 管宁、华歆共园中锄菜,见地有片金,管挥锄与瓦石不异,华捉而掷去之。又尝同席读书,有乘轩冕过门者,宁读如故,歆废书出看。宁割席分坐,曰:"子非吾友也。"①

可见同席而坐是时人的生活日常,但在普遍的席地而坐之中也存在特殊性,即面对尊者的特别对待。《诗经·小雅·斯干》中说:"乃生男子,载寝之床",郑玄笺之为"男子生而卧于床,尊之也"②。又《礼记·内则》中所载:"父母舅姑将坐,奉席请何乡;将衽,长者奉席请何趾,少者执床与坐,御者举几,敛席与簟,县衾箧枕,敛簟而襡之。"后人解曰:"古人坐皆席地,此云'执床与坐'者,盖尊者骤然暂憩之所用。《周礼·掌次》:'王大旅上帝,则张毡案,设皇邸',贾疏谓:'毡案,床上置毡'。是王于次中暂憩亦有床也。蚤旦亲起之后,敛卧席,布坐席,则少者执床与坐,侍御之人执几以进之,使长者暂憩以待,然后乃敛卧席等物也。"③ 以坐席换卧席,如此,床在传统的卧具用途之外便衍生出坐具的功能。

---

① 余嘉锡撰:《世说新语笺疏》,周祖谟、余淑宜整理,中华书局 1983 年版,第 13 页。
② (汉)毛亨传:《毛诗注疏》(中册),(汉)郑玄笺、(唐)孔颖达疏、(唐)陆德明音释,上海古籍出版社 2013 年版,第 988 页。
③ (清)孙希旦撰:《礼记集解》(第二册),沈啸寰、王星贤点校,中华书局 1989 年版,第 733 页。

正是在魏晋时期，尤其是西晋灭亡以后，华风夷俗彼此融合打破传统礼制，高足坐具进入中原社会，与传统的席地而坐彼此融合，具有坐具功能的"床"由为尊者之用逐渐扩散下沉，遂而成为后人生活的普遍用具，进而为与"榻"相连类，区别于内房卧具，可坐可卧、可供休息，也可用于待客的日常生活用具。前人的同席而坐，由之演变为对床而坐，或是对榻而坐。南唐画家顾闳中的《韩熙载夜宴图》就呈现出此时坐卧用具的多元化特征。"对榻"在唐人诗中的使用频率，大致与"对床"一样，如韦应物诗《沣上精舍答赵氏外生伉》中的"对榻遇清夜，献诗合雅音"①，又其诗《答杨奉礼》有"临筯独无味，对榻已生尘"②，或者唐人张籍诗《祭退之》中的"出则连辔驰，寝则对榻床"③，又或者如司空图《重阳日访元秀上人》中的"却嫌今日登山俗，且共高僧对榻眠"④，皆是以对榻形容与友人相处的欢乐，或是借怀想往日的对榻之乐来怀念友人。至宋明，或是受"夜雨对床"的影响，"对榻"之说，数量锐减，但仍有余温，如宋人黄庭坚《和答元明黔南赠别》中的"朝云往日攀天梦，夜雨何时对榻凉"⑤，又如明代文征明《与次明宿昆山舟中次明诵其近作因次韵》中的"鸡声风雨还家梦，春水江湖对榻情"⑥，以上皆不出"对床"的意义范围。

"对床"的独特性，首先在于室内空间相对的私密性与床榻自身的舒适性，身体得到舒展有助于精神的放松。其次，相比室内陈设的松快，更能够表现"对床"意义的，是"对"的这一姿态。"对坐"与"独立"不同，同样是写室内情状，以周密和苏辙两诗为例。

---

① 孙望编著：《韦应物诗集系年校笺》，中华书局2002年版，第201页。
② 孙望编著：《韦应物诗集系年校笺》，中华书局2002年版，，第362页。
③ （清）彭定求等校点：《全唐诗》（第十二册），中华书局1960年版，第4301页。
④ （清）彭定求等校点：《全唐诗》（第十九册），中华书局1960年版，第7249页。
⑤ （宋）黄庭坚撰：《黄庭坚诗集注》（第二册），（宋）任渊等注，刘尚荣校点，中华书局2003年版，第424页。
⑥ （明）文徵明：《文徵明集》（增订本）（上册），周道振辑校，上海古籍出版社2014年版，第170页。

周密《香奁》写"独立":

> 宽损罗裙迭损眉,芳年心事有谁知。
> 朱门锁合春宵雨,独立空堂烛暗时。①

苏辙《奉使契丹二十八首其十三神水馆寄子瞻兄四绝》其二写"对眠"。

> 夜雨从来相对眠,兹行万里隔胡天。
> 试依北斗看南斗,始觉吴山在目前。②

"独立"更显重重心事无人能解,"相对"则以亲朋相伴消却孤单,以人与人相对的亲近感创造了一个非常理想的对话交流环境。在夜雨之中脱却人间杂务,有知音相伴,可直吐心中不适、可一诉人生酸楚、可再发豪情壮志,也可商议生活小事,相对之人敞开心扉,坦诚相待,诉说心中所想,实是人生的一大乐事。

"夜雨对床"的张合之力也正在此处。其中张力,源于"夜雨"与"对床"彼此异质的巨大离心力。"夜雨"二字背靠"夜雨意象群"与自先秦以来的传统风雨书写模式,对文学传统与文学现象的继承使得"夜雨"与言悲道愁有着天然的亲近,而"对床"又是极富和乐温馨的场面,由此在"夜雨"与"对床"之间形成极大张力,如苏轼诗《东府雨中别子由》:

> 庭下梧桐树,三年三见汝。
> 前年适汝阴,见汝鸣秋雨。
> 去年秋雨时,我自广陵归。

---

① 北京大学古文献研究所编:《全宋诗》(第六十七册),北京大学出版社1998年版,第42549页。
② (宋)苏辙:《栾城集》,曾枣庄、马德富校点,上海古籍出版社2009年版,第398页。

> 今年中山去，白首归无期。
> 客去莫叹息，主人亦是客。
> 对床定悠悠，夜雨空萧瑟。
> 起折梧桐枝，赠汝千里行。
> 重来知健否，莫忘此时情。①

苏轼在此诗中一人兼备两角色，前半部分以我为我，与庭下的梧桐树进行对话，以三年之内的频频奔波、对将来难以预料、因倍感人生疲态而向梧桐树进行诉说；后半部分以我为树，借树之口与我对话，人生漂泊还是须多加珍重，在这偌大的汴京城，即使是居住在东府的子由也是茫茫人海中的客人，你与子由的"对床之约"定将以其从容自得之态与萧瑟凄冷的夜雨形成鲜明的对照，以此而对苏轼表示劝慰。而实际上，树之口即是我之口，梧桐树所思所想也即为苏轼的所思所想，其中的自我宽慰也是苏轼自己的自我宽慰。"夜雨"与"对床"两者，前者是现时的孤独处境，后者是心中的永恒约定，"夜雨对床"的连类，正是对处于孤独中生命的极大宽慰。

另一方面，是"夜雨对床"所内蕴的合力，此中合力源出"夜雨"之谐音词"夜语"与"对床"二字所产生的极大向心力。"夜雨"音同"夜语"，意味着亲朋在伴，对话聊天往来沟通不断，故此"夜语"又同与人相对的"对床"二字极其相类，此中共通的温馨和乐造成了"夜语"与"对床"的密切黏合，"夜语"为隐，"对床"为显，虽有"夜雨"与"对床"之间突出的显性张力存在，隐性的"夜语"与"对床"合力又总是在内中弥合差异，拉紧语词关系，拉近情感距离。故无论是苏轼《初秋寄子由》中的"买田秋已议，筑室春当成。雪堂风雨夜，已作对床声"②，还是苏辙《舟次磁湖以风浪留二日不得进子

---

① （宋）苏轼：《苏轼诗集合注》（下册），（清）冯应榴辑注，上海古籍出版社2001年版，第1879—1880页。
② （宋）苏轼：《苏轼诗集合注》（中册），（清）冯应榴辑注，上海古籍出版社2001年版，第1119页。

瞻以诗见寄作二篇答之前篇自赋后篇次韵》中的"夜深魂梦先飞去，风雨对床闻晓钟"①，虽有风雨在前，却仍不可阻挡苏门兄弟二人之间对床之约的温情满溢。

三 "夜雨对床"之美感特质

"夜雨对床"之美，美在时间的积淀，美在经验的层累，也美在人与人、物与物、人与自然、人与自我的和和之态。这是宋人于日常所居所感之中所造就的美感经验，它与日常生活息息相关又富于古典气质。从其内部结构与外在气质入手，亦可探寻其所呈现的中国式美感意蕴。

其一，是二元对立的张力美感。且看苏轼苏辙二兄弟一生不忘的"安知风雨夜，复此对床眠"②，无论是韦应物原诗中的"风雪夜"，还是二苏心中的"风雨夜"，均是先以构建冰冷的诗歌环境为基础，而又以对床把谈的美好时光打破这凄冷环境而为冷雨夜注入暖情谊，"夜雨"之凄与"对床"之暖这一冷暖异质的环境差异是此种张力美感的源头之一。而室内与室外，一个是居室暖暖，一个是天地茫茫，外界的大宇宙、大自然与内部的小天地、小自在所构成的空间大小差异则是此种张力美感的来源之二。冷与暖、大与小，短短几个字一笔挥就，就在诗歌之中构建起了二元对立的张力感。然以一屋之暖意去温天地之风雨，以一室之空间去搏自然之广大，虽有客观力量上的强弱，但正因如此，才更体现出生命的乐观刚健、主体精神的刚强坚毅。此种向上撑开的生命精神之美，是冷与暖、大与小这两对虽力量悬殊的语词得以共存于同一诗句且平衡无碍的缘由。语句虽小，诗境却大。

其二，是内中恒常的人情人性之美。"夜雨对床"与谐音词"夜语

---

① （宋）苏辙：《栾城集》（上册），曾枣庄、马德富校点，上海古籍出版社2009年版，第225页。
② （宋）苏辙：《栾城集》，曾枣庄、马德富校点：上海古籍出版社2009年版，第158页。

对床"彼此映衬而紧密黏合,是漂泊人生之中难得的身心安顿。漂泊与止泊,是有情世界里一个历时久远而又终古常新的话题,古人所历,离家求学、千里宦游、升迁贬谪、战事灾祸往往贯穿人生始终,漂泊况味往往充斥其间,而人心所向又往往只是一鸡鸣狗吠的平淡安稳的普通日常。《孟子·尽心上》说:"人之所不学而能者,其良能也。所不虑而知者,其良知也。孩提之童,无不知爱其亲者,及其长也,无不知敬其兄也。亲亲,仁也。敬长,义也。无他,达之天下也。"① 父母儿女、姐妹兄弟,此一种天然的人伦情感维系着人类最基础的情感需求。传统中国乃是一农业社会,日出而作、日落而息,归家后的时光是对奔波一天的补偿,更是家庭内部的亲亲时光,而燃灯把谈,夜雨对床,正是对这一生命传统的回望。清人王永彬在其《围炉夜话》中说:"寒夜围炉,田家妇子之乐也。顾篝灯坐对,或默默然无一言,或嘻嘻然言非所宜言,皆无所谓乐,不将虚此良夜乎?"② 苏轼与苏辙两兄弟,从年幼时的读书识字,到嘉祐二年的一同应试,再至此后的同朝为官,宦海沉浮数度进退,人生磋磨几次遇险,而二人始终选择牵挂对方,生死相依、祸福同倚,将"夜雨对床"作为兄弟二人生命之中美好的期许,这是对人情之美、人性之善的认同与表达。二苏两人用彼此坎坷的人生诠释了真正的兄弟情深,"夜雨对床"也由此凝定为宋代文化中一个洗练的人情人性符号。

其三,是时间流转之中生长变化的人文之美。此一点主要表现为"夜雨对床"在唐宋诗中的不同表现。唐人喜抒情,喜唱叹,无论是韦应物《示全真元常》中的"宁知风雪夜,复此对床眠"③,还是白居易《雨中招张司业宿》中的"能来同宿否,风雨对床眠"④,抑或是韦庄《寄江南逐客》中的"记得竹斋风雨夜,对床孤枕话江南"⑤,"宁知"

---

① (宋)朱熹撰:《四书章句集注》,中华书局1983年版,第353页。
② (清)王永彬撰:《围炉夜话》,徐永斌评注,中华书局2008年版,第1页。
③ 孙望编著:《韦应物诗集系年校笺》,中华书局2002年版,第373页。
④ (唐)白居易:《白居易集》,顾学颉校点,中华书局1979年版,第581页。
⑤ (五代)韦庄:《韦庄集笺注》,聂安福笺注,上海古籍出版社2002年版,第104页。

句的感慨、"能来"句的邀约、"记得"句的追念，都带着浓烈的浪漫气质。至宋人笔下，"夜雨对床"则在具体的事境场合中有了更多日常的气息、生活的质感，更受诗人的平生经历的浸染、熔炼，如苏轼《初秋寄子由》诗：

> 百川日夜逝，物我相随去。惟有宿昔心，依然守故处。
> 忆在怀远驿，闭门秋暑中。藜羹对书史，挥汗与子同。
> 西风忽凄厉，落叶穿户牖。子起寻夹衣，感叹执我手。
> 朱颜不可恃，此语君莫疑。别离恐不免，功名定难期。
> 当时已凄断，况此两衰老。失途既难追，学道恨不早。
> 买田秋已议，筑室春当成。雪堂风雨夜，已作对床声。①

苏轼在诗中以细节的叠加再现怀远驿往事，"忆在怀远驿，闭门秋暑中。藜羹对书史，挥汗与子同。西风忽凄厉，落叶穿户牖。子起寻夹衣，感叹执我手"，对书挥汗、风卷叶飞、添衣执手，皆以细致的情景、具体的动作还原了古典的现时生活场景。此种人生甘苦又为后文中诗人"买田秋已议，筑室春当成。雪堂风雨夜，已作对床声"的邀约与企盼注入了自然活水，跳出了唐人套路化的抒情方式。相比唐人一叹到底的抒情方式，宋人在情绪上的表现有了更多的细节处理，如苏辙《逍遥堂会宿二首》：

> 逍遥堂后千寻木，长送中宵风雨声。
> 误喜对床寻旧约，不知漂泊在彭城。②

诗中的"风雨对床"就细致地表现了情绪在瞬间的悲喜转换。本来是与兄长相约好的早退，此时此刻虽有风雨对床之喜，然一回过神

---

① （宋）苏轼：《苏轼诗集合注》，（清）冯应榴辑注，上海古籍出版社2001年版，第1119页。
② （宋）苏辙：《栾城集》，曾枣庄、马德富校点，上海古籍出版社2009年版，第158页。

来，又分明是身在漂泊之中，宦途坎坷、前路难卜的现实瞬间又打破暂时的对床之乐，诗人心中因此倍添难过。

又苏轼《予以事系御史台狱，狱吏稍见侵，自度不能堪死狱中，不得一别子由，故作二诗授狱卒梁成以遗子由二首》其一：

> 圣主如天万物春，小臣愚暗自亡身。
> 百年未满先偿债，十口无归更累人。
> 是处青山可埋骨，他时夜雨独伤神。
> 与君今世为兄弟，又结来生未了因。①

这是苏轼的绝命诗，"他时夜雨"四字道出了苏轼作为将死之人心中最后的牵念，他记挂着与弟弟苏辙的共同承诺，但是突遭大难的自己又无法一赴这往日的承诺，"独伤神"三字既是对自己处境的说明，又是对弟弟未来将孑然一人的担忧，同样是夜雨，但是对床之人将不在，生死瞬时之感又添在了"夜雨对床"这一事典之中。

清人况周颐在其《蕙风词话》中有"以吾言写吾心"一条，言"吾观风雨，吾览江山，常觉风雨江山之外，有万不得已者在。此万不得已者，词心也"。② 文人以诗词言风雨江山，又在其中寄托风雨江山之外的万不得已，如同二苏在夜雨之中为漂泊生命寄托安顿渴望，以此塑造了"夜雨对床"这一暮夜事典，而"夜雨对床"与诗人生命、文士生活的交织，又让其温暖了彼此坎坷的人生。

---

① （宋）苏轼：《苏轼诗集合注》，（清）冯应榴辑注，上海古籍出版社2001年版，第976页。
② （清）况周颐：《蕙风词话》，王幼安校订，人民文学出版社1960年版，第10页。

论卢照邻疾病文学中生命价值观的变化

郑佳琳*

摘要： 卢照邻之前，文学中的疾病主题多依附于仕隐主题存在，只有少量直接的疾病书写上升到对生命价值的思索。卢照邻染疾之前对人生主题的抒发，体现出儒道精神浸染下传统文人的生命意识。罹患风疾的二十余年间，卢照邻先后创作的《病梨树赋》、《五悲》和《释疾文》，分别代表病中的三个阶段，从中可见卢照邻疾病体验过程中生命价值观的变化轨迹。《病梨树赋》阶段，卢照邻表现出强烈的忧生意识，并试图用理性精神进行淡释，重视精神意志的积极作用。《五悲》阶段，卢照邻的生命情绪发生质变，从对人生短暂的担忧变为对生命价值难以实现的痛苦，生命观从乐生恶死开始向恶生乐死发展，但又试图依靠佛教重建自我价值体系。《释疾文》阶段，在生理和精神的苦难皆难以纾解的激烈情绪下，卢照邻取用庄子部分关于恶生乐死的思想，消解了生命的意义。

关键词： 卢照邻；疾病文学；生命观；价值观

卢照邻病后自号"幽忧子"，留下大量病中文字，是古代疾病书写史上的重要诗人。关于卢照邻疾病文学的研究，刘成纪《卢照邻的病变与文变》一文在考据病理、分析疾病前后文体、文风变化等方面有

---

* 郑佳琳，四川师范大学国际中文教育学院讲师，文学博士，研究方向：魏晋南北朝隋唐五代文学研究，中国古代诗歌史研究，中国古代诗体研究。

比较详尽的研究,但对于其疾病文学所体现的病中生命价值观之变化,尤有深入考察的空间。① 本文通过研究卢照邻疾病主题的文学创作,认为在他漫长的患病体验中,对疾病与生命的认知经历了一个逐渐变化的过程,生命情绪从初期对生命长度的担忧变化为后期对生命质量的绝望,生命观从乐生恶死转为恶生乐死。造成这一改变的关键因素在于儒家伦理道德价值理想的破灭,及遭到士人群体疏离后孤独意识的加剧。为解决疾病带来的生理与精神双重苦难,卢照邻曾试图借助释、道等生命哲学安顿病中的人生,最终却否定了一切价值追求,从而选择死亡。

一 唐前文学疾病主题的主要特点

《艺文类聚》卷七十五"方术类"下设"疾"类,与"养生""卜筮""相""医"等并列,收录魏晋南北朝诗赋6篇。唐前诗文创作中涉及疾病的内容更是远多于此。但在传统分类中,疾病主题并不引人注目,这主要由于大多对疾病的书写,都出现在表达士人仕隐选择的述怀诗中,疾病并不构成独立的题材类型。用舍行藏的价值抉择,是多数士人现实人生最主要的困境,也是文学最重要的主题之一。疾病主题依附于仕隐主题存在的第一种情况是,诗文中"谢病""移病""去病"等说法,如"辞满岂多秩,谢病不待年"②(谢灵运《还旧园作见颜范二中书》)等,是古代士人委婉辞官归隐的惯用托词,与真正的患病情况无甚关联,反映出士人希望化解政治与个人直接冲突的微妙心理。情况之二,是士人借养疾多暇之名目,抒闲居自适的隐逸心境,当然这首先要以"微恙可愈"为前提。如谢灵运初至永嘉抱恙后"卧病云高心,爱闲宜静处"(《初至都诗》)③、"卧疾丰暇豫"(《斋中读书诗》)④,及谢朓《在郡卧病呈沈尚书诗》等,全诗写郡斋无事的吏隐之情,卧疾

---

① 刘成纪:《卢照邻的病变与文变》,《文学遗产》1994年第5期。
② 逯钦立辑校:《先秦汉魏晋南北朝诗》(中),中华书局1983年版,第1174页。
③ 逯钦立辑校:《先秦汉魏晋南北朝诗》(中),中华书局1983年版,第1174页。
④ 逯钦立辑校:《先秦汉魏晋南北朝诗》(中),中华书局1983年版,第1168页。

只是提供了一个适宜吏隐的情景。另者，是仕途坎壈的失意士人，往往以"衰病""老病""忧疾""疲病"等表达，渲染忧愁的心境，情感重点仍在于怀才不遇而非病痛折磨，如"嗟余今老病"（徐陵《山池应令诗》）①、"吊影余自怜，安知我疲病"（杨素《赠薛播州诗》）② 等。因此，在上述表达里，"疾"往往以"隐"之附属或连带情形进入文学，并没有描述疾病本身及其对人的直接影响等，而是作为传统述怀主题中的一个元素或意象，具有伴随性的特点。

不过，魏晋南北朝时期也出现了少量对于疾病状态直接、正面的书写。刘桢《赠五官中郎将诗四首》其二云："余婴沉痼疾，窜身清漳滨。自夏涉玄冬，弥旷十余旬"，③ 写出自己身婴长年沉疾的遭际。南朝以来，文学中日常生活情感类的题材增多，疾病主题也随之有所增加。疾病书写大体上分为三个层次。一是描写病症、病中情态、养病及治疗的过程。二是表达病中的独特感受及由此引发的生命情绪。大部分南北朝时期的疾病书写，都涉及以上两个层次。例如江淹《拟王徵君微养疾》、萧纲《卧疾诗》、王秀之《卧疾叙意诗》、庾肩吾《八关斋夜赋四城门更作四首》、邢邵《冬夜酬魏少傅直史馆诗》等。三是在价值层面，透过疾病这一特殊体验来思索人生的价值，激发出不同于寻常状态下的生命意识和死亡意识。鲍照的《松柏篇》里，身患重病的诗人不仅体悟到生命短暂，流露悲伤凄恻的情绪，还发出了"睿圣不得留，为善何所益"④ 这样对传统价值的重新思考，是此时期最为深刻的疾病主题文学创作。进入初唐以来，王绩、陈子昂等皆有部分涉及疾病主题的诗歌，但大多承袭了伴随隐逸的传统，从疾病书写角度看没有突破性发展。是卢照邻将疾病文学的容量与内涵提升到新的高度。

---

① 逯钦立辑校：《先秦汉魏晋南北朝诗》（下），中华书局1983年版，第2531页。
② 逯钦立辑校：《先秦汉魏晋南北朝诗》（下），中华书局1983年版，第2677页。
③ 逯钦立辑校：《先秦汉魏晋南北朝诗》（上），中华书局1983年版，第369页。
④ 逯钦立辑校：《先秦汉魏晋南北朝诗》（中），中华书局1983年版，第1265页。

二 卢照邻染疾之前诗文中的人生主题

据祝尚书《卢照邻年谱》考,卢照邻于咸亨二年(671)离蜀,参加典选后归其父母居地太白山下,染疾,丁父忧,时年约四十岁,此后二十余年俱在慢性病折磨中度过。① 为了理解卢氏病中文学生命观的形成原因和独特意义,首先应对其染疾之前的生活状态和诗文中的精神追求作出调查。需说明,一些诗歌如《咏史四首》《长安古意》等难以系年,有可能作于四十岁染疾之后,但由于卢照邻病史漫长、反复,一些从思想情绪看未明显受到疾病意识影响的创作,亦可作为其非患病的健康状态下人生态度的参考。是否属于文学疾病主题,是以创作内容而非创作时间为最主要的判断依据。

卢照邻"年十余岁,就曹宪、王义方授《苍》、《雅》及经史,博学善属文"②。据《旧唐书·忠义传》记载,王义方"博通五经,而謇傲独行"③。杜晓勤认为,卢照邻、骆宾王所受的儒学教育基本上是齐鲁之学。初唐四杰保持着经世致用的北方儒学精神,有兼济天下的进取之心;同时与龙朔诗人才有才优德薄、追逐名利的人格不同,保持着高视阔步的人生姿态和耿介独立的人格操守。④ 这两点在卢照邻早年诗文中有显著的表达。如《咏史四首》所描写的都是汉代集施展抱负、建立功勋与慷慨孤直、知命不忧于一身的侠士;《奉使益州至长安发钟阳驿》中"谁念复刍狗,山河独偏丧"体现出他体恤蜀地鳏寡穷苦的兼济心胸;《长安古意》《行路难》等长篇歌行则反映了他对盛极必衰历史规律的清晰认知。这些人格特征,使得仕途颠沛的卢照邻在诗文中一方面宣泄对不遇的郁结,一方面抒发对归隐的向往,尤其在蜀中的一系

---

① (唐)卢照邻:《卢照邻集笺注》(增订本),祝尚书笺注,上海古籍出版社2011年版,第601页。
② (后晋)刘昫等撰:《旧唐书》(第十五册),中华书局1975年版,第5000页。
③ (后晋)刘昫等撰:《旧唐书》(第十五册),中华书局1975年版,第4874页。
④ 杜晓勤:《初唐四杰与儒、道思想》,《文学评论》1995年第5期。

列酬赠诗,表达出传统失意文人出处两难、进退维谷的人生困境。在《于时春也慨然有江湖之思》中,卢氏用"自哀还自乐"集中概括了这样的思想情绪。《赠益府群官》则以高洁孤傲却漂泊不遇的飞鸟作比,传达诗人对自己德行出众却壮志难酬的扼腕,及对获得稻粱之遇从而建功立业的渴望。

可以看出,在健康状态下,卢照邻诗文对人生主题的抒发,体现出与王勃等其他三杰整体比较相近的思想格局,也比较符合一直以来儒道精神浸染下传统文人的生命意识。而卢照邻最具独一性、私人化的思想状态,则以他平生观念为前提,产生于疾病主题创作之中。

三 卢照邻"风疾"病情概述

卢照邻所患属于风疾。"风"作为致病之因,向来为医家重视,《黄帝内经·素问》云"风者,百病之始也"[1]。孙思邈《备急千金要方》将杂风状分为四类:一曰偏枯,二曰风痱,三曰风懿,四曰风痹。[2] 其中偏枯指"半身不遂,肌肉偏不用而痛";风痱为中风后遗症之一,以四肢瘫软不能活动,影响神志和言语为主症;风懿即风癫,症见猝然昏不知人等;而风痹即今天的风湿之类,与病风是两种不同疾病,但往往被归入广义的"诸风"范畴。[3] 唐史所录罹患风疾之人很多,据已有统计有具体事迹可考者超过170人。[4] 其中也包括多位帝王及杜甫、元结、白居易等著名诗人。

风疾虽然是唐代的常见疾病,但卢照邻的情况较为特殊,其病情重、病史长,且是记载中唯一一位因久患风疾而自沉的病例。卢照邻病后大致分为三个阶段。早期大致从咸亨二年开始,"居太白山,得方士

---

[1] 姚春鹏译注:《黄帝内经》(卷三),中华书局2009年版,第28页。
[2] (唐)孙思邈:《备急千金要方校释》,李景荣等校释,人民卫生出版社1997年版,第182页。
[3] 景蜀慧:《"风痹"与"风疾"——汉晋时期医家对"诸风"的认识及相关的自然气候因素探析》,《中山大学学报(社会科学版)》2005年第4期。
[4] 详表见安家琪《唐代"风疾"考论》,《唐史论丛》2014年第2期。

玄明膏饵之，会父丧，号呕，丹辄出，由是疾益甚"。除服后移居长安，卧疾光德坊，从孙思邈问医，作《病梨树赋》等。第二阶段移居洛阳，随后居于东龙门山求丹养疾："客东龙门山，布衣藜羹，裴瑾之、韦方质、范履冰等时时供衣药。"据《五悲》中"曝骸委骨龙门侧"等语，可知此篇作于卧病东龙门山期间，而非两唐书所载作于具茨山。第三阶段"乃去具茨山下，买园数十亩，疏颍水周舍，复豫为墓，偃卧其中"，而《释疾文》有"茨山有薇兮，颍水有漪"等语，知其作于具茨山中，是照邻绝笔。根据《五悲》和《释疾文》中的描述（详见后文），卢氏风疾后期的病症是相当严重的，主要表现为：其一，四肢麻痹、肌肉萎缩、行走受限、一手残废；其二，五官失形、须发掉落、双目模糊；其三，气血内亏、形容枯槁等。最终卢氏"病既久，与亲属诀，自沈颍水"，应在六十四岁（武周天册万岁元年，公元695年）或此后数年间。①

二十余年间，卢照邻饱受疾病折磨，与疾病抗争成为他后半生的人生主题。而作为文人，他将这一切苦难诉诸笔端，"盖作《易》者其有忧患乎？删《书》者其有栖遑乎？国语之作，非瞽叟之事乎？骚文之兴，非怀沙之痛乎？吾非斯人之徒欤，安可默而无述？"（《释疾文》）《病梨树赋》《五悲》《释疾文》三篇，恰好分别作于病中三个阶段。随着病情的延长和加重，篇目之间存在着明显的情绪迭进与思想演变，从中可见卢照邻病中生命观的震荡轨迹。

四 《病梨树赋》与卢照邻疾病前期的忧生意识

《病梨树赋》是卢氏患病约三年后，于长安光德坊之官舍"伏枕十旬，闭门三月"所作，反映出他病中强烈的忧生意识，并试图用理性精神淡释生命情绪。赋文前半部分托病梨比兴，提出对人生修短不一的不公命运的质疑："同托根于膏壤，俱禀气于太和，而修短不均，荣枯

---

① （唐）卢照邻：《卢照邻集笺注》，祝尚书笺注，上海古籍出版社2011年版，第601页。

殊质。岂赋命之理,得之自然;将资生之化,有所偏及?树犹如此,人何以堪?"

自汉乐府、汉末文人诗以来,就形成了表达忧生之叹的文学传统。钱志熙认为,汉末五言诗最重要的"人生"主题,皆带有对生命短暂性的感伤。① 魏晋时期,文学中生命情绪弥漫。到了两晋之际,郭象用"物各有性"的理论重新阐释庄子"小知不及大知,小年不及大年":"故举小大之殊,各有定分,非羡欲所及,则羡欲之累可以绝矣。"② 受到这种齐一万物而去除情累的玄学思潮影响,文学中强烈的生命情绪在东晋玄言、山水中得以淡释。随着晋宋之际佛教的勃兴,这种生命情绪更是趋于消沉。③ 文人们自觉吸收了哲学、宗教对于忧生情绪的化解方法,不再沉浸于对生命短暂的担忧之中。

这种哲学、宗教中与人类本能情绪不符的理论,或许可以使生活较为平顺的文人得到宽慰,控制住因忧生带来的负面感受;但生理上的重大病痛却足以重新激起人对生命的无限忧虑。疾病对健康的损伤,势必会刺激人对死亡必然性的直接思考;自己生病而其他人健康的直观对比,更会引发人对自我生命可能将格外短暂这一事实的焦虑,遭受严重的心理冲击。在《病梨树赋》中,照邻自叙"余年垂强仕,则有幽忧之疾,椿菌之性,何其辽哉!"源自疾病中私人体验层面的情绪震动,使得这篇赋作打破了此前文学在玄学和佛教浸染下忽视生命情绪的或理性、或宗教式的说教程式,洋溢着强烈的忧生意识。从文学生命主题的发展演变来看,这是初唐对魏晋文学生命情绪的一次重振,而这种重振是在疾病书写的特殊语境下形成的。

在《病梨树赋》末尾,卢照邻使用与病梨有极大反差的"桥边朽柱,天上灵槎,年年岁岁,无叶无花"的形象,试图通过理性思考来疏导在疾病中对生命短暂的深重焦虑。

---

① 钱志熙:《唐前生命观和文学生命主题》,东方出版社1997年版,第175页。
② (晋)郭象注,(唐)成玄英疏:《庄子注疏》,中华书局2011年版,第7页。
③ 参见钱志熙《唐前生命观和文学生命主题》,东方出版社1997年版,第300—333页。

荣辱两齐，吉凶同轨。宁守雌以外丧，不修橐而内否？亦犹纵酒高贤，佯狂君子，为其吻合，置其忧喜。生非我生，物谓之生；死非我死，谷神不死。混彭殇于一观，庶筌蹄于兹理。

　　受此前生命哲学传统之影响，卢照邻必然借助庄玄生命观中修短随化、齐一生死的思想，以安顿自己因疾病而重新震荡的情绪，故曰"荣辱两齐，吉凶同轨""混彭殇于一观，庶筌蹄于兹理"。不过这种借鉴显然属于泛泛的自我安慰，并没能从中寻找到克服忧生情绪的完整思想路径。而"亦犹纵酒高贤，佯狂君子，为其吻合，置其忧喜"，则反映出传统"厚生"生命观。钱志熙认为，"东汉中后期以来，自然思想开始流行，同时各种贵生思想也开始出现，派生出厚生与养生两种观念，厚生注重物质的享受，其末流至于沉湎饮酒，纵欲放诞"①。此处卢照邻袭用行乐放诞的"厚生"思想，企图以豁达姿态麻痹疾病带来的忧生恐慌。

　　相比之下，更具疏导价值的理性思考，是卢照邻对于精神意志的重视。身体"外丧"必然导致内心痛苦，因而构建强大的内在精神，是缓解疾病与死亡焦虑的重要途径。"宁守雌以外丧，不修橐而内否"，"生非我生，物谓之生；死非我死，谷神不死"，是病人自我勉励的良性思维方式。卢氏这种思维方式的形成，一方面吸收了老子精神之"道"思想。老子认为生死是客观规律，而道"周行不殆"，是超越生死的一种永恒。生命在形体之外更重要的是精神因素，人应当修"道"（神）以达到"谷神不死""死而不亡"的境界。②③④ 对于患有生理疾病的人来说，"谷神不死"无疑怀有正面、积极的应对勇气。另一方面

---

① 钱志熙：《陶渊明〈形影神〉的哲学内蕴与思想史位置》，《北京大学学报（哲学社会科学版）》2015年第3期。
② （魏）王弼注：《老子道德经注校释》，楼宇烈校释，中华书局2008年版，第63页。
③ （魏）王弼注：《老子道德经注校释》，楼宇烈校释，中华书局2008年版，第17页。
④ （魏）王弼注：《老子道德经注校释》，楼宇烈校释，中华书局2008年版，第84页。

则受到古代医学重视形神关系的影响。《素问》"移精变气篇""汤液醪醴篇"皆强调了精神意念对于治疗疾病的重要作用。卧病长安期间，卢照邻求医孙思邈，而据《新唐书·孙思邈传》记载，孙思邈为卢照邻所讲治病之道，以"养性""人事"为重："高医道以药石，救以砭剂，圣人和以至德，辅以人事，故体有可愈之疾，天有可振之灾。""故养性，必先知自慎也……是以太上畏道，其次畏天，其次畏物，其次畏人，其次畏身。忧于身者，不拘于人；畏于己者，不制于彼。慎于小者，不惧于大；戒于近者，不悔于远。"受到医者治病理念的渗透，卢照邻自然重视以精神力量来对抗疾病折磨。

从病情发展来看，这一时期卢照邻患病时间尚短，且四处寻医，怀有治愈的希望。从《病梨树赋》中"于时天子避暑甘泉，邈亦征诣行在。余独卧病兹邑，阒寂无人……"及同时期所作"寂寂芸香阁，离思独悠哉"（《赠许左丞从驾万年宫》）等庙堂与江湖的对比表述中，可感受到他尚怀对朝廷的挂念，对病愈出仕的未来仍抱有期待。

相对应地，从卢照邻文学疾病主题发展来看，疾病影响下的沉重生命观在《病梨树赋》中才刚刚萌芽。总结这一阶段的病中生命观，其内容是程度上比寻常人更为深重的忧生意识，是对于"生命长度"的担忧。其特点则有二，一是具有传统性、普遍性，即在病中激发了中古以来常见的生命情绪，而以理性精神淡释忧生情绪的过程，亦是借用传统思维路径解决自己的人生问题。二是笼统性、不稳定性。这一阶段卢照邻的内在价值仍属于"崇名教"一脉，渴望实现功业理想，只因受到挫折不得不取用"任自然"的态度①，故而文末重视精神意志、强调修短随化和物质享受的"解决途径"，含有强作宽慰的意味，读罢令人仍笼罩在浓重的忧生情绪里。换言之，卢照邻在精神层面与疾病抗争的道路存在着巨大隐患，且会随着病情的发展而变得更不乐观。

---

① "崇名教"、"任自然"的说法，参见陈寅恪《陈寅恪集·金明馆丛稿初编》，生活·读书·新知三联书店2015年版，第201页。

五 《五悲》等与卢照邻养疾过程中的价值颠覆及精神求索

《五悲》作于卧病东龙门山期间，集中反映出漫长养疾过程中生活情形和思想状态。其一《悲才难》是悲士之不遇，"故才高而位下，咸默默以迟迟"是患病之前已有的、贯穿一生的感叹，也是卢照邻与其他三杰甚至大多古代士人共性的生命底色。而从其二《悲穷通》开始，着重叙写这场恶疾带给他的人生困境，描述疾病形态下独特深刻的私人感悟。其三、其四《悲昔游》《悲今日》，通过回忆健康状态下游宦和交游盛况，突显疾病中并发的一系列忧患悲伤的现实。其五《悲人生》则是此时期卢照邻面对人生苦难寻找到的解决途径。

从《悲穷通》的描述中，可看出卢照邻此时的病情发展并不乐观，已经比较严重："徒观其顶集飞尘，尻埋积雪，骸骨半死，血气中绝，四支萎堕，五官欹缺。皮襞积而千皱，衣联寨而百结。毛落须秃，无叔子之明眉；唇亡齿寒，有张仪之羞舌。仰而视睛，瞖其若瞢；俯而动身，羸而欲折。"生理上长期深重的病痛，带给卢照邻心理的折磨是巨大的、毁灭性的。如果说《病梨树赋》时期，生理病痛影响到情绪层面对生命修短不一的感慨，产生比一般士人更为浓重的忧生畏死意识；那么《五悲》时期则从情绪表面渗入内心深处的价值层面，卢照邻的生命价值体系遭遇了颠覆性的打击，从而使其对待生死的态度也发生了质的改变。

前文提及，卢照邻自幼受到齐鲁儒学的影响，有强烈兼济天下的进取之心。在《悲穷通》中，卢照邻描述了自己平生的价值追求："平生书剑，宿昔琴樽。研精殚于玉册，博思浃于铜浑。思欲为龟为镜，立德立言。成天下之亹亹，定古今之谆谆。"儒家生命观的核心在于"三不朽"之说，在儒家看来，个体的生命意义体现在社会伦理道德上，只有在现世不断修养道德和学问，"志于道，据于德，依于仁，游于艺"[①]，承担起

---

① （宋）朱熹撰：《四书章句集注》，中华书局2012年版，第93页。

社会责任,才能达到"尽其道而死者,正命也"①的境界,实现生命的价值。对于深受儒家生命观影响的士人来说,无论出仕勤王"兼济天下",还是藏器待时"独善其身",只要遵循道义立身行事,都可以获得对自身生命价值的肯定。这也就是为什么很多仕途失意而归隐的士人依旧保持风骨,追求道德层面的立身扬名。健康状态下的卢照邻亦是如此,在《咏史》中歌颂功成身退的隐士"名与日月悬,义与天壤侔"。这种生命哲学原本为士人提供了充足进退余地,能让他们在无论出处语默何种外界环境下,只需坚持个体努力,就可获得对自我价值的肯定。

但严重漫长的病情,"神若存而若亡,心不生而不灭""形半死而半生,气一绝而一连"痛苦颓唐的病态,使得"为龟为镜,立德立言。成天下之亹亹,定古今之谆谆"的价值追求难以实现。在太白山、长安养疾时,卢照邻还抱有病愈出山的幻想;至卧病东龙门山的时候,他已经意识到这场恶疾对他来说是一遭具有毁灭性质的横祸,自己平生全部追求都已是"穷途末路"。因而他反复沉吟这一难以接受的残酷事实:"一朝溘卧,万事宁论","一朝憔悴无气力,暴骸委骨龙门侧","一朝至此,万事徒然"。绝望中他甚至开始否定圣人之道:"哀哉可怜,圣人之过久矣!君子之罪多焉!诗、书、礼、乐,适足衰人之神用;宗族朋友,不足驻人之颓年。削迹伐树,孔席由来不暖;摩顶至踵,墨突何时有烟?"这种愤激之下产生的反语在阮籍、杜甫等诗人间亦常可见,不可看作对儒家思想真正的反叛,反而体现出对儒学理想眷恋而不得的无奈情感。可见,儒家生命观是卢照邻安身立命的价值根基,在慢性病的消磨下,追求理想的现实基础彻底倒塌,直接导致卢照邻精神世界里生命质量的衰竭。

除了儒家伦理道德价值难以实现以外,疾病给卢照邻带来了更多现实和心理层面的"并发症"。最直观的现实问题是卢氏"因病而贫"。在《寄裴舍人诸公遗衣药直书》中,自叙贫病交加、供药艰难的家庭现状:"余家咸亨中良贱百口,自丁家难,私门弟妹凋丧,七八年间,

---

① (宋)朱熹撰:《四书章句集注》,中华书局2012年版,第356页。

货用都尽。余不幸遇斯疾，母兄哀怜，破产以供医药。属岁谷不登，家道屡困。兄弟薄游近县，创钜未平，虽每分多见忧，然亦莫能取给。因病而贫。"丹砂在当时属于治病的上品良药，而卢照邻曾因买不起上好砂用次品充之，而添了咳嗽之症。为了治病，他向洛阳友人寄书乞药，语气卑微恳切："今力疾赋诗一篇，遍呈当代博雅君子。虽文不动俗，事或伤心。""若诸君子家有好妙砂，能以见及，最为第一。无者各乞一二两药直，是庶几也。"（《与洛阳名流朝士乞药直书》）乞药行为在仕宦名流中遭受非议，他又作《与在朝诸贤书》替自己辩白，认为乞药无损于君子之道："况下官抱疹东山，不干时事；借人唱和，何损于朋党……则捐金抵玉于山谷者，非太平之美事乎？"

原本怀有"成天下之亹亹，定古今之谆谆"之壮志和"不息恶木枝，不饮盗泉水"（《赠益府群官》）之傲骨的儒士，在贫穷与疾病的双重打击中，不得不抛弃名士自尊，承受来自群体的争议，其精神负担可想而知。"士人"身份所天然携带的逻辑和原则，不得不被"病人"身份的切实需求所解构，以至于会在《悲今日》中直呼"传语千秋万古，寄言白日黄泉，虽有群书万卷，不及囊中一钱"，充斥着他在巨大的精神刺激下失去自我价值认同的荒诞感和绝望感。卢照邻病中的创作，往往反复流露出强烈的孤独意识，《悲今日》中，"平生连袂，宿昔衔杯，谈风云于城阙，弄花竹于池台"的往昔之乐，与"朝朝独坐，惟见群峰合沓；年年孤卧，常对古树轮囷……百年之中，皆为白骨；千里之外，时见黄尘"的息交绝游状态形成鲜明对照。《羁卧山中》一诗亦有"卧壑迷时代，行歌任死生。红颜意气尽，白璧故交轻"之语。这种孤独意识当然与其幽居山间、四肢行动不便而造成地理上的无人之境有关，但也源于他受士人群体疏离后精神归属感的降低。

普通士人仕途受挫后，纵然失望，但更多是担心生命短暂而功业理想来不及实现。卢照邻在《病梨树赋》阶段亦然，惧怕疾病会加速死亡，因而更加希望能延长生命，疾病带来的对于生命长度的担忧，是普通士人忧生意识在"程度"上的加量。而《五悲》这里，病痛与贫穷的现实，导致了儒家生命理想的夭折、士人自我认同感的走失、客观与精神上的双重离群等内在价值层面的毁灭性打击。这种内在价值的否定，是对生命质量的否定和对现世人生的绝望。换言之，失去价值的生命，将成为一潭死水，更遑论通过延长生命以期实现理想。这不得不迫使诗人从"本质"上重新定义生死。《五悲》中看待生死的态度，已经展现出与《病梨树赋》怨恨生命长度修短不一的本质区别："假使百年兮上寿，又何足以存存？"即使长寿，只是没有尽头的折磨，意义何在呢？由此，卢照邻的生命观发生了重要转折：从"忧生"变为"恶生"，从对生命长度的焦虑变为对生命质量的绝望。在中国古代，普通士人大抵抱有乐生恶死的心态，无论采取怎样具体方式处世，基本上都重视和珍惜生命，文学中更是如此。卢照邻作品中这种与众不同的生死考量，是在疾病语境下生发出来的。重病患者用与健康人相反的思维看待生死，造就了疾病文本的特殊性，启发我们对文学疾病主题的研究应给予从病人视角出发的观照与关怀。

　　生命观的颠覆，特别是儒家"三不朽"追求的破灭，使卢照邻必须寻找其他生命哲学依据，以重构自身的内在价值体系。在《五悲》末篇《悲人生》中，可见此阶段他选择了佛教，以求从深重的精神困境中获得解救。在染疾之前或之初所作《赤谷安禅师塔》中，可看出卢照邻原本在佛、道二家之间明显偏向于道："高谈十二部，细覈五千文。如如数冥昧，生生理氤氲。古人有糟粕，轮扁情未分。且当事芝术，从吾所好云。"直言佛教真如、轮回之说幽深莫测，自己所好乃道教"芝术"而非佛禅。然而，在经历了上述价值毁灭之后，照邻对佛、道的态度发生翻转。这主要是因为道教是强调"生道合一"的宗教，继承仙学传统，追求"长生久视"之道。道教对形体生命的关注，能满足普通士人乐生恶死的忧生意识，但此时的卢照邻已对延长生命长度失去了热情，自然也对追求长生之术的道教失去了兴趣。

　　相比于道教主张长生久视、肉体成仙，佛教则宣扬诸行无常，涅槃寂灭，有根本相反的解脱观。[①] 佛教"六道轮回"之说，构建起在三世

---

① 参见楼宇烈《中国文化中的儒释道》，《中华文化论坛》1994年第3期。

循环之下的因果业报，把一切今世的苦难归结为前世"无明"，今世之"业"又将有后报"或二生或三生百千万生，然后乃受，受之无主必由于心"。(《二教论》)这使得人不再执著于对现实问题的关注。在佛教生命观里，人生皆苦，"惟人自生至老，自老至病，自病至死，其苦无量。心恼积罪，生死不息，其苦难说"。(《四十二章经》)只有通过"戒定慧"三学实现精神超越，去除"无明"，才能摆脱轮回苦境。卢照邻在现实困境无从解决、价值体系濒临崩溃、生命意义趋于苍白的遭际下，显然更容易为佛教的生命观所吸引，崇佛似乎成为一种理所当然的心理路径。

因此在《悲人生》中，卢照邻站在佛教立场上，认为无论是儒家"钟鼓玉帛，氄氅蹁跹"的道德超越，还是道家"金木水火，混合推迁"的顺应自然，这些现世生活中"硉硉磕磕，蠢蠢翾翾"的追求，都始终无法摆脱轮回与因果的苦海，"受苦受乐，可悲可怜"。卢氏采用三家对话的形式，从义理上对比了佛之高于儒、道的层次。

> 有超然之大圣，历旷劫以为期，戒定慧解非因人，慈悲喜舍非见思。闻儒道之高论，乃撞钟而应之。曰："止止善男，子观向时之华说，乃天下之辩士。请弄宜僚之丸，以合两家之美。若夫正君臣，定名色，威仪俎豆，郊庙社稷，适足夸耀时俗，奔竞功名。使六艺相乱，四海相争。我者遗其无我，生者哀其无生。孰与乎身肉手足，济生人之涂炭；国城府库，恤贫者之经营？舍其有爱以至于无爱，舍其有行以至于无行。
>
> 若夫呼吸吐纳，全身养精，反于太素，飞腾上清。与乾坤合其寿，与日月齐其明。适足增长诸见，未能永证无生。孰与夫离常离断，不始不终，恒在三昧，常游六通？不生不住无所处，不去不灭无所穷。放毫光而普照，尽法界与虚空。苦者代其劳苦，蒙者导其愚蒙。施语行事，未尝称倦。根力觉道，不以为功。

自魏晋南北朝以来，佛教作为外来宗教与本土儒、道间的争论就异常激烈，宣扬佛教教义优于儒、道的言论不仅限于僧人之口。例如梁武帝萧衍在《述三教诗》中比较准确地概括了三教教义，体现出佞佛的心态："少时学周孔，弱冠穷六经。孝义连方册，仁恕满丹青。践言贵去伐，为善存好生。中复观道书，有名与无名。妙术镂金版，真言隐上清。密行贵阴德，显证表长龄。晚年开释卷，犹日映众星。苦集始觉知，因果乃方明。示教惟平等，至理归无生……"等。卢照邻吸收了此类观点，认为儒家建立在名分等级序列下"我者遗其无我，生者哀其无生"的仁爱观念和现世思想，不及佛家之不吝布施，并抛弃世俗所为"行""爱"，主张"无名灭则行灭，行灭则识灭……受灭则爱灭，爱灭则取灭，取灭则有灭，有灭则生灭，生灭则忧悲苦恼灭"从而得到佛性清净的"十二因缘法"。（《法华经》）而对于道教，卢照邻认为其只通过养生延年追求现世"无死"，不如佛教"不生不死，不来不去，常恒清凉不变"（《入楞伽经》）的"无生"境界。

总之，《五悲》之篇，其实记录了卢照邻在疾病影响下生命观解构到重构的过程。生理病痛程度一再加深与时间拖延，致使他已无法像《病梨树赋》阶段一样，用正面的、积极解决问题的精神意志来淡释比一般人浓重的忧生惧死情绪。事实上，他看待生死的心态已然发生质变，即相比于生命时长的短暂，更令其无法接受的是生命质量的粗糙。在既有价值追求全面崩塌、生命意义无法获得自我认同的心理状态下，他逐渐开始丧失对延长甚至维持生命的热情，忧生意识退却，恶生情绪涨潮。为了化解这样严重的人生危机，卢照邻不得不试着重新建构自己的生命逻辑。而相比于道教对保养形体生命的重视，佛教的因果轮回、无生无灭之说明显更适合帮助他回避无解的现实难题，得到心灵的解脱。

六 《释疾文》与卢照邻疾病后期对生命意义的消释

如果卢照邻在《五悲》最后找到的佛教生命观足以支撑他度过病

中残年，也许就不至于走上"自沈颍水"的绝路。在卢氏最后一个阶段创作的《释疾文》中，完全寻不到崇佛的任何痕迹。这说明在困境中对佛教生命观的依赖，并没有持续到照邻临终。追其原因，虽没有留下直接论述，却可找到一些端倪。在《寄裴舍人诸公遗衣药直书》中，卢照邻讲述了自己因病而贫的窘境，并言"晚更笃信佛法，于山间营建，所费尤广。本欲息贪寡欲，缘此更使贪心萌生，每得一物，辄喜欢更恨不足。呜乎！道恶在而奔竞之苦兹?"《素问》汤液醪醴篇云："嗜欲无穷，而忧患不止，精气弛坏，营泣卫除，故神去之而病不愈也。"①在医家看来，嗜欲对疾病的危害很大。因信佛而营建寺庙，反造成"贪心萌生，更恨不足"，对卢照邻本已贫病交加的生活无异雪上加霜。原本，佛教主张人通过去除贪、嗔、痴等，摆脱"无明"，以达到清净无染的境地，走出轮回苦难。但贪心萌生的奉佛行为，使得教义与实践在逻辑上难以自洽，那么卢照邻依据佛教生命观重构起来的价值体系就经不起推敲，不能帮助他真正获得心灵解脱，反会加重现实与精神上的困境。

这样一来，卢照邻失去价值依托的病中人生，又一次坠入无法安顿的痛苦状态。如果说《病梨树赋》以理性精神淡释忧生情绪，《五悲》以宗教思维化解恶生念头，那么当理性精神和宗教信仰都难以解除其生理与精神的苦难，又该何去何从呢？在具茨山所作被认为是"绝笔"的《释疾文》，分为《粤若》《悲夫》《命曰》三章，卢氏以骚体抒情，大肆铺张和宣泄病中感受，生命情绪的震荡程度超越此前的疾病创作，达到痛苦的高峰。

《释疾文》中对生命情绪的表达，首先选取了病人独有的视角，呈现出病中最敏感的心理状态。卢氏风疾诸病症中，对生活影响最直接的是四肢瘫痪而活动受限："羸卧不起，行已十年，宛转匡床，婆娑小室。未攀偃蹇桂，一臂连蜷；不学邯郸步，两足铺匐。寸步千里，咫尺山河。"长期活动受限，会严重降低病患的自尊水平，对生活充满不可

---

① 姚春鹏译注：《黄帝内经》（卷十一），中华书局2009年版，第95页。

掌控的无力感。而这种负面感受，在病人对自身处境与自然界时序变迁的大环境生发联想的时候，会显得愈发鲜明。《释疾文》用大量笔墨捕捉了此类联想，如：

> 每至冬谢春归，暑阑秋至，云壑改色，烟郊变容，辄舆出户庭，悠然一望，覆焘虽广，嗟不容乎此生，亭育虽繁，恩已绝乎斯代。
>
> 姜兮绿，春草生兮长河曲，试一望兮心断续；晚兮晼，夕鸟没兮平郊远，试一望兮魂不返。
>
> 一伸一曲兮比艰难乎尺蠖，九生九死兮同变化乎盘古。万物繁茂兮此时，余独何为兮肠遗回而屡腐？
>
> 草木扶疏兮如此，余独茕单兮不自胜。

对于一个四肢瘫痪的病人而言，"悠然一望""试一望"的背后，有着与寻常诗人不同的物我关系内涵。从照邻眼中，望到时序更迭，尤其春日景物之萌生，对内心有着极大的刺激——病人是被迫"望"的，也只能"望"，因为"寸步千里，咫尺山河"的活动受限症状，使他除了"望"之外，无法与外界自然社会进行任何有效的互动。"望"既是他对世间万物唯一的参与，也意味着他与世间万物再也无法真正接触的隔离。世界何其广阔，而自己的活动范围何其狭小，唤起病人强烈直观的对比意识。对于寻常人而言，时序变迁带来的是流逝感，生命走向与时节更迭具有相似过程，故而"常恐秋节至，焜黄华叶衰"。而对于病人而言，则因万物繁华而余独憔悴、四季流变而苦难恒久的"落差"，心里变得格外复杂敏感。只有在病患的视角与心境下，才会产生对空间和时间的异常体验。

其次，失去精神依凭的卢照邻，将一切人生悲剧的根源归结为"命"。《释疾文》序言即抛出在"命"之主宰下病人的无能为力："赋命如此，几何可凭？"接下三篇皆围绕"命"发出最激烈的情绪呼喊。《粤若》曰："有才无时，亦命；有时无命，亦命。"《新唐书》中也有相应更具体的说法："照邻自以当高宗时尚吏，己独儒；武后尚法，己独黄老；后封嵩山，屡聘贤士，己已废。"自己所学与时局需求不符而功业难就，是属于"才"与"时"的矛盾。怀才不遇是卢照邻染疾前就一直存在的矛盾，亦是古代士人最为普遍的人生矛盾。这种矛盾带给士人一种面向外的愤懑情绪，尚可站在较高的自我认同基础上对外界作出疏离。但朝廷"屡聘贤士，己已废"则属于"有时无命"，这种打击更多带给病人一种面向内的无奈情绪，是难以进行自我排遣的无解之境。在东龙门山时期所作《失群雁》之诗，亦以雁作比，表现了这种向内的痛苦远超过向外的不平。该诗对比了旁人仕途不顺与自己羸卧空岩的两种状态，认为相比病中惨境，仕宦沉浮是"未宜伤叹"的小事。在《赠益府群官》等健康时期的诗作中，失意之雁的形象是高洁孤傲的，"不息恶木枝，不饮盗泉水"，具有内在自信而感叹外在不遇。而《失群雁》中，患病之雁的形象是"毛翎频顿飞无力，羽翮摧颓君不识"，自身条件的衰败导致了自卑自怜的心理。这正是《粤若》中"有才无时"和"有时无命"两种悲剧的不同。《悲夫》中，卢氏再次强调这种否定自我价值的内在痛苦："悲夫，事有不可得而已矣！"

"命"是古代生命观一个重要的概念，但《释疾文》所表达的是带有非理性色彩的"天命""天道"，指生命的注定性和不可控性，而非儒家"尽心知性，修身立命"的自然思想。到了《命曰》一篇，卢照邻将内在痛苦直指对天地的怨怼，在走投无路中迸发激烈的情绪："何彼天之不吊兮，哀此命之长勤？"并由此质疑天地的起源和生命的意义："天且不能自固，地且不能自持，安得而育万物？安得而运四时？彼山川与象纬，其孰为之主司？生也既无其主，死也云其告谁？何必拘拘而踽踽？固可浩然而顺之。"天地尚且不能自持，人生的来去又有什么主宰呢？由此可见，卢氏疾病后期对生命的认知已是情绪冲垮理性，在一腔悲鸣中否定了一切意义。

在此基础上，卢照邻不断试探最绝望的生命选择：死亡。《粤若》和《悲夫》的末尾已有此意："死去死去今如此，生兮生兮奈汝何？""岁去忧来兮东流水，地久天长兮人共死"。从《五悲》阶段价值崩塌起,就产生"假使百年兮上寿,又何足以存存"的恶生意识,经历了生命观的解构、重构、再解构之后,随着生理疾病和精神苦难的不断加深,在《释疾文》敏感而汹涌的悲观情绪里顺势而出。

以上《释疾文》所表现出的激烈情绪,正反映了失去价值支撑的卢照邻在反复而无解的追问中难以自拔的痛苦。对生命力而言,这种悲鸣和追问反而是存有一丝生机的迹象。另者,在他认为"天且不能自固,地且不能自持",对天地万物都感到绝望的时候,内心深处尚存着儒家道德观:"吾知恶之不能为恶,故去之曰群生之所蠹;吾知善之不能为善,故就之曰有生之大路。虽粉骨而糜躯,终不改乎此度。"可见即使到了生命的最后,他根深蒂固的道德超越价值取向仍未根除。但对病人主体而言,这些残存的不甘与坚守只能加剧生命的苦痛,唯有放弃所有对生的留恋,才能从悲剧人生中被彻底解除。

因而,在《命曰》后半,卢照邻采用游仙的方式,借伯阳之口,认为自己对人生价值不断求索的行为是"奔竞甚早,悟道甚晚",并提出对生死最终极的看法。

> 党兮不以死生为二,块兮若以天地为一。生于万物之后不为缓,死于太古之前不为疾,弊万类也不谓之凶,利四海也不谓之吉。夫如是,则巨浸稽天而不溺。鸿灾冶地而不然,生死不能为其寿夭,变化适足寄其腾迁。化而为鱼也。则跃龙门而横碣石;化而为鸟也,则培羊角而负青天。为社也,则长无斤斧之患;为瓠也,则氾乎泱漭之川。物无可而不可,何必守固以拳拳?

这种不以死生为二的生死同贯观念,取自庄子齐万物、一生死的思想。这是庄子生死观中非常独特的一部分,即强调生死一体:"孰知生死存亡之一体者,吾与之友矣。"(《庄子·大宗师》)、"以死生为一条,以可不可为一贯"(《庄子·德充符》)、"万物一府,死生同状"(《庄子·天地》);且生死俱善:"夫大块载我以形,劳我以生,佚我以老,息我以死,故善吾生者,乃所以善吾死也。"(《庄子·大宗师》)

该思想从生命本身的意义上肯定了死亡的价值，认为死亡能使人解除负累而获得安宁。这种与传统相悖的恶生乐死思想，只是庄子整体生命思想中间的一个环节。从整体来看，庄子是为了将人从乐生恶死的忧生困境中解脱出来，故而提出生死物化、生死命定、生死一体、生死相互转化及生死俱善等观念，而其核心是要求人"生死气化，顺应自然"，"安时而处顺"，并达到一种"外死生"的超然"达生"境界。然而，卢照邻在《五悲》之《悲人生》中就已经否定了道家归于自然的生命观，可见其并非完全接受了庄子的生命哲学，只是在生之意义已被基本消解的情况下，有选择地取用庄子的部分思想，为自己的死亡选择寻找理论依据。虽然庄子生死观的本意是为了解决忧生问题，其整体有"可以保身，可以全身，可以养亲，可以尽年"的重生理念，但就其强调死亡价值这部分观点而言，的确含有消极的因素。钱志熙认为，"庄子宣传的那种恶生悦死的观点，实际上是违反人性的，对生命来讲是一种消极的思想。汉魏时期这种思想很流行，这从张衡《骷髅赋》、曹植《骷髅说》等作品中可以看出"①。而卢照邻一改《病梨树赋》中取用老庄"谷神不死"和顺应自然等积极生命观去纾解忧生之嗟，却在《释疾文》末尾背离老庄初衷，有悖"顺化"宗旨，更谈不上"外生死"之通达观，利用"生死同贯"观点放大死之价值，只是为了消解生命的全部意义，并从容地走向死亡。"何必守固以拳拳"，则是在最后对仅存的伦理道德价值的放弃。

因而，《释疾文》之"释"，不是含有肯定意味的解决，而是具有否定意义的消释。在卢照邻疾病后期，一切价值根基不复存在的时候，他用一篇洋洋洒洒的骚体文，铺张出内心深处最敏感真实又激烈绝望的疾病情绪，并最终停止了对"命之长勤"的怨怼声讨，利用庄子思想中恶生乐死的部分，消解了生命的全部价值，肯定了死亡本身的意义，从而成为他饱受疾病折磨的人生的绝笔。

---

① 钱志熙：《陶渊明〈形影神〉的哲学内蕴与思想史位置》，《北京大学学报（哲学社会科学版）》2015年第3期。

总之，卢照邻文学疾病主题创作，比以往疾病书写更详尽深刻地展现了诗人在长期病痛影响下生命观的变化。在疾病初期，卢照邻产生了比健康状态更深重的忧生意识，并试图用积极的理性精神去化解生理痛苦。随着病情的发展和现实问题的接踵而至，卢照邻平生的儒家道德理想遭到毁灭，自我价值认同感被颠覆，导致看待生死的态度发生质变，萌发恶生的消极情绪。在应对层面，卢照邻一度借助佛教生命观否定昔日的儒道追求，企图获得解脱却以失败告终。在病中情绪恶化而价值体系始终无法重塑的情形下，卢照邻取用庄子部分关于恶生乐死的思想，消释了生命的意义，从而走向死亡。

论李劼人"大河三部曲"对《金瓶梅》的借鉴

叶 珣*

摘要：《金瓶梅》作为一本"秽书",其文学价值长久以来不被学术界所正视,有关中国现代文学与《金瓶梅》的关系的研究成果也长期偏少。本文从空间叙事的互文、节庆叙事的运用、人物形象的借鉴三方面出发,分析《金瓶梅》对中国现代作家李劼人的小说"大河三部曲"所产生的影响。并指出,李劼人的写实主义手法不完全源自法国巴尔扎克、福楼拜等人领衔的现实主义、自然主义流派,同样也承袭自中国古典小说《金瓶梅》。

关键词：大河三部曲；金瓶梅；叙事手法；人物形象；写实主义

1937年,郭沫若发表《中国左拉之待望》,盛赞李劼人的"大河三部曲",称它们为"小说的近代史""小说的近代华阳国志",并将李劼人誉为"写实的大众文学家""中国的左拉"。[①] 自此,李劼人之小说深受法国现实主义、自然主义文学创作的影响便成了一个不言自明的话题。诚然,巴尔扎克、福楼拜、左拉等人的作品为李劼人的小说创作提供了启示,促进了其独特文学风格的形成。但李劼人毕竟是中国作家,除了从法国文学汲取灵感,中国传统文学对他的影响亦不容忽视。

---

* 叶珣,四川师范大学国际中文教育学院讲师,文学博士,研究方向：现代巴蜀地区文学文化。
① 郭沫若：《中国左拉之待望》,《中国文艺》1937年第1卷第2期。

论李劼人"大河三部曲"对《金瓶梅》的借鉴

早在 20 世纪 80 年代,就有论者指出:"中国现代作家,尤其是第一代作家的文化素养文学修养,都是在中国传统文化的母体中得到的。"李劼人擅长描写成都风俗,而"'写风俗'则是中国传统文学中另一部分的特色"①。另有学者谈道:"李劼人的描写艺术颇含我国传统文学的素质,善讲故事,好用白描,文笔朴实、凝重、简洁、苍劲。"②郭沫若也回忆:"中学时代的精公已经是嗜好小说的。在当时凡是可以命名为小说而能够到手的东西,无论新旧,无论文白,无论著译,他似乎是没有不读的。"③李劼人曾赞扬《水浒传》"一字一句都是人心坎上要说的",④ 而他自己也钟情《红楼梦》,发表了《新新红楼梦》这样的改编作品。

根据这些线索,不少学者注意到中国四大名著对李劼人写作所产生的良性影响。张中良在《从历史认知功能审视现代长篇小说的价值》一文中将李劼人的历史小说与《三国演义》相提并论。⑤ 杨义也明确指出,李劼人的小说创作"借鉴《三国演义》、《水浒传》、《红楼梦》等古典小说……的结构和描写方式"⑥。但被研究者所忽视的是,另一古典"奇书"《金瓶梅》亦被李劼人所钟爱。1935 年,在写作《死水微澜》之际,李劼人曾致信舒新城:"上海容易物色未经删节之淫小说,如《绿野仙踪》《金瓶梅》《品花宝鉴》《痴婆子》《拍案惊奇》《欢喜冤家》及其他新著。"他请舒新城代为购买,并言:"何以必看此等书?此中有至理,缓当详论。"⑦ 1955 年,李劼人在写给谢扬青的信中评价

---

① 杨联芬:《李劼人长篇小说艺术批评》,《文学评论》1990 年第 3 期。
② 杨义:《李劼人:成都平原的"大河小说"作家》,载成都市文学艺术界联合会、李劼人研究学会编《李劼人研究:2007》,四川出版集团巴蜀书社 2008 年版,第 491 页。
③ 郭沫若:《中国左拉之待望》,《中国文艺》1937 年第 1 卷第 2 期。
④ 李劼人:《李劼人全集·第六卷·中短篇小说》,四川出版集团、四川文艺出版社 2011 年版,第 11 页。
⑤ 张中良:《从历史认知功能审视现代长篇小说的价值》,《天津社会科学》2023 年第 5 期。
⑥ 杨义:《李劼人:成都平原的"大河小说"作家》,载成都市文学艺术界联合会、李劼人研究学会编《李劼人研究:2007》,四川出版集团巴蜀书社 2008 年版,第 485 页。
⑦ 李劼人:《李劼人全集·第十卷·书信》,四川出版集团、四川文艺出版社 2011 年版,第 38 页。

凯瑟琳·温莎的小说《琥珀》："以结构论，不如大仲马及微尼等浪漫派，而细微处复不及吾国之《金瓶梅》与《儿女英雄传》。"① 从此类私人通信中足见李劼人对《金瓶梅》的了解与钻研。而李劼人写作"大河三部曲"，也从叙事手法、人物塑造等方面模仿、借鉴了古典名著《金瓶梅》。

一　空间叙事的互文

在文学研究领域，"互文性"指不同文本之间的相互关系，通常也称为"文本间性"。这一概念最早由法国学者茱莉亚·克利斯蒂娃于1967年提出，她在《巴赫金：词语、对话与小说》一文中指出："任何文本都好像是一幅引语的马赛克镶嵌画，任何文本都是其他文本之吸收与转化，构成文本的每个语言符号都与文本以外的其他符号相关联，任何一个文学文本都不是独立的创造，而是对过去文本的改写、复制、模仿、转换或拼接。从这个意义上来说，文学根本就不存在什么'创造性'，所有文学都是'互为文本的'。"② 与传统的此文本影响彼文本的研究模式不同，"互文"要求不同文本之间具有更加紧密的关联。英国文论家戴维·洛奇对"互文"作了进一步的阐释："用一种文本指涉另一文本的方式多种多样，滑稽模仿、附和、暗指、直接引用、平行结构等等。"③ 换言之，只有具备"滑稽模仿、附和、暗指、直接引用、平行结构等"特征的两个或多个文本才称得上彼此"互文"。而《金瓶梅》与"大河三部曲"的空间叙事就具有某种平行结构的特征。在《金瓶梅》里，最常见的叙事空间是家庭宅院、寺观与妓院。

---

①　李劼人：《李劼人全集·第十卷·书信》，四川出版集团、四川文艺出版社2011年版，第139页。

②　董小英：《再登巴比伦塔：巴赫金与对话理论》，生活·读书·新知三联书店1994年版，第103页。

③　[英] 戴维·洛奇：《小说的艺术》，王峻岩等译，作家出版社1998年版，第110页。

（一）宅院空间

有论者曾指出："任何建筑物都是建筑者自我形象的物化。"① 的确，《金瓶梅》中西门府的建筑就承载了"展示自我"的表意功能。西门庆一妻五妾，吴月娘等四人居住在后边的院落，潘金莲与李瓶儿则住在前边的花园。

在明清小说中，花园属于"私人消遣的隐秘之处"②，《金瓶梅》里潘金莲醉闹葡萄架、李瓶儿私语翡翠轩等著名性爱场景均发生在花园之内。兰陵笑笑生用"花园"这一与众不同的居所暗示了潘、李二人的淫乱。

李劼人似在潜移默化中感知了"花园"的隐秘意象。因此，在他的笔下，官绅人家郝公馆的大花园不能随意进出，贾姨奶奶与仆人高贵在花园中滋生着暧昧的情愫。郝家公子郝又三亦在别处花园的牡丹丛中与情人伍大嫂各怀心事地相见。

上房是古代宅院的另一重要表意空间。上房是正妻的居所，男主人出入上房的频次代表着他对妻子家庭权威的认可程度。西门庆虽不太宠爱正妻吴月娘，但遇到重大抉择，尤其是与财产有关的决策时，他仍会去上房找吴月娘商议。出远门回家的第一晚，西门庆也会仪式性地选择在上房歇息。

李劼人笔下的士绅郝达三宠爱姨太太，整月整月在姨太太房里歇宿。但每晚全家人围坐在一起烧鸦片烟的时光，则必然在大太太的上房度过。"烧鸦片烟"这一象征行为代表着郝达三对大太太女主人权威身份的承认。

（二）市井空间

相传古制八家有一井。后把"井"引申为乡里、人口聚居地。《管

---

① 肖明翰：《大家族的没落——福克纳和巴金家庭小说比较研究》，广西师范大学出版社1994年版，第90页。
② 周宁：《想象与权力：戏剧意识形态研究》，厦门大学出版社2003年版，第210页。

子·小匡》言,"处商必就市井"。可见,"市井"最初是做生意的地方。及至《史记·平准书》记载:"市井之子孙,亦不得仕宦为吏。""市井"方开始指代与园林、宅院等相区别的中下层人民的活动场所。

1. 寺观

寺观是《金瓶梅》里重要的市井叙事空间。寺庙本为佛门清修之地,但书里的僧众却个个是"色中饿鬼"。他们或在超度亡灵时偷听行房,或贩卖春药,或养婆娘、吃烧酒……清规戒律荡然无存。这样的描写无疑是对传统观念中寺庙神圣性的解构。

"大河三部曲"中有关寺庙着墨不多,但王奶奶与儿子王念玉的一段饶有深意的对话亦揭示了晚清成都寺院的冰山一角。当王奶奶让王念玉去草堂寺探望他的干爹浑圆和尚时,王念玉哈哈大笑:"妈一说起浑圆师,就满脸是笑,又爱朝草堂寺跑,就不怕人家说闲话吗?"王奶奶立刻骂道:"你个婊子养的龟杂种!说起你妈的怪话来了!你妈要偷和尚,连你老子还管不着哩……现在骨头长硬了……连妈的怪话也要说了,真不是个好杂种!"[①] 从母子二人的对话中不难推测出王奶奶与浑圆和尚的暧昧关系。

庄子曾言:"圣人不从事于务,不就利,不违害,不喜求,不缘道。"[②] "不就利"即不贪图利益。这是道家始祖对后人最初的训诫。东汉时期,张道陵以道家理论为基础创立道教。道教经过一千多年的发展,及至明代中晚期,其典型建筑道观已遍布全国各地。信道之人本要求不贪小利,但《金瓶梅》中的道众却皆是贪利之徒。

一次,薛道姑劝西门庆印陀罗经保佑官哥,西门庆问印经的成本,说"有个细数才好动弹"。薛道姑连忙说:"止消先付九两银子,交付那经坊里,要他印造几千几万卷,装订完满以后,一搅果算还他工食纸札钱儿就是了。却怎地要细细算将出来!"[③] 本来就是一笔牟取暴利的

---

① 李劼人:《李劼人全集·第二卷·暴风雨前》,四川出版集团、四川文艺出版社2011年版,第119页。
② (战国)庄子:《庄子》,萧无陂导读、注译,岳麓书社2018年版,第41页。
③ (明)兰陵笑笑生:《金瓶梅词话》,陶慕宁校注,人民文学出版社2000年版,第704页。

糊涂账，薛道姑怎么可能让西门庆算清账目。李瓶儿爱子心切，拿出一对银狮子，要追加印造《佛顶心陀罗经》，薛姑子拿了银狮子就要走，还是被孟玉楼拦住，方才算清了印经的本钱。西门府败落后，西门庆的女婿陈经济沦落为道士。观主任道士将施主所赠的多余钱粮收集起来，在码头上开设米铺、换取银两，以谋求更大的利益。

  李劼人描写最多的道观是青羊宫。每年二月十五，人们会从四面八方赶来，到青羊宫求神祈愿。青羊宫有一青铜独角羊，据说有神力，"设若你身上某一部分疼痛，你只需在神羊的某一部分摸一摸，包你会好，不过要出了功果才灵"①。一句"要出了功果才灵"便道破了一切玄机。武侯祠虽不是道观，但有清一代，住持却几乎是道士。② 李劼人这样描写过春节时的武侯祠。

> 善男信女们是到处在向塑像磕头礼拜，尤其要向诸葛孔明求一匹签，希望得他一点暗示，看看今年行事的运气还好吗，姑娘们的婚姻大事如何，奶奶们的肚子里是不是一个贵子。有许愿的，也有还愿的，几十个道士的一年生活费，全靠诸葛先生的神机妙算。③

道士之利用诸葛亮的声威套取钱财由此可见。《金瓶梅》中的"毁僧谤道"情结到了李劼人的"大河三部曲"中依然有迹可循。

2. 妓院

  明代嘉靖、万历年间，"娼妓布满天下，其大都会之地动以千百计，其它穷州僻邑，在在有之，终日倚门献笑，卖淫为活"④。这为《金瓶梅》中大量出现的"妓院"描写提供了现实依据。此外，娼妓作

---

  ① 李劼人：《李劼人全集·第一卷·死水微澜》，四川出版集团、四川文艺出版社2011年版，第142页。

  ② 参见梅铮铮：《清初道士张清夜与武侯祠》，载谢辉、罗开玉主编《诸葛亮与三国文化（三）》，四川出版集团四川科学技术出版社2009年版，第490页。

  ③ 李劼人：《李劼人全集·第四卷·大波（重写本·上）》，四川出版集团、四川文艺出版社2011年版，第172页。

  ④ （明）谢肇淛：《五杂俎》（上），远方出版社2005年版，第207页。

为最古老的职业,在晚清的四川依然盛行,"大河三部曲"里由此出现了一些可圈可点的妓女形象。

西门庆前期宠爱李桂姐,后期迷恋郑爱月。郑爱月家的乐星堂建筑精巧:一座五进的院落,软壁竹篱。西门庆行至,只觉"异香袭人,极其清雅"①。郑爱月的闺房布置得尤为别致:四张东坡椅,两条琴光漆春凳,墙边供养着海潮观音。观音两旁则悬挂着四张美人图。乍一看,这不像妓家,倒像某个文艺女青年的居所。而西门庆之"嫖"郑爱月,也不是仅图单纯的肉欲享乐。

西门庆来到郑爱月的住处,先是吃点心:精制的银丝细菜、麻椒盐荷花细饼、烧金翡翠瓯儿盛着的桂花木樨茶……接着郑爱月和姐姐郑爱香陪着西门庆打牌。打完牌摆上酒席,郑爱月姐妹边喝酒边唱歌助兴。最后,方才进入真正的男女欢爱环节。西门庆来一趟乐星堂,便体验到了建筑艺术、美食、歌舞、美色等多重乐趣,明代妓院的魅力由兰陵笑笑生的生花妙笔缓缓写来,生动地呈现在了读者的面前。

《死水微澜》中的罗歪嘴也长包了一个妓女刘三金。罗歪嘴将刘三金安顿在云集栈的后院,刘三金便也乐得在此处与各色男人调情打笑。可以说,云集栈的后院是刘三金的临时办公场所。我们且看这一办公场所的布置。

> 后院房子是一排五大间,中间一间,是个广厅,恰好做摆宝推牌九的地方。
>
> ……
>
> 自罗歪嘴一回来,桌上的东西便摆满了,有蓝花瓷茶食缸,有红花大瓷盘,随时盛着芙蓉糕锅巴糖等类的点心,有砚台,有笔,有白纸,有梅红名片,有白铜水烟袋,有白铜漱口盂,有鲗鱼骨嘴子的叶子烟竿,有茶碗,有茶缸。②

---

① (明)兰陵笑笑生:《金瓶梅词话》,陶慕宁校注,人民文学出版社2000年版,第729页。
② 李劼人:《李劼人全集·第一卷·死水微澜》,四川出版集团、四川文艺出版社2011年版,第43页。

从"摆宝推牌九""盛着芙蓉糕锅巴糖等类的点心""白铜水烟袋"等描述中不难看出,罗歪嘴之包占刘三金,也不仅仅是为了得到肉欲的满足。与西门庆类似,罗歪嘴从刘三金处获得了牌九、美食、水烟、美色等多重享受。而刘三金房里的"笔墨纸砚"甚至还有几分红袖添香、附庸风雅的味道。

与中、上等妓院不同,下等妓院没有姿容超群的侍儿,没有富丽典雅的风光。西门庆的仆从玳安、琴童嬉游的蝴蝶巷,头牌艺妓的装扮也不过"一窝丝盘髻,穿着洗白衫儿,红绿罗裙儿",[①] 比之李桂姐等人的"说不尽梨园娇艳,色艺双全",高下自是立判。下等妓院的吃食也相对简单,待客只需几碟虾米、咸鱼、猪头肉等家常菜品即可。

《暴风雨前》中下莲池畔的伍家也是下等妓院。伍大嫂年近三十,姿容已衰,书中描述她"眼角上已牵了鱼尾,额头上已起了皱纹,两颊上的酒窝只剩了点余痕,而讨厌的雀斑几乎连脂粉都掩不住了"[②]。伍大嫂家的陈设也十分简陋,梳妆打扮照的是凹凸不平的土玻璃手镜,接待贵客也不过只是将几样现成的卤菜、几两大曲酒摆在桌上。

可见,时光虽流逝几百年,妓院的各色景况却始终大同小异。

二 节庆叙事的运用

著名人类学家费孝通曾谈到,中国传统历法不仅仅安排着中国人的劳作日程,也全面安排着中国人的生活世界。"像岁时节日,像何日祭祖,何日拜佛、吃素斋,何时祭灶神,等等,这是中国人表达生活意义的方式,它们活跃在历法的秩序中,一旦取消传统历法,整个意义世界就失去条理和秩序了。"[③] 节庆作为传统历法中的重要意义符号,在

---

① (明) 兰陵笑笑生:《金瓶梅词话》,陶慕宁校注,人民文学出版社2000年版,第598页。
② 李劼人:《李劼人全集·第二卷·暴风雨前》,四川出版集团、四川文艺出版社2011年版,第203页。
③ 钱雯:《小说文化学理论与实践》,安徽教育出版社2008年版,第226页。

《金瓶梅》中得到了大量书写。书中各传统节日出现的频次大致如下：元旦节2次，元宵节4次、清明节3次、端午节3次、中秋节5次、腊八节2次、中元节1次、除夕1次。繁多的节庆描写对小说叙事起到了积极作用，正如美国汉学家浦安迪所指出的："（《金瓶梅》的）小说骨架是非常引人注目地镶嵌在年复一年的例行事件框格里：众多的节日及其庆典。"① 无独有偶，李劼人的"大河三部曲"也写到了元宵、端午等佳节，这些节庆书写对人物性格的展开以及小说故事情节的发展皆起到了良好的推动效果。

首先，书写节庆可以为人物性格的展开提供事实依据。古代妇女囿于闺阁，大门不出，二门不迈，仅在元宵节、上巳节等节庆之日方可外出活动。明代元宵节尤为隆重，自正月初八日始，至正月十八日结束，整整庆贺十日。明代唐伯虎《元宵》一诗云："有灯无月不娱人，有月无灯不算春。春到人间人似玉，灯绕月下月如银。满街珠翠游春女，沸地笙歌赛社神。不展芳樽开口笑，如何消得此良辰。"② 从中可见元夜妇女游街的盛况。

《金瓶梅》共写了四次元宵，前三次都对人物塑造起到了关键的作用。第一个元宵节，李瓶儿邀西门府众女眷来新买的房子登楼观灯。潘金莲在临街的楼上，故意把白绫袄袖子往上推，露出十根春葱般的手指与六个金马镫戒指，搔首弄姿、嬉笑不止，引得楼下众人围观。人们议论纷纷，猜测她们是公侯府里的贵眷。第二个元宵节，仆妇宋惠莲正得西门庆盛宠。她与西门庆众妾一同上街游玩，有意勾引潘金莲的暧昧对象陈经济，引得众人反感。第三个元宵节，贲四娘子请西门府的得宠丫鬟到家里吃席，玉箫等请求春梅去征得西门庆同意。春梅非但不起身，反骂玉箫等人没有见识，她抱怨贲四家的饭食太次，根本不值一吃。后来书童出马，讨到西门庆口谕，众丫鬟才高高兴兴地往贲四家去了。在

---

① ［美］浦安迪：《〈金瓶梅〉的章回结构和时空设计》，沈亨寿译，载吉林大学中国文化研究所编《金瓶梅艺术世界》，吉林大学出版社1991年版，第354页。
② （明）唐寅：《元宵》，载王立言选注《明诗三百首》，百花文艺出版社2018年版，第117页。

上述的元宵节活动中，人物性格突显无疑：潘金莲爱显摆、宋惠莲轻狂、春梅傲慢。

近代成都的元宵节也十分热闹。有首竹枝词记载："元宵灯火敞玲珑，锦里繁华入夜中。最是无知小儿女，出门争看爆花红。"① 在《死水微澜》中，顾天成在元宵观灯之夜偶遇漂亮的蔡大嫂，欲对其行非礼之事，但自己没有胆量，只好撺掇另一人一同行动。及至惹恼了蔡大嫂的姘头罗歪嘴，两队人马真刀真枪地干起仗来，顾天成又吓得不知所措。李劼人以元宵观灯游玩的蔡大嫂为引子，写出了顾天成惹是生非又胆小怕事的流氓癖性。

其次，书写节庆有助于更好地展开叙事。《金瓶梅》中四次提及端阳佳节，前两次端午节均与故事情节的发展密切相关。西门庆、潘金莲毒杀武大之后，二人愈加放纵，从先前的偷摸之欢转为"恣情肆意停眠整宿"。② 一日将近端阳节，西门庆与潘金莲相约饮酒作乐，杯盏交叠之间，西门庆央求潘金莲弹奏琵琶，潘金莲轻启朱唇、款弄琴弦，唱了一个《两头南》。西门庆听罢，"喜欢的没入脚处"③，称赞她比勾栏里的艺妓还弹唱得好。潘金莲既擅风月，又有曲艺才华，在西门庆心里的地位自是更高了一层。这番端阳宴饮为后续潘金莲顺利嫁入西门府做了铺垫。

第十六回，又逢端阳节，这次李瓶儿置酒宴客，乃是商议过门之事。自从花子虚去世后，李瓶儿孤身无一人，无所依傍，一心想嫁与西门庆为妾。但西门庆深恐花子虚族兄花大刁难，一直不愿正面允诺纳妾一事。端午这日，两人商定在五月十五日请僧人念经烧纸祭奠亡灵，并邀花大等人同来。及至五月十五日，李瓶儿改嫁西门庆一事征得花大同意，西门庆方放下心结。如此，才有了后来瓶儿进府、金瓶斗法诸事。可见，西门庆与李瓶儿的端阳议事是后续故事情节发展的关键缘起。

---

① （清）庆余：《灯市》，载杨燮等著，林孔翼辑录《成都竹枝词》，四川人民出版社1982年版，第157页。
② （明）兰陵笑笑生：《金瓶梅词话》，陶慕宁校注，人民文学出版社2000年版，第62页。
③ （明）兰陵笑笑生：《金瓶梅词话》，陶慕宁校注，人民文学出版社2000年版，第65页。

李劼人的《暴风雨前》中也写到了端阳节。"端阳节是三大节气之一，万万不可胡乱的过去。"① 即使穷人，也有享受节日欢乐的权利。伍平本想在端阳节这天上街听戏，却误打误撞地围观了抢教堂，又机缘巧合地带回了洋人的餐具。此后官府查办教案，伍平百口莫辩，只得充军躲避风头。而伍大嫂为搭救伍平，沦为魏三爷的姘头，继而做起了暗娼。"端阳节"是伍平一家命运的重要转折点。

三 人物形象的模仿与借鉴

李劼人笔下的女性泼辣大胆、性格鲜明，早已是学术界重点讨论的对象，而其中最为突出的三个角色是蔡大嫂、伍大嫂和黄澜生太太。《死水微澜》的法译本译者温晋仪曾说："蔡大嫂这个人物……使人想到了《水浒传》中'放荡'的潘金莲。"② 这样的眼光非常独到。《水浒传》中的潘金莲即是《金瓶梅》中的潘金莲。潘金莲自小被母亲卖到王招宣府里学习弹唱，后转卖给张大户，因遭张家主母嫉恨，又被迫嫁与武大为妻。武大相貌丑陋、举止猥琐，潘金莲对他甚是憎嫌。她后来遇见"风流浮浪、语言甜净"的西门庆，方才初尝了情爱的滋味。

蔡大嫂同样不满老实木讷、傻里傻气的丈夫蔡兴顺，背地里与见多识广、呼风唤雨的袍哥头子罗歪嘴勾勾搭搭。在两人打得火热之际，罗歪嘴提议向蔡兴顺坦白二人的关系，蔡大嫂初时认为不妥，但转念一想，觉得这总比谋杀亲夫要好得多，方同意了罗歪嘴的意见。嫌弃丈夫、另谋真爱、欲置夫君于死地，从蔡大嫂的人生经历中我们可以见出潘金莲的影子。

《金瓶梅》中不仅有个潘金莲潘六儿，还有一个同样出身寒微的王

---

① 李劼人：《李劼人全集·第二卷·暴风雨前》，四川出版集团、四川文艺出版社2011年版，第85页。
② 温晋仪：《〈死水微澜〉法译本前言》，转引自王嘉陵、郭志强主编《李劼人图传》，四川出版集团天地出版社2005年版，第102页。

六儿。王六儿被西门庆包占，也不过图"输了身一场，且落他些好供给穿戴"①。丈夫韩道国不仅不以戴绿帽为耻，反而因妻子攀上了西门庆而感到幸运。李劼人《暴风雨前》中的伍大嫂一样家境贫寒，为了营救丈夫，也为了改善生活，她做起了暗娼，婆婆伍太婆则充当皮条客的角色。起初，这两个女性用身体换取金钱，后来王六儿在西门庆那里享受到了性的快乐，而伍大嫂与嫖客郝又三则产生了真挚的感情。可以看出，这两个人物的经历有相似之处，这两个艺术形象之间有一定内在关联。

如果说潘金莲、王六儿在一定程度上反映了明代中下层妇女的生活状况，那么王招宣府中的林太太则是当时上层女性的代表。林太太二十岁守寡，孤寂躁动的青春无处安放，她表面恪守妇道，私底下却四处寻找品貌端正的男子与之通奸。《大波》中的龙兰君贵为官太太，享受着锦衣玉食的生活，但其内心空虚，在爱情上从未得到满足，她管束不了花心的丈夫，任凭他在外边怎样乱搞，只要不抬进家门就好。作为对丈夫的报复，龙兰君亦与姐夫、妹夫、表侄楚用等各色人等偷情。金玉其外，败絮其中！林太太与龙兰君这两个角色也颇有几分神似。

不仅"大河三部曲"中的女性人物在《金瓶梅》中有迹可循，一些男性形象也可找出相似之点。应伯爵是《金瓶梅》中的男二号，他本是绸缎铺应员外的第二个儿子，由于排行老二而继承家资较少，加之没有什么谋生本领，只好在西门府骗吃骗喝，应伯爵名字中的"伯爵"二字即"白嚼"的谐音。一次，应伯爵空着肚子拜访西门庆，一见到西门府的美味珍馐，他便"拿起箸来，只三扒两咽"，就将一桌饭食一扫而光。而后，平安儿送来鲜果，应伯爵当即"一手挝了好几个"塞进嘴里。另有一次，李瓶儿刚刚去世，西门庆思念故人、无心饮食，应伯爵以害怕把食物放冷为借口，在征得西门庆同意之后，立马就将用酥油白糖熬制的牛奶一吸而尽。可见，兰陵笑笑生几乎在用漫画的笔调描摹应伯爵难看的吃相。

---

① （明）兰陵笑笑生：《金瓶梅词话》，陶慕宁校注，人民文学出版社2000年版，第449页。

李劼人笔下的吴凤梧是川边一个丢了饭碗的底层军官,为了生存,他也做起了"帮闲"的营生。他常去黄澜生家吃白食。

>罗升恰端着掌盘,将消夜的酒菜送了出来。
>............
>吴凤梧见了酒,不管是白的,是黄的,已是一心都钻进杯里去了。加以肚里正饿,不客气的塞了一口的菜……①

一次,吴凤梧偶遇郝又三,当郝又三邀请他去家里做客,他又情不自禁地幻想起了郝公馆的美食。

>像郝又三这样人家,只管说是小菜饭,但是可以断定,至少总有一点油荤,比如说炒鸡蛋啦、鸡哈豆腐啦总有……②

于是在假意推辞一番之后,他便欣然答应前往。吴凤梧俨然就是清末民初的应"白嚼"。

陈经济是《金瓶梅》后二十一回的第一男主角,有论者评价他:"是一个集色鬼、流氓、多余人形象于一身的人物。"③ 而在众多标签中,最突出的特征恐怕还是好色,正如兰陵笑笑生的评语:"只有一件不堪闻,见了佳人是命。"④ 陈经济与潘金莲的通奸是全书浓墨重彩描写的事件。陈与潘苟且最初固然源于情欲的放纵,但在多个回合的相处中,陈经济也对潘金莲滋生了真情。听闻潘金莲的死讯,陈经济"心中转痛不下"。当得知潘金莲被安葬在城外永福寺,陈经济顾不得参见他父亲的灵柩,而是率先去潘金莲墓前烧纸祭拜。

---

① 李劼人:《李劼人全集·第三卷·大波(上)》,四川出版集团、四川文艺出版社2011年版,第135—136页。
② 李劼人:《李劼人全集·第四卷·大波(重写本·下)》,四川出版集团、四川文艺出版社2011年版,第852页。
③ 马征:《〈金瓶梅〉悬案解读》,四川出版集团四川人民出版社2004年版,第313页。
④ (明)兰陵笑笑生:《金瓶梅词话》,陶慕宁校注,人民文学出版社2000年版,第200页。

论李劼人"大河三部曲"对《金瓶梅》的借鉴

陈经济是西门府的多余人,而楚用又何尝不是黄澜生家的多余人。楚用与表婶的偷情,源自表婶的勾引与自己难以克制的淫欲,他曾独白:"只要表婶真实的肯爱他……真实的肯把他读过的一些淫秽小说上所描写的狂荡滋味给他尝一尝","即使把性命丢了,似乎也值得"。①在与表婶几番周旋后,他动了真情,"总把那专占的自私心压抑不下,一听见她说到别的爱人,心里总是酸溜溜的难过"②。

前现代的城市浮浪子弟陈经济自是无法与维新时期半新不旧的中学生楚用相提并论,但这两个角色淫心难抑却又不乏痴情的性格特点却一脉相承。

西门庆的男宠书童虽着墨不多,但几笔勾勒亦将其形象生动展现。一次,西门庆命书童扮女子唱戏递酒。于是书童"要了四根银簪子,一个梳背儿,面前一件仙子儿,一双金镶假青石头坠子,大红对衿绢衫儿,绿重绢裙子……要了些脂粉,在书房里搽抹起来,俨然就是个女子,打扮的甚是娇娜。"在推杯换盏间,他"打了个金儿,慢慢低垂粉头,呷了一口"③。娇情媚态跃然纸上。

"大河三部曲"中同样有一个叫做王念玉的娈童,他"大概有十六七岁,真长得好,有红有白的一张嫩脸,油光水滑一条松三把辫子。长衫脱了,穿了件官纱背心,敞着二寸来高滚了边的领,露在外面的一段颈项,两条膀膊,真不像是男子身上的肌肤骨格"④。而他吃酒时的神情更为妩媚:"那少年吃了两杯热酒,连眼皮都沁红了,眼波更分外流动起来。笑的声音,很清脆的把四周的眼光吸引了不少过去。"⑤

---

① 李劼人:《李劼人全集·第三卷·大波(上)》,四川出版集团、四川文艺出版社 2011 年版,第 82 页。
② 李劼人:《李劼人全集·第三卷·大波(上)》,四川出版集团、四川文艺出版社 2011 年版,第 266 页。
③ (明)兰陵笑笑生:《金瓶梅词话》,陶慕宁校注,人民文学出版社 2000 年版,第 418 页。
④ 李劼人:《李劼人全集·第三卷·大波(上)》,四川出版集团、四川文艺出版社 2011 年版,第 73 页。
⑤ 李劼人:《李劼人全集·第三卷·大波(上)》,四川出版集团、四川文艺出版社 2011 年版,第 75 页。

从繁复绮丽的衣饰描写、娇羞的女子情态、"俨然就是个女子"、"真不像男子身上的肌肤骨格"等话语中可以见出李劼人对《金瓶梅》中娈童形象的仿拟与借鉴。

四 结语

著名学者郑振铎认为，《金瓶梅》"是一部很伟大的写实小说。赤裸裸的毫无忌惮的表现着中国社会的病态，表现着'世纪末'的最荒唐的一个堕落的社会的景象"①。而李劼人也是四川文学史上的"写实主义大师"，"大河三部曲""用广阔的历史画卷，反映出辛亥革命前后社会生活的全貌和历史变革的大潮。"② 过去我们通常习惯从法国现实主义文学中寻找李劼人小说创作的源流，但如前所述，《金瓶梅》这样的古典小说同样具有"现实主义"的质素。正如杨联芬所指出的："传统白话小说尤其是长篇小说……《金瓶梅》、《红楼梦》在场景描写的具体真实性，在细节描写的精细准确性上，都与十九世纪法国现实主义小说有着相通的美学内涵。"③ 可以说，李劼人的写实主义手法既承袭自巴尔扎克、福楼拜与左拉，亦与《金瓶梅》等中国古典小说有着密不可分的关系。

然而十分可惜的是，《金瓶梅》作为一本"秽书"，长期以来被学界尘封，同样是在郑振铎的回忆里，有一位著名的北平学者，他有一部《金瓶梅》，但始终不曾翻过，因为往来的客人太多，他不敢将《金瓶梅》放在书房里。但好在最近二十年，越来越多的读者突破了"秽书"的偏见，看到了《金瓶梅》巨大的文学价值，越来越多的研究者也将它视为中国传统文学的"瑰宝"，探讨其对中国现代文学所产生的影响。而本文讨论《金瓶梅》与李劼人"大河三部曲"的关系，实际也只揭开了"《金瓶梅》与中国现代文学"这一话题的冰山一角。本文只是抛砖，以期待更多的发微探幽之作。

---

① 郑振铎：《西谛书话》，生活·读书·新知三联书店2005年版，第73页。
② 王嘉陵、郭志强主编：《李劼人图传》，四川出版集团天地出版社2005年版，第101页。
③ 杨联芬：《李劼人长篇小说艺术批评》，《文学评论》1990年第3期。

外国文学

神话原型批评视域下的《失去一切的人》研究

肖达娜*　伍家熹**

摘要：《失去一切的人》是"科幻小说女王"厄休拉·勒古恩的代表作之一，曾获雨果奖、星云奖双奖，被评论家赞为70年代幻想文学复兴的标志。笔者从神话原型批评角度切入，首先结合坎贝尔的英雄故事普遍模式与谢维克的追寻之旅，分析了"追寻原型"在书中的表现形式；其次对"追寻原型"体现出的深层内涵进行剖析；最后以荣格集体无意识理论为基础，梳理"追寻原型"的文学嬗变，总结"追寻原型"反映出的人类共同心理内容以及现实意义。旨在实现对文本更深入的理解，展现作家赋予科幻世界的精神内核。

关键词：神话原型批评；《失去一切的人》；追寻原型

一　绪论

（一）厄休拉·勒古恩的《失去一切的人》

厄休拉·勒古恩（Ursula K. Le Guin）是美国著名科幻作家，被誉为"科幻小说女王"，著有小说20余部，多次获世界重量级科幻奖项及多项终身成就奖。与着重刻画科技的硬科幻小说不同，勒古恩的小说

---

* 肖达娜，四川师范大学国际中文教育学院副教授，哲学博士，研究方向：英美文学、哲学、学科教学。

** 伍家熹，四川师范大学文学院语言学及应用语言学专业硕士研究生。

更多融合了对人类学、政治学、心理学、哲学等社会科学的思考。其巅峰之作《失去一切的人》（*The Dispossessed*）虚构了一对双子星球——阿纳瑞斯（Anarres）和乌拉斯（Urras）。贫瘠荒芜的阿纳瑞斯与资源富足的乌拉斯对比鲜明，两个社会的信仰也完全不同。阿纳瑞斯的物理学家谢维克（Shevek），为了继续完成时间共时理论（a unified temporal theory），打破两个星球之间的壁垒，独自一人前往乌拉斯。在乌拉斯，他不仅向全宇宙公开了时间共时理论成果，更重塑了自己对"奥多主义"（Odo Theory）的认识，完成了从阿纳瑞斯出发，在乌拉斯"重生"，最后返回阿纳瑞斯的追寻之旅。

（二）研究现状及理论依据

国外对于厄休拉·勒古恩及其作品《失去一切的人》的研究起步时间早，成果颇丰，国内关于勒古恩《失去一切的人》的研究较少，主要集中在乌托邦视角、道家思想、女性主义、神话仪式等几个方面。① 本文选择以谢维克的乌拉斯之旅为主题，以神话原型批评理论为切入点，研究《失去一切的人》中的"追寻原型"。

神话原型批评是20世纪五六十年代流行于西方的批评流派之一，与文化人类学、心理学、象征哲学等多个学科密切相关。弗雷泽（Frazer）在《金枝》（*The Golden Bough*）中对比了"以巫术为中心的仪式、神话和民间习俗等"②，揭示了神话与现实世界内在联系。在弗雷泽的影响下，逐渐形成了"剑桥学派""神话—仪式学派"。心理学家荣格是现代原型理论的奠基者。荣格认为集体无意识是潜藏在每个人心底深处的超个人内容，原型则是"集体无意识的结构形式，主要由那些被

---

① 参见郭建《"尴尬的乌托邦"——〈一无所有〉之乌托邦研究》，《外国文学》2012年第4期；夏桐枝《〈一无所有〉折射的道家思想之光》，《外国语文》2012年第2期；周海平、蔡文娟《厄休拉·勒奎恩小说〈一无所有〉的女性主义解读》，《安徽科技学院学报》2018年第4期；肖达娜《科幻英雄的神话之旅——论〈一无所有〉中的仪式思维》，《四川师范大学学报》（社会科学版）2021年第2期等。

② 叶舒宪编选：《神话—原型批评》，陕西师范大学出版社1987年版，第4页。

抑制和遗忘的心理素材构成，它们在神话和宗教中得到最明显的表现"①。荣格从心理学角度对原型理论的阐释为文学作品研究提供了充分的材料和全新的视角，并形成了以作者创作和读者欣赏作品时心理反应为基础，以研究原型为主要内容的"荣格学派"。神学家和文学批评家弗莱（Frye）以《批评的解剖》（*Anatomy of Criticism*）而闻名，是神话原型批评理论的集大成者。他认为原型是"文学作品里的因素：它或是一个人物，一个意象，一个叙事定势，或是一种可以从范畴较大的同类描述中抽取出来的思想"②。通过原型的"置换变形"，可以总结出文学发展的规律线索，而"置换变形"又取决于每一个时代所特有的真善美标准。

如此一来，原型概念的内容不仅仅拘泥于神话和宗教仪式的研究，更是将今天与过去相联系的桥梁。"追寻原型"能够追溯到远古时期人类的"过渡仪式"以及众多神话传说，如今更是延伸至各个文学相关领域，具有研究价值。

《失去一切的人》作为一部现代科幻小说，主人公谢维克的追寻之旅正是"追寻原型"在现代的重新演绎。本文将总结出"追寻"在《失去一切的人》中的表现形式，阐释"追寻原型"在《失去一切的人》中的深刻内涵，最后结合文学史分析"追寻原型"的置换变形，追溯"追寻原型"的心理源头，探讨"追寻原型"的现实意义。

二 《失去一切的人》中的"追寻"之旅

"追寻"是古今中外文学作品中反复出现的母题之一。荷马史诗《奥德赛》记录了奥德修斯长达十年的还乡历程，他利用自己的聪明才智，克服重重阻碍，最终完成了一次载入史册的追寻之旅。这一故事正是"追寻"原型母题的完美呈现：英雄独自踏上旅程，历经考验，获

---

① 叶舒宪编选：《神话—原型批评》，陕西师范大学出版社1987年版，第7页。
② 邱运华主编：《文学批评方法与案例》（第二版），北京大学出版社2006年版，第117页。

得奖赏，最后回归家园。

《失去一切的人》中最重要的一次"追寻"之旅，是谢维克在朋友和家人的支持下，离开阿纳瑞斯前往乌拉斯，去追寻完整的时间共识理论和真正的奥多主义。小说以"阿纳瑞斯—乌拉斯"为开端，"乌拉斯—阿纳瑞斯"为结尾，形成了完美的环形。谢维克的乌拉斯之旅很好地契合了神话学家约瑟夫·坎贝尔（Joseph Campbell）提出的"单一神话"理论："神话中英雄历险之旅的标准道路是成长过渡仪式准则的放大：即启程—启蒙—归来。"① 接下来本文将解读这一模式下谢维克的"追寻"之旅。

（一）启程：困惑与迷茫

"启程"是坎贝尔英雄冒险之旅的第一阶段，又分为"出发""历险的召唤""拒绝召唤""超自然的辅助""跨越第一个阈限""鲸鱼之腹"六个部分②。

"冒险的召唤"是刺激英雄做出改变的契机和理由，在召唤之下，英雄将从平凡的日常生活中抽离出来，踏上全新的冒险之旅。在《失去一切的人》中，乌拉斯的存在就像伊甸园里的智慧果，持续吸引着谢维克。依据作者的描述，谢维克与他的同伴从小就对"那颗光华璀璨的姐妹星球"充满好奇。青年谢维克前往阿比内，进一步学习乌拉斯前沿的物理理论。他的老师萨布尔却像一个独裁者，剽窃他人的学术成果，阻止谢维克与乌拉斯的科学家通信交流。四年大饥荒、发疯的蒂里恩③、被同伴排挤的萨迪克④，都刺激着谢维克的神经。种种矛盾吸引、召唤着他，被压抑的好奇心和对真理的向往让谢维克前往乌拉斯的决心愈加坚定。最终，谢维克在众人的谩骂声中，独自一人乘上了前往

---

① ［美］约瑟夫·坎贝尔：《千面英雄》，黄钰苹译，浙江人民出版社2016年版，第23页。
② ［美］约瑟夫·坎贝尔：《千面英雄》，黄钰苹译，浙江人民出版社2016年版，第41页。
③ 蒂里恩：谢维克的旧友，天生的艺术家。因为创作了一部关于乌拉斯人的戏剧被送去收容所进行治疗。
④ 萨迪克：谢维克的女儿，每晚在学习中心和其他同龄人一起过夜，因为谢维克提议变革而遭到同伴孤立。

乌拉斯的货运飞船。

"对于没有拒绝召唤的英雄，在英雄之旅中他们最早遇到的人是保护者"①，继而获得来自保护者的"超自然的援助"，使英雄能够"跨越第一个阈限"走向更远的征程。在"警惕号"飞船上，谢维克呕吐、昏迷，被锁在"监狱"一般的客舱内，感到无限孤独，这时他遇到了第一个乌拉斯人——医生齐默。与神话中的教母、智者、摆渡人不同，齐默只是一个乌拉斯的普通人，他细心照料谢维克。在与谢维克的交谈中展现出一堵星球文明之间无法打破的"墙"，这堵"墙"仿佛也预示着谢维克的乌拉斯之旅中的种种困境。"跨越第一个阈限"后，飞船顺利降落，由此谢维克带着对乌拉斯的困惑与迷茫彻底进入了一个全新的世界，他将为了心中的理想，迎接启蒙阶段的一切挑战。

（二）启蒙：理想的重生

在"英雄之旅"的中段"启蒙"阶段中，英雄会"进入一个变幻不定、难以捉摸的梦一样的地方，在这里他必须经受住一系列的考验"②。

谢维克在乌拉斯感受充满生机与创造力的大自然，游历名胜古迹，参加各种高端学术会议，享受乌拉斯人的欢呼掌声。所有人都衣冠楚楚、彬彬有礼；商店里奢侈的珠宝礼品琳琅满目；太空基地瑰丽优雅，他"已经爱上了乌拉斯"③，并认为"这才是世界应有的面貌"④。面对天堂一般的乌拉斯，谢维克的内心却逐渐为丰饶的物质生活所困。在拥有充裕的时间、材料的条件下，他却失去了科研前进的方向；更重要的是，他心中的奥多主义信仰受到了动摇。

除去物质对谢维克的考验，随之而来的还有"遇到女神"与"妖

---

① ［美］约瑟夫·坎贝尔：《千面英雄》，黄珏苹译，浙江人民出版社2016年版，第57页。
② ［美］约瑟夫·坎贝尔：《千面英雄》，黄珏苹译，浙江人民出版社2016年版，第83页。
③ ［美］厄休拉·勒古恩：《失去一切的人》，陶雪蕾译，北京联合出版公司2017年版，第97页。
④ ［美］厄休拉·勒古恩：《失去一切的人》，陶雪蕾译，北京联合出版公司2017年版，第73页。

妇的诱惑"①。"女神"和"妖妇"是人格面具"阿尼玛"②的具体表现形式,是潜藏在英雄人格中的阴柔意象,也是英雄对性和爱兴趣的体现。英雄在经历这一考验后才能得到人格的补偿。谢维克为了在乌拉斯"找到一个能够给他帮助,而不是兜售东西的人"③,他选择向薇阿求助。薇阿拥有纤小的双脚、迷人的香气、微微闪光的头颅、贴上珠宝的肚脐,这一具充满挑逗的意味的身体对谢维克来说新奇无比。谢维克在酒精的驱使、薇阿的引诱下,彻底陷入性爱的欲望深渊,以致在第二天醒来以后"肮脏的感觉挥之不去"。"妖妇的诱惑"让谢维克认真审视了伊奥国④与他的关系,清晰地认识到自由为何物。这促使谢维克第一次在乌拉斯思念他的家园,开始重新思考自己前进的方向。

随着共时理论的完成,谢维克心中的"墙"轰然倒塌。与此同时,仆人艾弗尔在与谢维克闲聊时向谢维克展示了乌拉斯的另一面。对乌拉斯的下层人民来说,老鼠、兵营、精神病院、阴沟里的死婴,种种暴行司空见惯。奥多主义信仰者谢维克,走入贫民区,重塑自己的信仰。在英雄之旅"与天父重新和好"阶段,"仁慈与恩典的形象常被生动地表达为正义与愤怒的形象"⑤。因此,飞机的轰鸣、武器的咆哮,死去的同伴象征的是谢维克与奥多主义的和解,他重新认识了奥多主义。没有任何制度是完美的,固步自封、缺乏变革的社会最终会成为自己的对立面,奥多主义正是变革的力量之源。

(三) 归来:远游即归程

当英雄披荆斩棘,经历重重考验完成自己的历险后,便进入"英雄

---

① [美] 约瑟夫·坎贝尔:《千面英雄》,黄钰苹译,浙江人民出版社2016年版,第103页。
② 阿尼玛(anima):荣格原型的重要理论,指的是男性身上具有少量的女性特征或是女性基因,男性会把自己的阿尼玛形象投射到真正的女人身上。
③ [美] 厄休拉·勒古恩:《失去一切的人》,陶雪蕾译,北京联合出版公司2017年版,第225页。
④ 伊奥国:乌拉斯由三个国家组成,发达资本主义的伊奥国,高度集权的舍国,贫穷落后受前两个国家操纵的本比利。谢维克到访的是最富裕和最自由的伊奥国。
⑤ [美] 约瑟夫·坎贝尔:《千面英雄》,黄钰苹译,浙江人民出版社2016年版,第108页。

之旅"的最后一程:"归来",英雄会经历"拒绝回归""借助魔法逃脱""来自外界的解救""跨越归来的阈限""两个世界的主宰""自由的生活"六个阶段。①

与英雄"拒绝回归"和"自由的生活"不同,谢维克归家的心从未动摇,作者也并未对归来后谢维克的生活做更多描述。小说在谢维克看到他的伴侣所在的特米尼安海后戛然而止,读者却清楚地知道,尽管他"两手空空,一如既往"②,以一个叛逃者的身份返回自己的星球,但他已经不再是离开时的谢维克,他已经历过重重考验,完成了精神和心灵的修炼,成为"两个世界的主宰"。坎贝尔对"两个世界的主宰"做出如下描述:"英雄能够自由地跨越两个世界,从时间幻象的世界到因果关系的深层世界再返回来。这是主宰者的能力。它并不会使一个世界的原则污染另一个世界,但可以使头脑借助这一个世界来了解另一个世界。"③ 反观谢维克,他身上有着和英雄同样的特征,他离开阿纳瑞斯,绝对不是按阿瑞斯人所宣称的"背叛",他只是在另一个世界探寻变革的火花来拯救不断堕落的阿纳瑞斯,他自始至终是奥多主义最忠实的信仰者。回归也不仅仅是回到阿纳瑞斯这个地方,更是回到他心灵的栖息地。

谢维克的追寻之旅的轨迹完美验证了奥多墓志铭上那句"远游即归程"④。离开故乡之后,才能用全新的眼光发现故乡,抵达一个新的故乡。

三 《失去一切的人》中"追寻"之旅的深层内涵

荣格认为"原型不是由内容而是仅由形式决定的"⑤,也就是说原

---

① [美]约瑟夫·坎贝尔:《千面英雄》,黄钰苹译,浙江人民出版社2016年版,第172—215页。
② [美]厄休拉·勒古恩:《失去一切的人》,陶雪蕾译,北京联合出版公司2017年版,第414页。
③ [美]约瑟夫·坎贝尔:《千面英雄》,黄钰苹译,浙江人民出版社2016年版,第201页。
④ [美]厄休拉·勒古恩:《失去一切的人》,陶雪蕾译,北京联合出版公司2017年版,第92页。
⑤ 程金城:《原型批判与重释》,陕西师范大学出版总社2019年版,第37—38页。

型不能被看作已经清晰的画面，而是一种原始模型，他因个人的具体心理情境而被激活，不断置换。弗莱认为"文学内容的置换更新取决于每一个时代所特有的真善美标准"①。荣格偏向从心理维度解读原型，弗莱则强调其文化维度的作用。因此，《失去一切的人》中的"追寻"不仅仅具有"启程—启蒙—归来"的形式意义，更具有深层内涵。本文将从谢维克对自我身份的构建和对理想家园的追寻两方面展开分析。

（一）自我身份的建构

英雄的追寻之旅不仅是外在的行为模式，更是英雄自我探索历程的外化。《失去一切的人》记录了谢维克前半生的追寻之旅，读者见证着谢维克从孩童时代一路走来，在种种苦难和失落之中、不断的自我诘问之中，一步步找到前行的道路。在谢维克的成长经历中，他总是一个异数，一个"落单"的人。英雄"启程"前，小说突出描写了他幼年时期被辅导员赶出演讲聆听小组的窘迫，不被工友理解的聪明才智，在阿比内独来独往的生活状态。谢维克孤僻的性格与外界的格格不入，"二十岁的他对自己的想法和怪异性格异常敏感"②，他对真理和思想自由的追寻被视为"无用"，甚至是对整个星球的背叛。

如果说完成共时理论是他前往乌拉斯的外在目的，那么他对身份不确定性的逃避和对自我认同的追求，则是开启追寻之旅的内在动力。在"启蒙"过程中，谢维克经历了自我身份的确认，这是一个在两种不同信仰之间寻找归属的动态变化过程。在乌拉斯，他受到最尊贵的接待，却只被视作天真的理想国国民；他毕生的研究成果，虽被视若珍宝，最终也不过是用作博弈的政治筹码。在这趟旅程中，与谢维克相伴的是一种无比孤独的处境，既非阿纳瑞斯，也非乌拉斯，他是流放者之中的流

---

① 叶舒宪编选：《神话—原型批评》（增订版），陕西师范大学出版总社有限公司2011年版，第14页。

② [美] 厄休拉·勒古恩：《失去一切的人》，陶雪蕾译，北京联合出版公司2017年版，第115页。

放者,在两个星球之间无处容身。

历经失落与挫败后,谢维克在旅程的尽头得到领悟:他不再是希望求得某一个群体认可的流放者,而是自己心中真理的追随者。他的确是"失去一切"的人,但这四个字并非只代表着苦闷和悲伤,更象征着一层更高的哲学境界:当人的存在摆脱了一切不重要的虚妄,便留下了至关纯粹的信念。用尼采评价俄狄浦斯的话说:"纯粹的哲学观照是不需要环视四周的,对于自我存在的意识也不需要尘世的荣耀加以证实。"①

(二) 理想家园的追寻

与奥德修斯的还乡之旅相同,谢维克经历的"启程—启蒙—归来"的英雄之旅也是一次"伟大的还乡"。这次"还乡"写于1974年,当时全球性的资本主义危机激发了各种社会思潮,马克思主义、女权主义等诸多反叛的、激进的思想充满活力,它们提出某种值得追求的、可以替代现存社会的东西,以此对整个现实世界质疑:理想家园究竟应该是怎样的?在这种困境面前,勒古恩描绘出她的设想。阿纳瑞斯资源稀少、贫瘠荒芜,人们彼此依赖、平等自由,可是人们对奥多主义的刻板坚守却逐渐成为强大的禁锢,社会意识潜移默化地控制着个人意识。乌拉斯资源富足、文明优雅,人们占有着一切同时也被占有着,由此形成了巨大的贫富差异与鲜明的阶级对立。

《失去一切的人》的还乡之旅从中年的谢维克离开阿瑞纳斯开始,奇数章讲述"现在—他乡",偶数章讲述"过去—故乡"。如今的"他乡"乌拉斯,曾是两个星球共同的"故乡";回忆中的"故乡"阿纳瑞斯,同时也是被乌拉斯、被自己放逐的"他乡"。谢维克在"启蒙"的考验中,不是没有对阿纳瑞斯产生过动摇,甚至认为"离开了乌拉斯的奥多主义者是错误的,错在他们那不顾一切的勇气,错在否定了自己的历史,也放弃了回归的可能。……开拓者并不是真正的开拓者,只是

---

① 参见张海涛、高晶主编《中外戏剧作品赏析》,武汉大学出版社2014年版,第220页。

冒险家，而他的孩子们也只能是天生的流亡者。"① 在逐渐看清乌拉斯的本来面目后，谢维克重拾对家园的思念。谢维克历经磨砺，最终成为真正的奥多主义者。按照奥多主义的观点，社会就是永不停息的变革过程。他将这一思想带回逐渐封闭、僵化的阿纳瑞斯，为"如何重建理想家园"的疑问寻求解答和方法。对于归来的游子来说，此时的阿瑞纳斯既是满载着全部过往的"故乡"，也是蕴藏着无尽未来的"他乡"，它是饱满的、丰富的、开放的全新之地。

尽管追寻"理想家园"是一条遥遥无期之路，但他是人类集体无意识中蕴含的神圣使命，是人们命中注定的精神期盼，对"远在他乡的游子"有着无法抗拒的魅力。这种家园情结既饱含着追寻者对曾经家园遗失的怀念与失落，又展现着追寻者在追寻之旅上的坚韧不屈，同时蕴含着对重建理想家园的憧憬和展望。

四 "追寻原型"——人类的集体无意识

荣格说"人生中有多少典型情境就有多少原型，这些经验由于不断重复而被深深地镂刻在我们的心理结构之中。"② 换句话说，原型之源必然是人生中最根本的、最重要的、具有源头特质的典型情景，是人类共同的心理内容。杨经建认为"追寻是人类的一种不可或缺的生命需求，也是人类文明发展的一种永恒的精神动力"③。

(一)"追寻原型"的文学嬗变

阅读文学史不难发现，"追寻"一直是东西方文学反复塑造的主题之一。按照时间追溯，追寻原型在西方文学史上大致经历了远古、中

---

① [美]厄休拉·勒古恩：《失去一切的人》，陶雪蕾译，北京联合出版公司2017年版，第97页。
② [美]霍尔等：《荣格心理学入门》，冯川译，生活·读书·新知三联书店1987年版，第44页。
③ 杨经建：《追寻：中外文学的叙事母题》，《文史哲》2006年第4期。

古、近代、现代四个阶段。

前三个阶段属于传统的追寻模式，追寻主体信念坚定具有传统的英雄气质，追寻的目标清晰可见，追寻的结局豁然明朗，对追寻主体的未来有着非凡意义。

远古阶段追求的目标大致有两种，一是以物质财富为代表，例如财产、婚姻或具有魔力的宝物。典型的神话故事有：伊阿宋求取金羊毛，奥德修斯的"伟大的还乡"，亚当和夏娃寻找失落的伊甸园。二是对命运的探索，如俄狄浦斯的故事。这种追寻已经脱胎于单纯的行动，更是一种精神的洗礼，内心世界成为终点的追寻。

中古阶段广为流行的是骑士文学，其中最著名的是圣杯的传说。在亚瑟王的时代，骑士已经不再追求物质的享受，对于骑士来说生命的价值就在于无尽的探求，圣杯象征着荣誉和生命的价值。

近代追寻的对象变得更为复杂，主要分为对灵魂归宿的寻觅和对真理及人生真谛的探求两类，前者的代表有班扬的《天路历程》，米尔顿的《失乐园》《复乐园》，后者则以歌德的《浮士德》为代表。

20世纪，现代主义文学兴起，"追寻原型"也随之出现了置换变形。在现代主义以及后现代主义的文学作品中，传统的追寻模式被平凡的追寻主体、难以企及的追寻目标、沉重的追寻过程所取代。以卡夫卡《城堡》中的"追寻"为例，主人公K用尽毕生心血也无法进入城堡，无法证明自己的存在。对K来说，他所追寻的不是具体的物质、婚姻、家园，而一个被认可的身份，追寻的主、客体和他的代号名字一般，变得虚无缥缈。这也是现代主义小说的终极意义——寻找自我、认同自我。现代西方经济迅速发展造成个人与历史的脱节，人们的精神世界出现了异化和扭曲。面对这样的世界，人人充满焦虑，只有在不断的追寻中，才有可能找到存在的意义来对抗异化。

通过整理"追寻原型"的文本内容的嬗变，我们能从中总结出一定规律，但更重要的是探索文本下蕴藏的人类共同的心理内容。

(二)"追寻原型"的心理追溯

荣格继承发展了弗洛伊德的"个人无意识"理论，将其扩展到了整个人类层面,"我之所以选择'集体的'这个术语,因为无意识的这一部分不是个体的,而是普遍的;同个人心灵相比较而言,它或多或少具有在所有个体中所具有的内容和行为模式"①。

  人类在早期生存繁衍劳动中,时常因为自然条件的限制而无法达到理想的目的,于是创造出神话英雄,由他们代替自己创造丰功伟绩。在开放的海洋型环境中,西方人敢于冒险、乐于探索,对"追寻"的热爱早已流淌在血液中。即使是在安土重迁传统浓厚的东方,也有《夸父逐日》《罗摩衍那》这样的神话故事。"追寻"主题的文学作品完美地满足了人类的精神需求,在未知世界和此时此刻的困境之间,建立起一种流动的联结;在痛苦和绝望中,创造了突破阈限的可能。

  经过前文对"追寻原型"的文学嬗变做简要梳理,还可以发现"追寻原型"经历的动态演变过程。追寻的客体经历了物质财富、个人荣誉、灵魂归宿、生命意义、自我认同几个阶段的转变,恰好符合"马斯洛的需求层次理论"②。"追寻原型"的置换变形展现出人类在演进过程中追寻内容的不断加深,但不变的是集体无意识中的追寻行为,以及人类突破外界局限的生命需求。荣格对此早已做出了解释:"每一个原始意象中都有着人类精神和人类命运的一块碎片,都有着在我们祖先的历史中无数次重复的悲欢的残余,而且总体上始终循着同样的路径发展,它犹如心理上的一道深掘的河床,生命之流在其中突然奔涌成一条大江。"③"追寻原型"就是那一道河床,人类在不断的进化中,以奔腾不息之势为这条河流不断注入新鲜的力量。

  在了解人类潜意识中的"追寻"原型后,我们还能对生活中的一些现象做出解释。例如,为什么人会对那些中途停止的、未完成的、

---

  ① [瑞士] 荣格:《心理学与文学》,冯川、苏克译,生活·读书·新知三联书店1987年版,第52—53页。
  ② 马斯洛理论把需求分为生理需求、安全需求、归属与爱、尊重需求和自我实现需求五个层级。
  ③ [瑞士] 荣格:《心理学与文学》,冯川、苏克译,生活·读书·新知三联书店1987年版,第121页。

未达到目标的事记忆犹新、耿耿于怀。因为潜意识中，追寻的最后阶段为"得到奖赏，回归家园"，形成圆满的需求闭环，回归心理的平衡状态。推而广之，这一原型也能尝试回答为什么爱情悲剧更加令人刻骨铭心；为什么人们在初次接触《等待戈多》类的作品时，会感到无所适从。

（三）"追寻原型"的现实意义

"追寻原型"及其置换变形充分体现了原型存在的现实意义。在内涵和模式不发生巨大变化的基础上，通过"追寻"具体内容的变化传达着每一个时代的诉求。艺术家凭借敏锐的洞察力，率先感受到周遭的变化，以自身意识对原型进行反复修改，用作品为人类预报危机的到来。

在现实生活中，追寻而不可得才是常态，因此人类永远处在不断追寻之中。正因追求长生不老而不可得，永生才成为神话传说中反复出现的意象；正因为追寻自由而又时刻被束缚，自由才成为永远探索的主题。勒古恩创作的《失去一切的人》，虽然是一部科幻文学，但也是一面现实世界的镜子，谢维克的追寻之旅背后暗含的深层内涵，与时代的创作旋律遥相呼应。谢维克不再是典型的英雄形象，他更像是一个不断追寻的人。英雄注定要返回家园接受人们的爱戴，而追寻者存在的意义即在于整个追寻过程本身，他们的生命却注定与追寻过程相随相伴。在作品的结尾，读者不清楚这个曾经的"叛逃者"在回到阿纳瑞斯后是否会受到惩罚，也不知道谢维克在未来又会遇到怎样的困境，但读者知道对于谢维克来说，这次追寻之旅已经意义非凡。这就是《失去一切的人》和"追寻原型"的意义和价值，文学作品里的"追寻"唤醒人类集体无意识的力量，提醒人们不要被困于并不理想的当下，激励着人们去追寻更新、更远的理想境界。

综上所述，《失去一切的人》中谢维克的乌拉斯之旅，是追寻原型在时间长河中辗转流传的一个侧影。"追寻原型"穿破时空的束缚，闪烁在各个作家的笔下，画出一条清晰的脉络，"把我们个人的命运转变为人类的命运，他在我们身上唤醒所有那些仁慈的力量，正是这些力量,保证了人类能够随时摆脱危难,度过漫漫长夜"①。

五 结语

《失去一切的人》向我们叙述了谢维克不断追寻他心中真理的故事,不管是科学的真理,抑或是信仰的真理,不断的追寻构成了他坎坷不平的一生。篆刻在奥多之墓上的墓志铭"部分即整体,远游及归程"指引着谢维克的追寻之旅。

以神话原型批评为切入点研究勒古恩科幻作品《失去一切的人》,能归纳出追寻原型母题"启程—启蒙—归来"的文本表现形式。在这一追寻过程中,主人公谢维克展现出对自我认识的反复求索,对重建理想家园的一腔热诚,具有深刻的意义。神话原型批评又与人类学、心理学、社会时代息息相关。从《失去一切的人》的"追寻原型"入手可以以小观大,使原型成为文学作品和历史文化之间的桥梁,找出文学源远流长的共性,探究原型中蕴含的人类普遍心理内容及其现实意义。勒古恩借谢维克的追寻之旅唤醒人们集体无意识中的"追寻原型",以此提醒人们不要被困于眼前的困境,并给予人们去追寻理想境界的勇气。

笔者希望,本文从神话原型批评的视域对小说《失去一切的人》进行的重释能为相关领域的研究提供更加广阔的视角和更为多元的思维方式。

---

① [瑞士]荣格:《心理学与文学》,冯川、苏克译,生活·读书·新知三联书店1987年版,第122页。

小说《失去一切的人》中的乌托邦思想研究

肖达娜* 李欣艺**

摘要： 作为一条有趣的线索，乌托邦想象从蛮荒和神话时代以来始终贯穿于西方文学的传统之中。美国作家厄休拉·勒古恩就在其科幻小说《失去一切的人》中描绘出一个名为阿纳瑞斯的乌托邦世界，但与传统乌托邦小说不同的是，厄休拉·勒古恩并没有将阿纳瑞斯设定为一个完美无瑕的绝对理想世界，而是将其难以调和的矛盾与困境全部展现出来，并借由主角谢维克的视线去探索克服困境的方法。这正是厄休拉·勒古恩笔下乌托邦的创新之处：在传统的光明强大的完美"阳"乌托邦基础上创造了"阴"乌托邦，将乌托邦作为一种追求与梦想，而不是实实在在触手可及的蓝图，始终以批判的眼光看待乌托邦世界。她认为理想的乌托邦应该是不停变化，富有生命力，并且做到"阴""阳"相契合的。本文以乌托邦理论为依托，通过文本细读及研究，解析《失去一切的人》中的乌托邦思想以及作者对乌托邦的深入思考和批判，从全新的视角来阐释乌托邦文本。

关键词： 厄休拉·勒古恩；《失去一切的人》；乌托邦思想

---

* 肖达娜，四川师范大学国际中文教育学院副教授，哲学博士，研究方向：英美文学、哲学、学科教学。

** 李欣艺，四川大学国际中文教育专业2024级研究生。

一 绪论

(一) 研究缘起

迪士尼影业在2016年出品了一部名为《疯狂动物城》(*Zootopia*)的3D动画片，影片构建了一个生活着各种动物的动物城，与普通的原始蛮荒动物世界不同，这里是一个现代文明世界，没有现实世界中常规的食物链关系，不同种类的动物在这里和平相处，无论什么动物，都可以通过努力有所成就。这部影视作品大获成功，在收获15亿元内地总票房的同时把乌托邦想象带入了更多青少年的视野中，笔者也正是在此第一次接触到乌托邦思想，它同时激发了笔者的创想。

乌托邦思想早在十八九世纪就曾在西方社会产生过极大的影响，下层人民备受资本主义社会压迫，资本对人进行着永无休止的剥削，在社会主义思潮盛行的同时，许多思想家也将乌托邦思想作为批判社会现实，构建理想世界的工具。到了20世纪，乌托邦思想以极快的速度走向文学舞台的中央，"反乌托邦三部曲"更是风靡全球。2017年《失去一切的人》(*The Dispossessed*) 出版，在这本书中，作者持一种批判的态度，给读者呈现出一个比现实稍好但仍存在各种各样问题的乌托邦世界，让其具有与众不同的独特魅力，吸引了非常多读者的目光。

(二) 选题意义

世界地图不仅应包含人类赖以生存的大洲大洋，还应该包括一块乌托邦，或许我们描绘不出它的具体轮廓，但是它始终具有极大的作用，因为那里是承载人性的地方。乌托邦不仅仅是一种对终极完美社会的愿景，更是对完美人性及人生幸福的理想追求，对乌托邦文学进行系统而细致的研究有助于了解不同时代社会文化的发展，以及反思乌托邦冲动本身所带的一种开放的希望。乌托邦文学既包括讲述更美好世界的优托邦作品，也包括描述人们想要逃避社会的歹托邦作品，无论哪种形式，其追求的目标都是关注现实与体悟人生，探讨这些作品，我们也会得到很多深刻的体会。

厄休拉·勒古恩（Ursula K. Le Guin）的科幻小说《失去一切的人》一经出版就同时收获了雨果奖和星云奖这两项世界级科幻大奖，它重新界定了乌托邦小说的范畴和风格，厄休拉·勒古恩在小说中创造了两个与完美的乌托邦大相径庭的地方，都具有难以解决的问题，是"批判的乌托邦"，也正是这样才使其具有非常独特的魅力，非常值得我们进行细致分析与思考。

本文的写作思路是从《失去一切的人》文本入手，挖掘隐藏其中的乌托邦思想，通过小说中两个世界的比较，以批判的眼光看待这两个世界，全面梳理小说中的乌托邦思想，探究作者所认为的那个理想的乌托邦。

二　乌托邦理论来源

在对《失去一切的人》中乌托邦思想进行分析与探究前，我们应当先厘清与本文主题有关的两组概念——乌托邦与乌托邦文学。

（一）乌托邦

英国空想社会主义学者托马斯·莫尔（St. Thomas More）在1516年发表了 *Utopia* 一书，Utopia这一术语由此创制。"'乌托邦'这一标题最初见1516年11月12日致伊拉斯谟函中。乌托邦一词由希腊文的'否'和'地方'两词构成，意为'虚无之乡'。后此词成通用词。"[①] 从词源上来看，Utopia源自两个希腊词：其一是Eutopia，"eu"意为美好、完美，意指"好的地方"，另一个是Outopia，"ou"表示无、没有，意指"没有的地方"，合在一起大致指"乌有之乡"，既有"不存在的地方"（outopia）之意，也指"完美的地方"（eutopia）。由此看

---

① ［英］托马斯·莫尔：《乌托邦》，戴镏龄译，商务印书馆1959年版，第134页。

来，莫尔在创造"Utopia"这个术语之时，它就有了两层含义，指不存在于实际空间位置上，但是在精神上承载着美好寄托的地方。

乌托邦思想在乌托邦文学问世之前就已经产生了。学界有观点认为人类乌托邦思想史起源于前11世纪希伯来先知者的宗教思想，其中包括阿莫斯、霍齐亚、杰里迈亚等，他们从伦理和宗教角度提出建设性方案。而史学界大多赞同柏拉图（Plato）在《理想国》（*The Republic*）中设想出的理想国是人类历史上最早的乌托邦。而后各种包含着乌托邦思想的理论作品层出不穷，直到托马斯·莫尔创作《乌托邦》，那些关于"乌托邦"的零碎设想才系统地整合为一种具有多义性的思维方式。

虽然我们可以准确界定乌托邦文学的诞生时间，但是学界对乌托邦的定义却一直没有完全统一的意见。广义的乌托邦其实可以指一种冲动，一种希望，它深深根植于人们心中。从古至今，人们从来没有停止过对更美好的、更理想的新世界的向往，有人将乌托邦定义为对某一特殊的、与人类世界类似的社会的文字建构，这个社会根据一种比作者所处社会更完美的原则，来组织社会政治机构、规范和人际关系，其建构的基础被概括为对替代性历史假设的疏离。还有人认为乌托邦就是描述对一种更美好的生存方式的渴望，更有学者提出了一些不同形式的乌托邦，例如"积极乌托邦"（positive utopia）、"恶托邦"或者"消极乌托邦"（dystopia or negative utopia）等，至于所谓的"反乌托邦"，其内涵大致与"恶托邦"相同。

纵观多种说法，笔者比较认同姚建斌先生所提出的观点，"乌托邦是内在于人的生存结构中的追求理想、完满、自由境界的精神冲动，而这种精神冲动正是人的存在的重要维度。简言之，乌托邦是对存在的研究与揭示"[①]。的确，乌托邦所要表达的，正是人们的向往、希望和意愿。

（二）乌托邦文学

按照最常规的看法，乌托邦文学最早出现在柏拉图的《蒂迈欧

[①] 姚建斌：《乌托邦文学论纲》，《文艺理论与批评》2004年第2期。

篇》（Timaeus）中，并在其另一部作品《理想国》中得到更加详尽的描绘阐述。乌托邦文学大多是社会生活现状与作为精神寄托的乌托邦思想相结合的产物。作为一种文学类型，乌托邦作品多以小说的形式出现，其中使用的手法以描述和列举为主，通常借由一位远行的旅行者之口，描述一个不存在于现实中的社会。在现实与理想的强烈对比之下对现行社会进行彻底的讽刺与批判，再进一步提出构建理想世界的蓝图，在"破"的同时又会有"立"。这样的行文方式被称为"旅行叙事"（travelogue），旅人所到之处都无法在地图上找到，也常常在时间上或先于或后于现行世界，与现行社会始终保持一定的距离。

本文所要讨论的《失去一切的人》在情节的设定上也具备传统乌托邦文学的基本特点，物理学家谢维克只身远赴另一个世界，从他所在的乌托邦前往另一个乌托邦，该书的独特之处在于，作者借旅人之口所描绘的两个世界虽然都能称之为乌托邦，但是都不完美，还有很多难以解决的问题，这又与普通乌托邦小说有所差别。同时这两个不完美的乌托邦又是开放的、变化的，还有许多可能，作者企图找到一个契合点——一个阳刚光明与柔顺黑暗相结合的理想乌托邦。

三 《失去一切的人》中两个乌托邦世界的比较

厄休拉·勒古恩对乌托邦有自己的独特见解，她认为传统乌托邦与资本主义、工业主义以及人口一样，只有增长，并且把这种以发展为最终目的的乌托邦称为"阳"乌托邦，她认为从柏拉图时期开始，光明、强大、进步就一直是乌托邦的典型特征，在《失去一切的人》这本小说中，乌拉斯就是一个典型的"阳"乌托邦，发达的资本经济社会让它看起来强大且具有侵略性；同时在此基础上厄休拉·勒古恩又创造了一个截然不同的世界阿纳瑞斯，无政府主义状态下虽然贫瘠但是自由的社会。通过细致的比较，我们可以更加清楚地感受到阿纳瑞斯的独特之处。

阿纳瑞斯和乌拉斯是一对双子星球，它们互为月球，乌拉斯是阿纳瑞斯的母星，一百多年前一批革命者移民至阿纳瑞斯，而后阿纳瑞斯就成为乌拉斯的殖民星球。这两个星球都在距离地球约十一光年外的地方，时间上则是在地球所处的 21 世纪之后的好几个世纪，其中的时空设定与传统的乌托邦小说所构建的世界相似。

乌拉斯最突出的特点就是强大富饶，物产丰富，自然条件优越，是一个典型的资本经济社会，看起来光鲜亮丽，人们都有着很不错的物质条件，但是这里的政治环境却无比黑暗，在乌拉斯的政治压迫下，奥多作为革命的领头力量奋起反抗，创建了自己的奥多理论——无政府理论，最后带领一批追随她的信仰者移民到阿纳瑞斯。阿纳瑞斯星球自然环境恶劣，土地贫瘠，气候多变，物产也处在差不多能维持生活的水平，但人们在这个奥多主义社会中安定平和地生活着，享受着自由。一百多年后，谢维克为了完成自己的科学理论去了乌拉斯，从他的乌托邦世界前往另一个乌托邦世界，通过他的视线，我们可以看到近两百年这两个世界发生的变化与差异。

（一）自然条件比较

乌拉斯有着优越的自然条件，谢维克抵达乌拉斯后的第一个早晨，他就被窗外的景色吸引了，这是他此生见过的最优美风景，柔和生动的色彩配上平缓有力的线条，丰富多样的元素协调共存：优雅的方塔，宽阔的山谷；灌木篱墙和那些大树，层层叠叠的蓝色山丘都让他为之着迷，这是谢维克第一次非常直观地感受到两个星球自然景观的差异，在强烈的对比之下他开始感慨阿纳瑞斯的贫瘠与单调。

> 和眼前的景象相比，阿纳瑞斯的任何一个地方，即便是阿比内平原和尼西拉斯峡谷都显得乏善可陈：贫瘠、单调、原始。西南区的沙漠倒是有一种博大宽广的美，不过那样的美很不友善，而且永远那么单调。即便是人类耕种最多的地方，其风景也像是有人拿黄色粉笔随意勾勒出来的一幅粗糙草图。眼前的景色却生机无限，充

满了历史的沧桑,同时预示着无穷无尽的未来。谢维克想,这才是世界应有的面貌。[①]

除了自然风景,乌拉斯的动物对谢维克来说也是非常新奇的存在,鸣叫的鸟儿,被养作宠物的水獭,都让谢维克心生羡慕与向往,在他的星球上没有动物,有的只是人类、鱼类、虫子,还有霍勒姆树,仅此而已。在乌拉斯,谢维克从未经历过地震,也不必担心干旱,这个星球表面有六分之五为水所覆盖,即便是位于两个极点的荒漠也都是冰天雪地,没有必要节约用水。但是在阿纳瑞斯,地震仿佛是家常便饭,比地震更具破坏力的干旱也时有发生,阿比内经历了四十年来时间最长的一次干旱,前期人们通过严格控制澡堂用水等方式来节流,并引海水到陆地上确保植物的存活,后来人们不得不将每天的工作时间缩短一小时左右,因为在公共食堂就餐所获得的能量已无法满足正常能量消耗的需要,这场持续了数年的干旱甚至差一点让这个奥多主义社会彻底灭亡。

(二) 政治环境比较

乌拉斯星球上分布着许多国家,伊奥国、舍国、本比利等,几乎是典型的资本经济社会,国家之间也存在着竞争、合作、统治等复杂的关系,是非常典型的以发展为最终目的的"阳"乌托邦。

阿纳瑞斯在奥多理论的指导下一直奉行无政府主义,只有一个名为PDC的生产分配协调处。这里的一切行政管理都由这个网络系统负责,包括协调从事生产工作的协会、联盟以及个人等。与一般管理机构不同的是,他们不管人,只管生产。他们没有权力支持或阻止人们的想法或意愿,他们所能做的,就是将公众的意见——社会舆论对我们的看法——转告给大家。这里也没有国家的概念,大家生活在大大小小的公社之中,选择工作也主要是根据个人的意愿和特长主动申请,每隔一两

---

① [美]厄休拉·勒古恩:《失去一切的人》,陶雪蕾译,北京联合出版公司2017年版,第73页。

旬的时间做一做"旬末轮值"的公社劳动。没有人会对别人发号施令，只是偶尔出现紧急情况时会调配一些人手到必要的地方。

乌拉斯的居民在阿纳瑞斯人眼里都是可恶的资产者，都是在以不公权力为基础的政府统治之下的国民，那些不可避免地受他人剥削同时又剥削他人的人们，甘愿充当国家机器上的一个小零件。在谢维克有了想去乌拉斯做学术研究的念头后，也不得不怀疑乌拉斯居民能否真正地认可平等的原则、致力于学术交流，担心他们仅仅为了居高临下炫示自己的力量，取得控制的权利。

但是谢维克一行人却发现阿纳瑞斯的实际情况越来越偏离当初的奥多主义，PDC日益演变为一个官僚机构，以萨布尔为首的一些协会成员成为实际掌权人。

太空港的这些管理人员有专门的知识，担任的职位也非常重要，很容易就沾染上官僚习气：他们总是很自然地说"不"……给物理学家的信件需要经过他们的顾问——萨布尔审核之后才能放行。有些信件谈论的话题不属他所擅长的因果物理范畴，那他是不会审核的。"不在我的能力范围之内。"他会用低沉的声音说道，然后把信推到一边。①

除了日渐滋生的官僚主义，个体自由与集体意识之间的矛盾也日益显露，人们盲从于PDC的安排，缺乏独立的自主意识，几乎没有人会拒绝接受派遣。即使他们的社会已经出现了弊病，他们依旧以保护近两百年来的革命成果为由拒绝做出改变，也极力反对甚至禁止与乌拉斯有任何联系。阿纳瑞斯没有政府，没有法律，但是思想从来不是由法律及政府来控制的，阿纳瑞斯正在通过拒绝改变、拒绝思考来忽视一种思想，进而达到粉碎它的目的。正是这些人性的怯懦以及公众盲目的认可，才让萨布尔得到权利，让PDC向政府靠近。它在固化人们的思维。实际上，问题不仅仅出在PDC，而是阿纳瑞斯的每一个地方。

---

① ［美］厄休拉·勒古恩：《失去一切的人》，陶雪蕾译，北京联合出版公司2017年版，第172页。

(三) 社会观念比较

乌拉斯经济实力雄厚，人们极尽奢靡之风，物欲横流，随处可见奢华美观之物。而阿纳瑞斯人非常看重实用，可能是与物质条件相关，抑或是奥多理论的影响，他们认为简朴为宜，那些对国计民生毫无意义的物品，包括那些淫巧的工艺，都应严令禁绝，劳动绝不可花费于此。

谢维克和塔科维亚居住的屋里除了两张台床之外别无他物，衣物也只是够穿而已，习惯了这种生活方式的谢维克第一次去乌拉斯的商业街时就倍感不适，这次瞠目结舌的经历，尽管他事后把它抛诸脑后，此后的好几个月时间，这次经历却不停在他的梦中出现，而且全是噩梦。

> 萨伊穆特尼维亚前景街有两英里长，街上售卖各式各样的货物……每种服装都有上百种不同的裁剪、式样、颜色、质地和面料……各式各样华而不实的小雕像、纪念品和其他小玩意儿，要么本来就没有用处，要么就把用途掩藏在花哨的装饰之下；此外还有无数的奢侈品、无数的废物……又走过一幢大楼之后，谢维克感觉筋疲力尽，他没法再看下去了，恨不得掩上自己的眼睛。[①]

他居住房间的床垫比"警惕号"飞船上的床铺要软得多，床上用品异常繁复，有些像丝织品一样轻薄，有些则厚重又暖和，还有许多枕头堆叠得像厚厚的云层一般。地上铺着松软的地毯；屋里还有一个锃亮的雕花五斗橱，还有一个大得足以装下十个人衣服的壁橱……每件东西都极尽奢华美观。

乌拉斯人完全不认同男女平等，相比之下在人与人平等的观念上，阿纳瑞斯可以说是做到了极致，从谢维克和乌拉斯一些学者的交谈中就可见一斑。

[①] [美] 厄休拉·勒古恩：《失去一切的人》，陶雪蕾译，北京联合出版公司2017年版，第142页。

"你们奥多主义者会让女人来做科研?"奥伊伊问道。

"呃,是的,她们也在从事科学工作。"

"我想不会很多吧。"

"嗯,大约占到一半吧。"

"在我的实验室里,绝对不行。"奥伊伊说,"就让她们自己待在自己应该待的地方吧。"①

在乌拉斯,人们的关系更多会与利益挂钩,伊奥国的人热情接待谢维克,为他提供良好物质条件,也不过是为了从他那里获取最新的物理理论,从而以此获利并得到对其他国家的统治权。

阿纳瑞斯居民身上则体现出一种利他主义。公民们除了按自己兴趣和特长申请的工作外还会参与一些或无聊或危险肮脏的公共劳动,虽然阿纳瑞斯年轻人被灌输的道德观是要讲求实效,可他们身上依然有着无限的活力,向往着利他主义和自我牺牲。他们希望得到这样的工作,因为它是这种精神的完美体现。在阿纳瑞斯人的语言中,工作、运转和玩乐是同一个词。同时,由于没有公私之分,阿纳瑞斯人对隐私不太敏感,寄出的信不会封口,走在街上你会发现所有的门都不会上锁,甚至连关着的也找不到几处。没有任何的掩饰,也没有广告,一切活动,都让人开目可见、触手可及。在公社中过着集体生活的阿纳瑞斯人更是不知道货币与商品的概念。

比较特别的是阿纳瑞斯的一夫一妻制是一种双向合作,男女配对是一个自愿组成的联盟,双方结成伴侣关系,并且这种关系可以随着双方的意愿而改变,这不是一项制度,仅仅是一种功能性的存在,其中没有任何的强迫,一切全凭个人意志决定。还有一点非常奇怪的是,阿纳瑞斯人认为生病是一种犯罪,只不过并非出于故意,他们认为向这种犯罪

---

① [美]厄休拉·勒古恩:《失去一切的人》,陶雪蕾译,北京联合出版公司2017年版,第82页。

的冲动屈服，或是使用药物来缓解痛苦，都是不道德的，所以对吃药打针敬而远之。

四 《失去一切的人》中的乌托邦思想剖析

厄休拉·勒古恩在小说中依托传统的乌托邦模式，对比了阿纳瑞斯与乌拉斯这两个星球，对比了资本主义社会和无政府主义社会两个世界，并以此尝试设计构想她自己的乌托邦。她也采用了旅行叙事的方式，但与传统乌托邦小说不同的是，主人公并不是从现实偶然去一个绝对完美理想的乌托邦世界，而是从自己所在的乌托邦前往另一个敌托邦世界。在这趟旅途中他看到了这两个世界掩藏在外表下的丑恶面目，最终他明白阿纳瑞斯才是自己真正想要的理想世界，又毅然决然地踏上了归途。在感受了阿纳瑞斯与传统乌托邦的差异之后，接下来就对厄休拉·勒古恩在书中体现的乌托邦思想进行分析。

（一）"阳"乌托邦与"阴"乌托邦

乌拉斯具有"阳"乌托邦的一系列特征：光明又强大，具有强烈的侵略性，不断探索新的理论。乌拉斯依托自身优越的自然条件发展了高度发达的资本经济，物质水平达到了难以企及的高度，甚至社会普遍存在一种奢靡纵欲之风，在科学研究方面乌拉斯也不可小觑，谢维克前往乌拉斯的原因之一就是希望与这里的物理学家交流学术，以突破研究瓶颈。伊奥中央大学的学术氛围让他非常享受，他也愈发感到"极度心满意足"，他甚至觉得在这样宽松的环境中找到了内心深处向往的东西。同时乌拉斯的野心也表现得淋漓尽致，带有极强目的性的邀请与款待，实时监控谢维克的研究与行动，对其他国家甚至星球表现出的侵略性，都让乌拉斯带有非常多传统的完美乌托邦的影子，尽管透过它光鲜的外表我们只能看到肤浅快乐与精神死亡，但整体上看，乌拉斯是光明的、强大的、进步的、热的。

厄休拉·勒古恩对从柏拉图时期开始就一直是光明且强大的"阳"

乌托邦持以怀疑的态度，她认为乌托邦还有一个不可或缺的必要条件，那就是保持具有相对独立性的"冷文化"的生活方式，于是她以"阳"乌托邦蓝图为参照，书写了另一个"阴"乌托邦，在对无政府主义的探讨中，构建一个同时具有"黑暗"的力量与"光明"的前景的乌托邦。

相对于乌拉斯而言，贫瘠可以说是阿纳瑞斯这个星球的代名词，气候干冷，咆哮的大风让这个星球尘土飞扬，鱼类和无花植物就是这里最高级的生命形式，死气沉沉没有生机，这也是谢维克到乌拉斯之后非常直观感受到的强烈差别，接连不断的自然灾害让在这块贫瘠土地努力存活的阿纳瑞斯人过得更加辛苦。自然条件又进一步限制了物质生活水平，食物和衣物原料也多来自一种叫霍勒姆树的植物，丰富程度与舒适度都与乌拉斯这样的传统乌托邦世界相差甚远，荒芜，被动，黑暗，是人们对这里的第一印象。这里绝非人类宜居的处所，但越是在这样充满危机与挑战的地方，生命的激情才能被激发出来，这也是厄休拉·勒古恩如此设置的用意所在。

无政府主义政治是阿纳瑞斯的核心。城市的基本单元是一个又一个的小公社，其中包括车间、工厂、住家、宿舍、学习中心、会议厅、物资分发处、仓库和食堂，大一些的建筑通常环绕在露天广场周围。这一点和托马斯·莫尔的社会主义思想比较一致，财产公有避免了贪婪、争讼、战争及一切社会不安定的因素，所有的产品汇聚到指定的分发处，需要时候领取便是。吃饭有集体食堂，住宿有集体宿舍，整个奥多主义社会像一个共产主义大家庭。名为 PDC 的生产分配协调处负责整个阿纳瑞斯的行政管理，包括岗位的申请，人员、物资的调配等，公民也会为了整个阿纳瑞斯的运转积极配合，相比于乌拉斯纯粹的利益导向与政治压迫，这里确实可以称得上自由天堂。

但是这看似完美的无政府主义，也在实行过程中出现了很多难以避免的问题，其中最大的问题就是不断滋生的官僚主义，从前作为管理中心的 PDC 也逐渐沦为腐败的官僚体系，以萨布尔为首的委员会成员实际掌控大权，并且在应对一场持续了四年的旱灾时，PDC 对人员的调配甚至有一点强制的意味，公众像完全失去了自主意识般服从，集体意识和个人自由之间严重失衡。厄休拉·勒古恩认为，乌托邦并不是每个人都能最大化地享有自由，而是个人与社会良知之间取得平衡，这种平衡的获得需要每一个个体都有争取自由的意识。在阿纳瑞斯大家没有理应要尽到的义务，在谢维克看来，很大程度上，正是这种不用承担义务的自由最终导致了自主自由的缺失。

阿纳瑞斯整体上给人的感觉是黑暗的、冷的，是一种"阴"乌托邦。虽然这里表面上布满灰尘、黑暗、贫瘠，人们也表现出一种柔顺与被动，但是精神生命却是非常丰满，正是在这样的地方，人们实现了生命的价值。

（二）理想的乌托邦

仔细阅读文本，就会发现厄休拉·勒古恩是偏向阿纳瑞斯这一边的。她对传统的"阳"乌托邦进行批判，其目的并不在于否定科学技术对人类社会发展的重要进步意义，而是在寻找一个"阴"与"阳"相结合，"冷"与"热"相契合的乌托邦。就像谢维克返回阿纳瑞斯时所乘坐的飞船一样，它的风格既不是乌拉斯的奢华也不是阿纳瑞斯的简朴，而是两者的平衡，其中透着一种随心所欲的优雅，那是经由长期实践才能达到的境界，其绝妙之处就在于它是两者的平衡，找到了"阴"与"阳"的契合之处。

正如她所强调的："乌托邦就是一种进步的结合，将最好的'阳'与最好的'阴'相结合，才是最理想的乌托邦"，要达到这种状态，就要时刻保持动态与变化，让这个世界保持着活力与开放，互相来往交流。一百多年前移居阿纳瑞斯的人们只选择了未来，摒弃了旧世界以及这个世界的一切过往。可是否定是不能让人如愿的，离开了乌拉斯的奥多主义者是错误的，错在他们那不顾一切的勇气，错在否定了自己的历史，也放弃了回归的可能。一个不愿意踏上归途，不愿意让自己的飞船回返且将自己的故事告诉他人的开拓者并不是真正的开拓者，只是冒险家，而他的孩子也只能是天生的流亡者。

乌拉斯与阿纳瑞斯都是不完美的乌托邦世界，一边贫瘠自由却失去一切，一边富庶却充满剥削与压迫，这样的情况因两边的人们互不往来而从未得到好转，这两个世界就被一堵密不透风的"墙"完完全全隔开，两百年来，这堵墙不仅围住了登陆区中降落下来的飞船，更是彻底隔绝了宇宙的其他部分。但也正是问题的不断恶化，才出现了谢维克这样内心时刻保留着革命火种的人。只有这样，乌托邦才会富有生命力，才能成为辩证法中具有进步性的否定之否定的乌托邦。

谢维克是极具探索与革新精神的，许多年前，在察喀尔山区一个寂静的夜晚，他告诉伴侣塔科维亚他要去阿比内，去拆掉那些墙。空间距离的阻隔、奥多主义与资本主义的对立、近两百年来社会大众对乌拉斯的成见，都让谢维克成为完全疏离于阿纳瑞斯异文化的边缘人；同时，谢维克在经历了科研受阻，被迫与家人分离等一系列事情之后，又逐渐看清了现在这个奥多主义社会的真面目，成为疏离于自己所属奥多主义社会及文化的边缘人。在两边文化的双重挤压下，谢维克感受到了强烈的孤独与痛苦，所以他在两个星球之间建立起彼此理解沟通的纽带的想法就愈加强烈。他在努力尝试的过程中也逐渐成熟，最终完成了自己毕生所求———共时理论，也在这趟旅途中逐渐认识到阿纳瑞斯才是真正的乌托邦，成为真正的无政府主义革命者。

全书在谢维克返回阿纳瑞斯的旅途中戛然而止，我们并不知道在谢维克走出飞船之后会发生什么。在小说的最后，厄休拉·勒古恩其实想要展示一个阴阳契合的理想乌托邦整体面貌，彼此联通的两个星球相互依托，我们在看到其"黑暗"力量的同时，也能想象出它"光明"的前景，在阴阳的结合中愈发靠近理想的状态。

（三）《失去一切的人》中的乌托邦思想探源

1. 道家思想

作者采用交替式排列章节的方式构建出乌托邦世界，让阿纳瑞斯与乌拉斯并列呈现，再通过谢维克及朋友在两个世界的亲身经历，将两个乌托邦世界的优缺点一一展示出来。《失去一切的人》这本小说与作者的其他作品有一个非常明显的共同点，它们带有非常鲜明的道家色彩。

谢维克是阿纳瑞斯一位天才物理学家。由于在原来的星球无人能与他进行相关学术交流，也无人真切关心他的理论，他决定前往乌拉斯，在完成自己物理理论的同时打破隔离在两个星球之间的"墙"，调和这两个截然不同的星球。但是当他在乌拉斯生活一段时间后，他目睹了乌拉斯掩盖在光鲜外表下的黑暗，又毅然决然回到阿纳瑞斯，一去一回，他的整个旅途轨迹呈圆形。

同时谢维克对乌拉斯的情感也是经历了一个从极度向往到猛烈抨击再到重新接受的圆形变化过程，同样地，谢维克对阿纳瑞斯的情感也是从崇敬到厌恶再到接纳怀念的圆形变化过程，整体上呈现出循环的主题和回归的思想。全书以从阿纳瑞斯前往乌拉斯开头，最后以从乌拉斯返还阿纳瑞斯结尾，在交替式章节排列中，结束的地方也正是开始的地方。

"夫物芸芸，各复归于其根。"① 世界上一切事物都在不停地变化，但无论变化的过程是快是慢，是向上还是向下，最后依然还是会回到初始的那个地方。"反者，道之动也。"② 不过，这种变化循环并不是简单的机械重复，而是在不断进化，也在不断发展，其中的回归思想与道家不谋而合。

《道德经》第八十章中描绘了一个理想社会：人们回到了结绳记事的时代，国富民强，百姓认为他们吃得香甜，服装漂亮，住得舒适，对其风俗也十分满意。这就与奥多带领移民建造的奥多主义社会具有很大的相似点，阿纳瑞斯没有法律、没有权力机构、没有阶级，人人平等自由，并且相互之间和谐相处，刚好再现了老子的理想国。国家的统治者圣人采取"无为"的措施，"为无为则无不治矣"③。这一切都源自厄休拉·勒古恩对道家思想的钟爱，她14岁开始研习《道德经》，后历时40年翻译此书，在她的创作之中常常可以看到道家思想。

---

① （春秋）老子：《道德经》，李若水译评，中国华侨出版社2014年版，第59页。
② （春秋）老子：《道德经》，李若水译评，中国华侨出版社2014年版，第150页。
③ （春秋）老子：《道德经》，李若水译评，中国华侨出版社2014年版，第9页。

2. 女性主义

厄休拉·勒古恩的《失去一切的人》带有浓烈的女性主义意味。她在小说中塑造了许多重要的女性角色，通过这些女性角色，我们可以发掘出《失去一切的人》体现出的朴素女性主义观。

在这些女性角色中最值得注意的是创造奥多主义理论的奥多以及主角谢维克的伴侣塔科维亚，她们出现的篇幅占比不大，但是两个人都有一个共通点，那就是她们两个都是谢维克的精神导师，都在谢维克迷茫困惑的时候给他指明了一定的方向，谢维克信奉奥多主义，奥多的名言——成为整体即成为部分，真正的旅程即归程——更是被谢维克奉为金科玉律，奥多在无数阿纳瑞斯革命者的信奉和追捧中逐渐演变为一种特殊的抽象符号，而不再是一个具体的，以女性身份出现的"女人"。阿纳瑞斯居民薇阿就和奥多完全不同，她在乌拉斯那种物欲横流奢靡颓败的消费文化的毒害下，逐渐异化和物化，沦为男人的附庸，一个供人消费的肉体。

小说中的阿纳瑞斯是一个真正消除了性别差异的绝对平等社会，所有人物角色都达成了社会意义上的雌雄同体。"雌雄同体"（androgyny）源自希腊文"andro"（雄）与"gyn"（雌），这一概念最早由弗吉尼亚·伍尔夫（Adeline Virginia Woolf）引入文学作品创作与批评之中。作为一种女性主义价值观，"雌雄同体"提倡同时兼有女性与男性优秀特质的饱满的"人"，其核心思想是男女平等和谐、互助合作，让整个社会达到一种非常理想的状态。

男女平等自由的观念深深根植于阿纳瑞斯人的意识中，性别身份在社会中没有表现出任何差异，不会出现性别歧视，达到绝对平等。阿纳瑞斯实行的雌雄同体模式其实想表达男女并无本质差异，小说中的一些典型女性人物，无论是智力还是勇气，与男性角色比起来也毫不逊色，男性和女性的特质在他们身上得到综合。

厄休拉·勒古恩构建"雌雄同体"的社会，并不是要反对性别差异，而是反对男权社会强行贴在女性身上的性别标签。本身就具有女性身份的厄休拉·勒古恩，在其一生的文学创作与家庭生活过程中，既平衡了在工作和家庭中的角色，也让男性文学传统和女性文学语言做到了和谐共存。通过建立这样的社会模式，作者也表达了男女在本质上并无差别的观点，人类的生存发展也是两者共同努力的成果。

五　结语

我们始终对理想国、世外桃源、大同社会这样的理想世界怀抱憧憬，这种憧憬深深根植于我们的潜意识之中，成为乌托邦原型。但是所有地方一旦到达了极度完美的境地就会保持一种静止状态，而静止以某种意义来说就意味着毁灭。谢维克认为变化是自由，变化更是生命，保持动态和变化的社会才真正具有乌托邦价值。革命者最早移民去阿纳瑞斯，并不是为了获得安全，而是为了获得自由。按照奥多主义的观点，社会就是永不停息的变革过程，而变革正是源自善于思考的头脑，没有存在的变化毫无意义，没有变化的存在则无聊透顶，每个人都必须是革新本身，革新就应该在人们的灵魂之中。

乌托邦并不指向任何特定地点，也不属于任何具体时间。它存在于一个只能突破的地方，或者从社会秩序中解放出来的地方。厄休拉·勒古恩的乌托邦梦想不是简单的、以无政府主义为主题的构想，而是一个具有个体行动的乌托邦，小说中的乌托邦世界通过谢维克贯通起来，他在亲身体验的过程中发现问题，并且主动尝试解决，作者对无政府主义理想进行批判后紧接着做了深入的探索，借由谢维克在"阴"乌托邦探索一番，最终提出阴阳契合的理想解决方案，这也正是厄休拉·勒古恩具有生命力的乌托邦的独特之处。

《国际中文教育集刊》稿约

《国际中文教育集刊》（*Collections of International Chinese Education Studies*）由四川师范大学国际中文教育学院主办，集刊以国际中文教育相关研究成果为主要内容，每年两期，由中国社会科学出版社出版。

《国际中文教育集刊》坚持正确的办刊方向和舆论导向，刊载国内外国际中文教育学科专业建设成果，总结国际中文教育经验，探索国际中文教育未来发展新模式，推动中文国际传播，促进中外人文交流，打造国际中文教育学术交流平台。

本刊稿件主要包括以下栏目：

（一）专家约稿

（二）国际中文课程与教学

（三）国际中文教育管理

（四）中华文化国际传播

（五）国际中文教育其他相关研究

注意事项

1. 请按本刊体例要求提交电子文稿，来稿请勿一稿两投。

2. 本刊实行同行匿名审稿制度，稿件初审时间一般为1—2个月，初审结果会有邮件通知。

3. 来稿一经采用，编辑部将及时寄送两册样刊。

本刊摘要及关键词

1. 摘要：400字以内。
2. 关键词：3—7个。

本刊注释体例

本刊采用脚注（页下注），用①、②、③……标识，每页单独排序。注释标注格式示例如下：

一　中文注释

引注文献必须给予完整注释，标注顺序为：责任者与责任方式/文献名/出版地/出版者/出版时间/页码或刊号。责任方式为著时，"著"可省略，其他责任方式不可省略。具体格式示例如下。

1. 著作

刘珣：《对外汉语教育学引论》，北京语言文化大学出版社2000年版，第70页。

2. 译著

［瑞士］费尔迪南·德·索绪尔：《普通语言学教程》，高名凯译，商务印书馆1980年版，第83页。

3. 论文集

陈瑜敏：《对外汉语文化教材话语态度分析》，载周小兵编《中山大学国际汉语教育三十年教师论文集》，中山大学出版社2011年版，第230页。

4. 期刊论文

陆俭明：《国际中文教育的使命及其他》，《云南师范大学学报（对外汉语教学与研究版）》2024年第1期。

5. 学位论文

王瑞：《母语为英语的汉语学习者词汇心理表征发展过程与造词偏

误的心理机制研究》，博士学位论文，北京语言大学，2009 年，第 30 页。

二　外文注释（以英文为例）

英文注释格式参照上文的中文注释格式要求，期刊论文及文集中论文用引号，具体格式示例如下：

1. 专著

D. A. Wilkins, *Linguistics in Language Teaching*, London：Edward Arnold, 1972, p. 25.

2. 期刊论文

Bardel, C. & Falk, Y.,"The Role of the Second Language in Third Language Acquisition：The case of Germanic Syntax,"*Second Language Research*, No. 23, 2007.

3. 文集

Beebe, L. & Zuengler, J.,"Accommodation Theory：An Explanation for Style Shifting in Second Language Dialects", In Wolfson, N. & Judd, E. (eds.), *Sociolinguistics and Language Acquisition*, Rowley, MA：Newbury House, 1983, p. 195.

三　电子文献与互联网资料注释

电子文献与互联网资料注释格式参照上述的中英文注释的基本规范，网络资料需要标明网址。

投稿邮箱：1403990984@qq.com

联系方式：成都市锦江区静安路 5 号四川师范大学国际中文教育学院《国际中文教育集刊》编辑部

邮政编码：610066

咨询电话：028—84767721；13981922023